国家社会科学基金重大项目"中国经济特区发展史（1978—2018）"（16ZDA003）
国家社会科学基金一般项目"海上丝绸之路战略下东南沿海湾区经济发展战略研究"（15BJL113）

粤港澳大湾区
时尚创意产业发展战略研究

张雄化　卢灿生　著

四川大学出版社

项目策划：宋　颖
责任编辑：宋　颖
责任校对：胡晓燕
封面设计：墨创文化
责任印制：王　炜

图书在版编目（CIP）数据

粤港澳大湾区时尚创意产业发展战略研究 / 张雄化，卢灿生著． — 成都：四川大学出版社，2020.10
ISBN 978-7-5690-3904-7

Ⅰ．①粤… Ⅱ．①张… ②卢… Ⅲ．①文化产业－产业发展－研究－广东、香港、澳门 Ⅳ．① G127.6

中国版本图书馆 CIP 数据核字（2020）第 195031 号

书　名	粤港澳大湾区时尚创意产业发展战略研究
著　者	张雄化　卢灿生
出　版	四川大学出版社
地　址	成都市一环路南一段24号（610065）
发　行	四川大学出版社
书　号	ISBN 978-7-5690-3904-7
印前制作	四川胜翔数码印务设计有限公司
印　刷	四川盛图彩色印刷有限公司
成品尺寸	170mm×240mm
插　页	1
印　张	16.25
字　数	284千字
版　次	2020年12月第1版
印　次	2020年12月第1次印刷
定　价	56.00元

版权所有 ◆ 侵权必究

◆ 读者邮购本书，请与本社发行科联系。
　电话：(028)85408408/(028)85401670/
　(028)86408023　邮政编码：610065
◆ 本社图书如有印装质量问题，请寄回出版社调换。
◆ 网址：http://press.scu.edu.cn

四川大学出版社
微信公众号

序一　打造湾区时尚，焕发深圳大浪时尚小镇光芒

改革开放初期，深圳开启了土地使用权买卖尝试，引进外资纺织服装企业，实行"三来一补"加工贸易，于此，深圳迅速从一个小渔村向大都会成长起来。之后，深圳市又果断进行产业转型升级，向高端服务业和制造业前进。其中，包括纺织服装在内的传统产业主动向研发设计和自主品牌进军。新时期，政府更是以"改革开放再出发"的责任、担当和勇气，精心布局和发展七大战略新兴产业和四大未来产业，其中，文化创意产业、新材料、节能环保产业等为传统纺织服装行业的转型发展方向。随着产业的不断升级，深圳市纺织服装企业在未来充满了无限可能，其可能是文化企业，可能是高科技企业，也可能是纯设计公司，或者其他。不管怎样，其一定属于时尚企业和创新创意企业。当下，我们正处在一个时尚、创新、创意的时代洪流之中，我们需要为时尚、创新、创意付出辛劳，为明天更美好的生活品质和城市品位努力前行。

但是，众所周知，我国纺织服装行业整体依然以加工生产为主，处在国际产业链低端，发展曲折。一方面，当前阶段中美间的外贸依存关系依然相对较大。2018年，我国对美国出口总额3.16万亿美元，进口1.02万亿美元，两者相加的进出口总额占据我国全年总进出口总额的13.7%。与此同时，美国对中国进出口总额占美国总进出口总额的15.55%。另一方面，我国对主要纺织服装消费国的出口额逐年减少。总出口额从2015年的275亿美元下降至2018年的240亿美元，下降幅度接近13%。在当前中美贸易摩擦背景下，美国又是我国纺织服装产品出口的第一大国，拥有减少对我国纺织服装消费的主动权，我国纺织服装行业发展深受影响，但由于国内消费市场崛起，也可以认为我国纺织服装行业的发展悄然进入了白金时代。

2019年，国家颁布《粤港澳大湾区发展规划纲要》，明确定位深圳为现代化国际化城市和创新创意之都，这无疑扩大了纺织服装行业发展的格局。家具、服装、首饰、瓷器、文旅、地产等向来是深圳时尚和创新创意的最活跃领域，借助粤港澳大湾区发展的重大契机，深圳纺织服装行业应该重新拿出勇气，果断进行结构调整和升级，与科技型湾区保持步调一致，向高端机械技术、材料面料技术、高端人才培育等方面转型。现在，时尚产业发展的基础有了，国家给的平台也有了，我们所要做的就是顺应时代规律而为。

大浪时尚小镇是深圳市纺织服装企业集聚的区域。自深圳龙华新区成立以来，大浪时尚小镇发展势头蒸蒸日上，目前集聚了22家国内外知名服装企业及166家服装、时尚配套企业。从产业空间到具体的秀场、卖场、技术服务、检验实验室、服装学院等一应俱全。但大浪时尚小镇还远没有达到引领国内外时尚潮流的实力。随着其基础设施的日臻完善，加上企业对于产品质量的追求，我们相信大浪时尚的高质量产品最终必会获得消费者的青睐。未来，大浪时尚小镇和众多企业的发展定位应该保持一致，即保持高质量发展。如是，政府和企业上下同心，大浪时尚小镇这颗珍珠才能大放异彩。

序二 把握时尚产业发展趋势，推动深圳时尚产业高质量发展

纺织服装行业是传统的国民经济支柱产业，也是重要的民生产业。深圳纺织服装产业是全国纺织服装产业发展的风向标，近年来深圳和全国纺织服装产业发展出现一些新变化。

2008年金融危机后，深圳文化创意产业逆势迅猛发展，但最近一两年却出现放缓趋势。例如，深圳文化创意产业产值由2009年的585.50亿元上升至2017年的4594.34亿元，年均增速为76.08%。2018年以来，文化创意产业发展速度放缓，产值为2621.77亿元，但仍然超出当年GDP的10%。文化创意产业的放缓发展趋势也是深圳纺织服装行业发展的一个真实写照。从全国范围来看，以2018年1—4月数据为参照，我国纺织纱线、织物及制造品的出口复苏明显，但服装及衣着附件出口相对偏弱。这表明，我国依然是纺织服装初级原料的重要生产地。同时，受中美贸易摩擦的影响，成衣出口放缓。具体的上市企业发展也分化明显，有些新锐时尚企业发展势头较好，但可持续性有待观察；有些传统企业业绩较为一般，但发展相对稳健。

政府不遗余力支撑纺织服装行业发展。以深圳为例，政府利用技改资金支持纺织服装企业技术更新，招商引资引企入驻大浪时尚小镇，大力引进时尚类高层次人才，支持服装企业博物馆发展，出台《关于深圳推动创意设计高质量发展的若干意见》等政策，从各方面给予创意设计企业扶持。从全国来看，国家支持新疆棉纺织业及民生事业发展，国家收储棉制度进一步完善、价格进一步合理等。2018年，国内棉皮价格高位回落，国际市场进口棉价也震荡下行，原料价格的降低，有利于纺织服装产业的重新洗牌和创新发展。

我国大力推进生态文明建设，这对纺织服装企业的影响具有两面性：

一方面，纺织服装企业由于环保压力，以前以印染和制革为主的生产必然越来越少，这势必减少对社会环境的负面影响；另一方面，企业短期利润压缩、产能受限、技术改造成本增加，这对企业生存造成了一定的压力，但企业向生态环保、智能制造、高端定制等方向发展的潮流不可逆转。在当前全球经济发展不明朗的情况下，纺织服装产业整体出现一定的下滑趋势，这对企业发展提出了更严峻的挑战。

随着我国日益进入消费驱动型发展模式，国内服装市场消费空间巨大。2018年，中国人均年服装花费接近4000元，其中，人均年花费在1000~3000元的比重最大，占比31%；快时尚品类服装是人均年花费最多的服装品类，年人均花费约2289元；一线城市仍然是服装消费的主力，人均年消费额为4596元；"70后"购买服装最多，人均年花费约4340元，"80后"其次，人均年花费约4267元。与此同时，我国城乡居民人均可支配收入增加，2018年人均可支配收入为28228元，同比增长6.5%。"互联网+"助推服装销售模式变革，网上消费占比越来越大，未来城乡居民的服装消费额度及频次都会增加，这也为服装行业的持续发展提供了动力。

总体而言，我国纺织服装产业的国内市场潜藏大量机遇，但企业内部发展差距较大。企业须顺应行业绿色低碳、生态环保和循环经济等高质量经济发展的要求，主动转型升级，找准自身在市场中的定位，做实国内市场，并积蓄力量伺机抢占国际市场。

目 录

一、绪论……………………………………………………………（1）
　（一）研究意义……………………………………………………（1）
　（二）理论基础与国内外研究现状分析…………………………（4）
　（三）主要内容……………………………………………………（41）
　（四）研究目标……………………………………………………（44）
　（五）拟解决的关键问题…………………………………………（44）
　（六）研究方法与关键技术………………………………………（45）
　（七）技术路线……………………………………………………（48）
　（八）研究创新之处………………………………………………（49）

二、时尚创意产业发展演化历程和现状分析……………………（51）
　（一）纺织服装行业发展演化历程………………………………（51）
　（二）纺织服装行业 SWOT 现状分析 …………………………（57）
　（三）行业发展存在的问题：以广深莞地区为例………………（70）

三、时尚创意产业供给侧改革效果评价：企业满意度…………（75）
　（一）引言…………………………………………………………（75）
　（二）理论假设与模型构建………………………………………（76）
　（三）数据来源及处理……………………………………………（79）
　（四）湾区纺织服装行业供给侧改革效果评价…………………（81）
　（五）湾区纺织服装行业供给侧改革结论与建议………………（118）

四、时尚创意产业政策评价和风险分析：政府满意度…………（121）
　（一）纺织服装行业产业政策演化及评价………………………（122）
　（二）纺织服装行业经济社会贡献………………………………（147）
　（三）小结…………………………………………………………（171）

五、时尚创意产业生态环境影响评价：社会满意度……………… (172)
    （一）全国纺织服装行业生态环境分析…………………………… (174)
    （二）粤港澳大湾区时尚生态环境分析…………………………… (179)
    （三）行业生态环境效率比较分析………………………………… (191)
    （四）小结…………………………………………………………… (196)

六、时尚创意产业消费影响分析：消费者满意度……………… (197)
    （一）引言…………………………………………………………… (197)
    （二）时尚产品消费者效用评价分析……………………………… (201)
    （三）时尚消费影响因素分析……………………………………… (203)
    （四）湾区时尚科技金融融合创新分析…………………………… (218)

七、国外经验与时尚创意产业高质量发展指标体系构建……… (224)
    （一）国外时尚创意产业高质量发展经验借鉴…………………… (224)
    （二）城市高质量发展的体系构建与分析………………………… (228)
    （三）时尚行业高质量发展的体系构建与分析…………………… (234)

八、湾区时尚创意产业高质量发展路径、战略与对策………… (236)
    （一）湾区时尚创意产业高质量发展的路径……………………… (236)
    （二）粤港澳大湾区时尚创意产业高质量发展战略……………… (241)
    （三）湾区时尚创意产业高质量发展政策建议…………………… (246)

参考文献………………………………………………………………… (250)

一、绪 论

（一）研究意义

2008年全球金融危机后，随着国际经济政治关系的深度调整和变革，中国经济社会发展处于重要的战略机遇期。与此同时，全球时尚业态进行深度变革，麦肯锡公司（2017）预测全球时装销售增长率从2016—2018年由1.5%增长到3.5%~4.5%，实现接近3倍的增长。事实上，国际经济社会发展极具不确定性，2017年美国时尚行业宣布关闭的商店数量是2016年的3倍多，中国时装产业也遭遇2016—2017年的发展严冬；全球消费者转向于时尚个性消费，偏向使用移动终端，钟爱高质量、低价、独特和有故事的产品；时尚创意产业也在经受人工智能、价格、思维等方面的革新。如何在经济社会环境剧烈变迁的背景下，抓住时代变革的主旋律，突围国际时尚市场和抓牢国内市场，实现时尚创意产业的可持续发展，这既关乎一个国家的长远发展，也关乎企业的生存发展现实。

党的十九大报告指出，中国经济发展必须以供给侧改革为主线，实现质量变革、效率变革、动力变革，提高全要素生产率。在这一大背景下，时尚创意产业进行改革发展符合国家大政方针。目前，中国服装时尚创意产业发展面临低端服装产品库存较大、人工生产成本上升、服装企业多元经营和负债较重、行业企业人才缺乏和创新能力较差等发展困境，因此该产业必须审时度势、果断进行行业转型升级和质量变革，以应对市场变化挑战。2019年7月，深圳出台《关于推动深圳创意设计高质量发展的若干意见（征求意见稿）》，为湾区时尚创意产业高质量发展提供了法规依据。

粤港澳大湾区以广深港澳科技创新走廊为代表，发展的现代化国际化水平较高，时尚城市形象雏形初具，时尚创意产业正处于由速度发展向质量发展过渡的关键期，研究时尚创意产业高质量发展及转型升级顺应了城市和产业发展的需要。深圳改革开放四十年，纺织服装行业由"三来一补"加工贸易，到跟随模仿和贴牌生产，到独立创造深圳服装品牌，整个发展过程与城市变迁和产业结构调整休戚相关。现今，深圳朝着打造现代化国际化创新型城市的目标前行，低端产业逐渐发展成高端制造业和服务业，纺织服装时尚行业与城市品质提升必须相匹配，纺织服装时尚行业必须向制造业高端化和服务业高端化靠拢。香港为国际金融中心、贸易中心，也是时尚成衣制造、转口贸易和消费者的天堂；广州和东莞也是全国较大的服装集散地。整个粤港澳大湾区城市群几乎都涵盖纺织服装行业，如何发掘粤港澳大湾区纺织服装时尚行业发展潜能，使湾区时尚成为中国一张靓丽名片，是中国改革开放擢升发展品质之路最值得研究的课题之一。

《粤港澳大湾区发展规划纲要》（下文简称"规划纲要"）的提出为时尚创意产业的发展提供了机遇和保障。粤港澳大湾区战略定位包括建立充满活力的世界级城市群和具有全球影响力的国际科技创新中心。一方面，时尚创意产业契合湾区发展定位。时尚创意产业、时尚元素最能彰显城市活力；同时，时尚创意产业是最具有创新性的产业之一，与湾区科技、金融、文化产业等融合发展，极易衍生新业态。另一方面，时尚创意产业可以作为湾区创新发展的传导性产业。湾区科技产业的物性色彩较强，金融产业的虚拟化和软性色彩较为浓厚，时尚创意产业是介于科技和金融间的可以起到联通作用的产业。因此，作为一个良好的产业生态连接链，时尚创意产业可以弥合湾区产业发展两极的中间地带，利用湾区特色与优势进行创新发展，利用时尚坚守创新的内在品格为其他行业及科技创新提供美学、灵感和动力支撑。在规划纲要指引下，湾区时尚创意产业可谓得"天时地利人和"之便，拥有行业大有可为和应该勇于作为的大好时机。

同时，时尚创意产业自身已经初步显示出可持续发展的前景，应该受到政府和企业的高度重视。一是全球时尚创意发展前景较好。联合国教科文组织、安永会计师事务所等共同发布的文化与创意产业最新报告显示，全球文化创意产业创造产值2.25万亿美元，超过电信业全球产值（1.57万亿美元），总从业人数2950万，占世界总人口的1%。二是粤港澳大湾区文化创意产业发展蒸蒸日上。2017年，深圳文化创意产业产值为

2243.95亿元，约占同年深圳市GDP的十分之一；广州为2780亿元，超过当年广州市GDP的十分之一。粤港澳大湾区服装时尚创意产业作为文化产业的一部分，发展前景广阔。目前，深圳拥有大浪时尚小镇、东门服装市场等时尚区域，通过时装周扩大国内外知名度；东莞虎门服装批发市场和广州周围的一些大型服装批发市场，其国内外销量均较为可观。因此，时尚创意产业应该与国际接轨，应明确将时尚创意产业作为粤港澳大湾区文化创意产业中最为核心的产业之一，并加大重视力度，予以重点发展。

本研究的目的是从市场参与主体出发，通过分析不同市场主体对时尚创意产业高质量发展的评价，构建时尚创意产业高质量发展评价体系，据此指导时尚创意产业高质量发展、改革和创新。具体是企业、政府、消费者和社会公众对时尚创意产业发展给出客观分析和评价，并结合四者及其评价指标，采用熵权赋值法对时尚创意产业高质量发展水平打分，以期判断时尚创意产业高质量发展的综合水平。在此基础上，提出时尚创意产业进一步发展的路径、战略和政策。

研究时尚创意产业高质量发展，对丰富高质量发展理论和指导行业可持续发展均具有较重要的意义，具体包括理论意义、现实意义和政策意义三个方面。

理论意义方面，主要是丰富了高质量理论。第一，从市场主体视角构建产业高质量发展评价框架体系，丰富了高质量发展理论。以往研究高质量发展，多是从经济、社会、生态、文化等方面的协调着手，或者从生产率指标判断经济是否获得高质量发展着手。与以往不同的是，本研究从市场参与者感知行业高质量发展的角度，对高质量发展水平进行了较为科学的量化评估，为时尚创意产业高质量发展提供了实证依据。第二，以往对时尚创意产业发展文献关注较多，新时代提出经济高质量发展理念后，时尚创意产业高质量发展这一领域的研究相对缺乏，本研究拓展了时尚创意产业发展及研究的领域。

现实意义方面，主要是指导行业进行高质量发展。第一，利于时尚创意产业转型升级，获得高质量发展。高质量发展是行业转型升级发展的高级体现，产业实现了高质量发展必然是进行了成功的转型升级；高质量发展高于转型升级发展，它不仅需要行业转型升级发展，而且明确关切了市场各个参与者的感受。第二，利于为其他传统产业高质量发展树立榜样。

时尚创意产业高质量发展的选择及实现,可以作为其他行业产业发展的指导样本,时尚创意产业应该勇当湾区高质量发展的尖兵产业。

政策意义方面,主要是利于政府制定高质量发展政策。第一,有利于国家进一步提出促进经济社会高质量发展的战略和规划措施。针对经济社会各方面进行发展指导的政策较多,但具体到如何实现高质量发展的相关政策较少,未来政府制定行业、产业政策更应多关注其高质量发展方面。第二,有利于湾区时尚创意产业高质量发展规划和政策的出台。抢抓粤港澳大湾区发展契机,研究湾区时尚创意产业,制定与湾区同步发展的产业政策和规划,最终对促进湾区时尚的高质量发展起到重要的政策支撑意义。

(二)理论基础与国内外研究现状分析

1. 经济高质量发展的理论渊源

高质量发展理论必然拥有自身的发展和演变规律。谭崇台是经济发展质量的最早探寻者。他认为,发展经济学从其产生开始就具有经济发展质量的基本思想,指出经济发展的要素是构建经济发展质量的微观基础,并主要从人口、资源、环境、资本积累、技术进步、对外贸易等要素方面,以及人口增长和可持续发展、资本形成理论、技术进步对于发达国家与发展中国家的不同贡献、世界分工、贸易体系的理论角度等方面,总结和分析了经典的发展经济学理论对于经济发展质量的研究[1]。当然,经济发展质量的思想并不囿于产业经济学领域,与高质量发展相关的理论研究具体梳理如下。

(1)经济增长理论。

经济增长与经济质量密切相关。经济增长是经济发展的早期阶段要求,经济质量是经济发展到一定阶段的内在要求。经济增长是永恒的话题,对经济增长研究及梳理的文献较多。例如,谭崇台严格区分了经济增长和经济发展概念。其中,经济增长指工农业生产总值、社会总产值、国内生产总值、国民生产总值、国民收入的增长。经济发展指随着经济增长

---

[1] 谭崇台. 影响宏观经济发展质量的要素——基于发展经济学理论的历史考察[J]. 宏观质量研究,2014(1):1-10.

而出现的社会经济有益变化,如投入产出结构、生活水平与分配状况、健康卫生教育、自然环境生态等方面的平衡[1]。汪丁丁具体描述了经济增长理论向经济发展理论的演进过程。他认为,以贝克尔为首的芝加哥学派讨论了经济发展理论已有的成果和未来研究的可能课题,标志着新古典经济增长理论向经济发展理论的融合。以杨小凯等提出的"经济增长的一个微观机制"和贝克尔等提出的"分工、协调成本与知识"理论,试图将劳动分工的规模报酬递增与协调分工的成本,纳入经济增长的内生变量来研究。以布坎南为主的学者提出关于立宪、法律及"宪制革命"的理论,哈耶克提出关于"人类合作的扩张秩序"的思想[2]。周海林认为,以往学术界讨论经济增长时常忽视资源和环境约束。他从经济发展理论的发展轨迹出发,研究了经济增长模型及经济发展理论如何忽略自然资源可持续利用的问题,并分析了经济增长的资源约束[3]。进而,庄子银指出了新增长理论的一些特点。他认为,新增长理论是经济学的一个分支,试图解释增长的根本原因,并强调经济增长不是外生技术变化,而是内生技术变化作用的产物,其特点是,重视对收益递增、研究和开发、知识外溢、劳动分工和专业化、人力资本投资、开放经济和垄断化等的研究,并突出创新作为经济增长的要素,具有划时代意义[4]。代明等认为,熊彼特《经济发展理论》的出版,标志着创新理论的诞生,并对创新理论的提出与要义、影响与前景、发展与完善等做了简要回顾和总结。但现实中经济增长转型发展的趋势不易逆转[5]。基于此,唐龙认为,把对经济工作考察的视野从经济增长扩展到经济发展,符合世界经济的发展规律。"转变经济发展方式比转变经济增长方式"内涵更丰富,应该在思路上以节能减排为抓手,以结构调整与优化升级为载体,以体制改革与创新为保障[6]。新时期,经济应不只追求单纯的增长,如李静等认为,对新常态的判断不宜仅着眼于经济

---

[1] 谭崇台. 从经济发展理论的基本观点看我国的两个经济问题[J]. 武汉大学学报(人文科学版), 1991 (2): 3-8.
[2] 汪丁丁. 近年来经济发展理论的简述与思考[J]. 经济研究, 1994 (007): 66-80.
[3] 周海林. 经济增长理论与自然资源的可持续利用[J]. 经济评论, 2001 (02): 35-38.
[4] 庄子银. 新增长理论的兴起和发展[J]. 山东社会科学, 2002 (02): 11-16.
[5] 代明, 殷仪金, 戴谢尔. 创新理论: 1912—2012——纪念熊彼特《经济发展理论》首版100周年[J]. 经济学动态, 2012 (04): 145-152.
[6] 唐龙. 从"转变经济增长方式"到"转变经济发展方式"的理论思考[J]. 当代财经, 2007 (12): 7-12.

增速。新常态是经济发展阶段的转移,是中国全面深化改革、从政府主导经济向现代市场经济转变、从中等收入经济体向发达经济体过渡的新发展路径①。

(2) 经济发展理论。

经济发展思想及其理论由来已久,国内学者对其进行了较为全面的解读。首先,马凤娣对熊彼特的经济发展理论进行了总结,认为熊彼特的"创新"理论主要分析了经济的静态动态发展、周期理论、资本主义发展机制等②。许曦等指出熊彼特强调"创新"是经济发展的根本、企业家意志和行为是创新活动的灵魂、经济周期是经济阶段发展的必然结果。据此,作者认为信息技术已引领我们进入创新时代,高素质的企业家队伍亦不断壮大,未来创新成功与否取决于"技术"与"体制"的配合度③。同时,郭雁冰详细阐述了熊彼特的经济发展理论,包括静态下的循环流转、创新概念、创新与经济发展、企业家与经济发展、信用与经济发展、经济发展中的竞争和垄断、经济周期和经济危机等④。进一步,严汉平概括了经济发展思想存在延续性和递进性。指出斯密、马克思、熊彼特虽然代表着不同历史时期的经济发展思想,但对当代发展经济学影响甚大,他们的经济发展思想之间存在着密切联系,但有质的区别,相互存在一定的"继承性"⑤。王必达直接指出经济发展理论是多种理论的综合,是伴随新制度主义发展观、新增长理论、可持续发展观和后发优势假说的形成而发展的,说明新生的经济发展理论是多种理论的融合⑥。具体方面,王清比较了刘易斯与舒尔茨的经济发展理论,认为他们都关注落后国家的经济发展问题,从各自的立场出发形成了两种不同的经济发展理论。刘易斯经济发展理论偏重于政府决策和工业化,舒尔茨的经济发展理论重点强调市场在

---

① 李静,李文溥. 走向经济发展常态的理论探索——宏观经济学视角的述评 [J]. 中国高校社会科学, 2015 (02): 116—128.
② 马凤娣. 熊彼特的经济发展理论 [J]. 学术论坛, 1999 (01): 23—27.
③ 许曦,刘方. 熊彼特的创新理论及其现实意义 [J]. 商业时代, 2004 (30): 18—19.
④ 郭雁冰. 熊彼特的经济发展理论及启示 [D]. 东北财经大学, 2010.
⑤ 严汉平. 斯密、马克思、熊彼特经济发展理论比较研究 [J]. 中南财经政法大学学报, 2003 (02): 37—43.
⑥ 王必达. 经济发展理论的演变:一个文献综述 [J]. 兰州大学学报(社会科学版), 2004 (2): 103—107.

经济发展（尤其是农业相关领域）中的积极作用①。赵永宏等通过对《国富论》进行解读，分析了分工、劳动价值、比较优势、自由经济、产业发展和竞争等方面，并指出其对现实经济的指导意义②。戴玲等从演化经济学的视角重构了斯密的经济发展学说，认为其发展理论是以制度、劳动分工、资本积累三者螺旋式协同演化为基础的动态有机演化系统③。需要强调的是，马克思关于经济发展的思想极为深刻。李义平从四个方面梳理了马克思的经济发展理论：一是马克思的发展观，指出马克思认为经济发展是为了人的自由全面的发展。如果背离了这一目的，就会为发展而发展，社会难以持续。二是马克思认为推动经济发展的是生产端、是实体经济。三是马克思以第二种含义的社会必要劳动时间、社会总资本再生产中两大部类结构的匹配为枢纽，研究了产能过剩、结构调整问题。四是马克思论述了货币的本质，以及货币从金属货币到纸币、到虚拟资本的演化过程，并指出中国经济若过度金融化、虚拟化，再加上不适当的经济刺激，不利于经济行稳致远④。朱方明等赞赏马克思政治经济学包含丰富的经济发展思想。通过对生产力与生产关系的矛盾运动考察，对资本主义生产关系运动的历史和逻辑进行分析，马克思揭示了人类社会经济发展的一般规律和资本主义经济发展的特殊规律⑤。当然，不容忽视发展经济学也在发展中。郭金兴等指出刘易斯遵循古典传统理论，建立了劳动力无限供给的二元经济模型；强调制度因素对经济增长的决定作用，重视政府在落后国家经济起飞过程中发挥的积极作用及局限性⑥。此外，部分学者对资本引入经济发展理论进行了研究。例如，张克中等认为，随着社会资本理论的发展，发展经济学演进到新的发展阶段⑦。同时，社会资本理论的引入丰富了经济发展理论。苏海燕等清醒地认识与评价了FDI对于我国经济快速

---

① 王清. 刘易斯与舒尔茨经济发展理论比较研究 [J]. 经济纵横, 2011 (01): 20-24.

② 赵永宏, 王冬放. 论《国富论》中的经济发展理论 [J]. 平顶山学院学报, 2014, 029 (002): 102-106.

③ 戴玲, 张卫. 基于熊彼特创新视角的再工业化作用机制研究 [J]. 科技管理研究, 2016, 36 (002): 47-53.

④ 李义平. 马克思的经济发展理论：一个分析现实经济问题的理论框架 [J]. 中国工业经济, 2016, 000 (011): 13-21.

⑤ 朱方明, 刘丸源. 马克思的经济发展理论与西方经济发展理论比较——兼论中国经济高质量发展的路径 [J]. 政治经济学评论, 2019, 10 (1): 54-70.

⑥ 郭金兴, 胡映. 阿瑟·刘易斯经济发展思想述评 [J]. 江淮论坛, 2016 (3): 33-39.

⑦ 张克中, 郭熙保. 社会资本与经济发展：理论及展望 [J]. 当代财经, 2004 (09): 5-9.

发展的促进作用①。王少国认为，金融发展理论是研究发展中国家金融发展与经济发展关系的理论，强调货币金融因素在经济发展过程中的重要性②。

（3）中国特色社会主义经济发展理论。

中国学者对中国特色社会主义经济发展的理论论述较多。一方面，以中国问题为根基，对中国特色社会主义理论进行尝试研究。其中，郭勇认为，中国需要三元结构理论。原因在于中国二元结构反差扩大的事实显现了二元结构理论指导实践的局限性。信息化作为打破城乡二元结构转型障碍的必然选择，客观上确立了农业、工商业、信息产业并存的三元结构，中国的经济发展实质上表现为三元结构的转型过程。现实的发展迫切需要构建与三元结构相适应的理论③。宋林飞提出了中国经济发展的四种模式：工业化新模式——认为发展乡镇企业是中国工业化进程不同于西方国家工业化模式的一个基本区别；小城镇发展模式——认为小城镇建设是发展农村经济、解决人口出路的一个大问题；区域经济发展模式——"苏南模式""温州模式"与"珠江模式"反映了不同地区的经济发展背景和现实发展道路；经济圈模式——建立长江三角洲经济开发区、黄河三角洲开发区，推进以香港为中心的华南经济区的整体发展，沿欧亚大陆桥建设一条沟通东西、平衡南北的经济走廊等④。任保平给出经济发展中"经济发展成本－经济主体行为－制度安排"的一种新解释框架，指出经济发展成本是可持续发展的基本问题，经济发展成本是指经济发展过程中所耗费的超出合理中间投入之上的生态成本、环境成本、资源成本等的价值计量；并强调可持续发展就是要实现低成本的经济发展，须进行有效的制度安排⑤。洪银兴概括了中国进入新的发展阶段后，经济发展理论包括：一是经济发展目标的转型，由追求国内生产总值总量增长转向人民收入增长，

---

① 苏海燕，徐策. FDI对中国经济发展作用理论综述［J］. 湖南社会科学，2005（2）：88-90.

② 王少国. 金融发展理论的渊源与发展概述［J］. 学习与探索，2007（04）：156-159.

③ 郭勇. 经济发展：从二元结构到三元结构——对三元结构理论研究的一个综述性说明［J］. 湖湘论坛，2004（03）：22-25.

④ 宋林飞. 中国经济发展模式的理论探讨：费孝通的一项重要学术贡献［J］. 江海学刊，2006，000（001）：65-71.

⑤ 任保平. 经济发展成本、经济主体行为与制度安排——可持续发展理论的一种新的经济学解释框架［J］. 陕西师范大学学报（哲学社会科学版），2007，36（1）：33-40.

实现公平增长;二是经济发展路径的转型,由引进创新转为自主创新,由"跟跑""并跑"转向"领跑";三是经济发展引擎的转型,由出口导向转向扩大内需,由比较优势转向谋求竞争优势。以上全部实现转型后将会带动经济发展方式的根本性转变[①]。周绍东、钱书法在"生产力-生产方式-生产关系"这一科学范式的指导下,提出了以"劳动-分工-所有制"为主线的马克思主义经济发展理论框架,并指出现阶段发展目标是实现人的全面发展;实施路径是以创新为动力,以内需为拉力,推动社会分工的深化与广化;发展模式是坚持两个毫不动摇,缓解和消除强制性分工和劳动异化,实现人与经济发展的内在统一[②]。王诚等对什么是中国特色社会主义经济理论进行了总结,认为按照中国特色的分析思路、政策方案、价值理念,主要从社会主义基本经济制度、宏观经济理论、微观企业基础、城镇化及城乡一体化等方面,对改革开放以来学术界关于中国特色社会主义经济理论的研究和讨论进行了梳理和总结,发现只要试图从研究理念上找寻中国特色,并秉承中华传统文化思想和社会主义思想,对于中国经济运行机制提出具有国际视野的理论分析和概括,无论采用何种工具,分析何种问题,都可称为中国特色社会主义经济理论[③]。

另一方面,基于中国经济发展转型,尝试中国特色社会主义理论创新转型。早期的理论探索为理论创新做好了铺垫。如刘世佳论述了经济中速度、质量和效益相统一的规律,包括分析经济从数量型向质量型转变、从外延型向内涵型转变、从速度型向效益型转变、从高耗型向节约型转变、从守业型向创新型转变、从政府主导型向市场主导型转变等问题。这些表明,我国的经济发展更加注重探索结构的变革和质的提高,更加注重研究统筹兼顾和协调发展[④]。史晋川从经济理论与经济发展的历史与现实的角度,对经济发展方式及其转变的问题进行了整理分析。研究表明,从资源配置视角来看,经济发展方式的基本内涵一是资源利用效率的提高,二是资源配置效率的改善;并且,经济发展方式的转变,必须通过深化改革,

---

[①] 洪银兴. 经济发展新阶段的发展理论创新[J]. 学术月刊,2011(4):61-67.
[②] 周绍东,钱书法. 以"劳动-分工-所有制"为主线的马克思主义经济发展理论研究——兼与刘刚、于金富两位同志商榷[J]. 当代经济研究,2013(12):16-21.
[③] 王诚,李鑫. 中国特色社会主义经济理论的产生和发展——市场取向改革以来学术界相关理论探索[J]. 经济研究,2014(6):156-178.
[④] 刘世佳. 加深对转变经济发展方式的理论认识[J]. 学术交流,2007(11):1-6.

建立起有利于促进经济发展方式转变的体制和机制①。白万平论证了经济发展路径具有阶段性特征——发展程度越高,发展路径越接近理想状态;反之,发展路径越不可持续。强调在新时代,中国特色社会主义理论须进一步得到升华和创新②,如郭克莎论述了中国经济新常态的理论依据。我国的工业化过程已进入后期阶段,发展特点和趋势与新常态的主要特点是一致的;国外的增长回落经验也为中国经济新常态提供了佐证材料。新常态理论作为中国特色社会主义政治经济学的一项重大理论创新成果,将被实践证明具有重要的理论地位和作用③。黄泰岩认为,创新、协调、绿色、开放、共享的新发展理念,为形成当代中国特色社会主义经济发展新理论、新体系、新话语开辟了道路④。洪银兴研究了进入新阶段后中国经济发展理论的重大创新,认为随着中国告别低收入发展阶段进入中等收入发展阶段,发展理论将出现一系列的创新,建议根据新发展理念改变以往传统的经济发展观⑤。此外,于海峰等总结了中国开放经济理论的发展,在对开放经济理论思潮、历史发展阶段与新时代中国特色社会主义开放经济发展内涵特征梳理的基础上,提出了建设新时代中国特色社会主义开放型经济体系的目标是构建全方位、立体化、网络状的开放系统,突出了构建三维平台、实现多元平衡的重点,以及发挥"点、线、带"网络化平台的难点,并落脚到以"一带一路"与自由贸易区(港)联动为突破口,以推动新时代中国特色社会主义开放经济理论体系建设⑥。

(4) 产业经济和区域经济发展理论。

较多学者从不同学科演进角度论述经济发展及其理论。一方面,如产业经济学伴随中国经济发展做出自身的学科贡献。关于产业结构及产业集群的理论研究发展较快。江小涓指出,新中国成立后,前30年产业结构

---

① 史晋川. 论经济发展方式及其转变——理论、历史、现实 [J]. 浙江社会科学, 2010 (4): 14-20, 127.
② 白万平. 经济发展路径的理论分解与经验研究 [J]. 贵州社会科学, 2014 (7): 91-96.
③ 郭克莎. 中国经济发展进入新常态的理论根据——中国特色社会主义政治经济学的分析视角 [J]. 经济研究, 2016 (9): 4-16.
④ 黄泰岩. 新发展理念催生新发展理论 [J]. 中国经贸导刊, 2016 (5): 39-40.
⑤ 洪银兴. 进入新阶段后中国经济发展理论的重大创新 [J]. 中国工业经济, 2017 (5): 7-17.
⑥ 于海峰, 王方方. 建设新时代中国特色社会主义开放经济理论体系 [J]. 东岳论丛, 2018 (5): 38-47.

一、绪　论

问题的研究被限定在"两大部类关系"和"农、轻、重关系"两大分析框架内；20世纪80年代初，西方产业结构理论逐渐被尝试用于分析中国问题；到90年代初，基本上完成了学术研究范式的转变[①]。宁钟认为，企业集群理论及其历史演进规律，是从外部经济理论到聚集经济理论，从地域生产综合体及增长极理论到新产业空间理论、新竞争经济理论的；当前的理论焦点是"地区经济网络"，并从不同途径对促进或制约创新（如网络、组织间关系等）的经济和社会关系给予了更多关注[②]。马中东概括了产业集群理论的最新进展，方向包括：产业集群促进区域经济发展的内在机理、产业集群与区域经济增长、产业集群与区域工业化和城市化、产业集群促进区域经济发展的全球化背景、政府政策等[③]。梅莉指出，当市场竞争已从企业发展战略转向产业集群战略时，产业集群通过协同效应在区域经济的发展中显示出巨大的优势。据此提出区域发展的新路径，即发挥区域各种资源要素的整合能力，追求适合于区域具体特征的区域发展道路，重视技术进步与技术创新，强调聚集效应，重视提升区域经济竞争力[④]。在产业前沿领域，高波对产业发展涉及的主要问题进行了概述。例如，全球化时代的发展中国家和地区，必须正确处理国家与市场的关系，培植国际竞争优势，促进贸易发展；获取知识技术外溢效应，大力吸引FDI；审慎推进金融全球化和金融自由化；根据GVC所处的位置，促进产业向产业链高端攀升和产业集群成长；参与全球合作和低碳转型；推进创新型国家建设；促进贸易和投资发展，建立国家竞争优势；建设资源节约型和环境友好型社会，保障生态环境可持续发展[⑤]。冉净斐对新时期产业发展的理论与前沿开展了研究。在传统产业组织理论基础上，探讨了产业关联、结构、竞争力，创造性地将产业管理分为产业政策、产业规制和行业管理，并进行了单独分析。作者期冀产业经济学这些理论运用到我国

[①] 江小涓. 理论、实践、借鉴与中国经济学的发展——以产业结构理论研究为例 [J]. 中国社会科学，1999（6）：4-18.

[②] 宁钟. 企业集群理论的演进及其评述 [J]. 武汉大学学报（社会科学版），2002（6）：687-696.

[③] 马中东. 产业集群与区域经济发展理论综述 [J]. 聊城大学学报（社会科学版），2005（5）：32-34.

[④] 梅莉. 区域经济发展与产业集群理论 [J]. 经济问题，2009（1）：114-116.

[⑤] 高波. 全球化时代的经济发展理论创新 [J]. 南京大学学报（哲学·人文科学·社会科学），2013，50（1）：13-26.

"一带一路"实践中,促进经济转型升级和发展①。另外,邹薇等针对企业资本结构理论,从公共财政与税收、信息不对称、委托代理关系、产业组织特征等角度对其进行了评述,探讨了企业资本结构问题研究的发展方向,期待将其融合到经济发展研究框架中②。

另一方面,伴随区域发展战略的兴起,区域经济成为指导经济发展理论与实践的显学。张锦鹏认为,以增长极理论制定区域经济发展战略,是不发达地区实现经济快速发展的一种有效方式。同时,指出政府在制定增长极战略时,应在区位选择、主导产业选择、经济活动方式等方面强化增长中心的扩散效应,使增长中心获得迅速发展,并能有效地带动其他落后地区的发展,以期实现区域经济平衡发展③。沈山在阐述我国区域经济学发展概况的基础上,分析了区域经济学的研究领域,并提出以区域经济研究四大内容(区域经济发展、区域经济关系、区域经济政策和区域经济管理)、理论组成四个层面(哲学层面、基础理论层面、基本理论层面和方法论层面)来构建区域经济学科理论体系④。徐梅以新经济地理学的发展为主线,对西方区域经济理论的形成和最新理论观点进行评析,指出以克鲁格曼为代表的新经济地理学在不完全竞争与规模报酬递增的假设下构建生产要素地域空间聚集与扩散的模型,力图把"空间"因素纳入主流经济学⑤。豆建民通过介绍西方的有关区域经济理论,解释了政府以及区域合作在区域经济协调发展中的作用⑥。王必达指明,区域经济增长阶段理论、新古典主义的趋同假说、结构主义区域发展观及新经济地理学理论反映了西方区域经济发展理论演变的基本脉络。西方区域经济发展理论的演变主要遵循两条路线,即"趋同"和"趋异"。无论是趋同假说还是趋异假说,均不能成为分析后发展区域经济跨越发展的理论依据⑦。郝寿义一

---

① 冉净斐. 新时期产业经济发展的理论与前沿研究 [M]. 中国纺织出版社, 2018 (2): 1—2, 180—207.

② 邹薇, 钱雪松. 资本结构理论与经济发展: 文献述评 [J]. 经济评论, 2003 (5): 70—74.

③ 张锦鹏. 增长极理论与不发达地区区域经济发展战略探索 [J]. 当代经济科学, 1999 (6): 32—37.

④ 沈山. 区域经济学理论体系的构建 [J]. 徐州师范大学学报(自然科学版), 2000 (3): 62—65.

⑤ 徐梅. 当代西方区域经济理论评析 [J]. 经济评论, 2002 (3): 74—77.

⑥ 豆建民. 区域经济理论与我国的区域经济发展战略 [J]. 外国经济与管理, 2003 (2): 2—6, 29.

⑦ 王必达. 西方区域经济发展理论的演变与启示 [J]. 兰州商学院学报, 2004 (4): 21—27.

直以来批评中国的区域经济学研究较缺乏一个系统的、完整的理论体系，认为一些区域的基本概念和研究框架没有规范的界定，使区域经济学研究略显杂乱无章，并试图从理论研究的视角，对中国区域经济学理论体系及几个关键问题做出梳理①。王傲兰对新中国成立以来我国经济区划的演变、区域发展主导政策的调整、区域经济的基本理论三个方面做了回顾述评②。茶洪旺认为，无论是区域经济均衡发展理论还是非均衡发展理论，都存在局限性。作者提出第三种理论，即非均衡协调发展理论，强调非均衡协调发展的运行机制包括市场调节、政府宏观调控和法律制度保障三个相互联系的环节，并认为是构建市场经济条件下区域经济发展的最佳模式③。王万鹏以区域经济理论的产生、发展为主线，围绕该理论在不同发展阶段的代表性观点进行了总结评论④。徐阳等在分析区位理论由古典区位理论、近代区位理论到现代区位理论演变的基础上，对区位理论的代表性理论和思想进行了总结和评析，并探讨了区位理论在区域经济发展中的应用价值⑤。王爱新等认为，区域经济发展是一个古老又常新的命题，指出经济思想史上，斯密、李嘉图、马歇尔、佩鲁、缪尔达尔、克鲁格曼等均有关于区域经济发展的经典理论；且近20年来，由藤田昌久和克鲁格曼倡导的基于规模报酬递增思想的空间经济学发展迅猛，并且新经济地理学将空间因素纳入经济发展计量模型中。作者认为，中国区域经济活动须以区域发展战略、非均衡战略、协调战略为主，推动经济向前发展⑥。

（5）生态环境发展理论。

经济发展过程中，绿色、生态、环保、循环经济等日益成为考量经济发展的重要指标。王万山阐述了生态经济学的历程和阶段性理论突破，即生态"资本"观、生态与可持续发展、生态与产权制度安排三大突破；进一步阐明了世界生态经济发展的五大趋势，即生态建设成为宏观政策主要目标、企业成为生态经济主体、生态产业快速成长、高新技术成为生态产

---

① 郝寿义. 建立区域经济学理论体系的构想 [J]. 南开经济研究, 2004 (1): 68-72.
② 王傲兰. 我国区域经济发展的实践与理论 [J]. 宏观经济研究, 2003 (3): 29-31.
③ 茶洪旺. 区域经济发展的第三种理论：非均衡协调发展 [J]. 学术月刊, 2008 (10): 71-77.
④ 王万鹏. 西方区域经济理论研究综述 [J]. 合作经济与科技, 2010 (4): 12-13.
⑤ 徐阳, 苏兵. 区位理论的发展沿袭与应用 [J]. 商业经济研究, 2012 (33): 138-139.
⑥ 王爱新. 区域经济发展理论 [M]. 经济管理出版社, 2015: 1-5.

业的增长动力、绿色消费成为全球新时尚①。丁慧通过论述循环经济的理论渊源,缕清了循环经济的发展机理,并分析了我国发展循环经济面临的问题②。齐建国认为,循环经济理论涉及对污染治理的经济学问题、经济发展阶段与循环经济、循环经济与效率、循环经济与生态经济、循环经济与社会公平、循环经济伦理与环境伦理等方面的研究,并指出中国发展循环经济面临的主要问题是企业规模小,缺乏规模支撑和尚未形成适合区域性循环经济网络发展需要的经济机制和政策体系③。刘再起等在全球视野下,对低碳经济理论的提出及其在西方主要国家的实践与发展进行了较系统的梳理,并结合我国国情及经济发展方式的转变,提出具有中国特色的低碳经济发展之路④。刘卫国等(2011)按照企业发展与环境相容的原则,认为低碳经济是应对全球变暖的最佳经济模式,并推导出政府在制定企业发展低碳经济激励政策时的注意事项,即中央政府要加大财政转移支付力度,支持地方发展低碳经济;地方政府要设立专门的低碳经济发展激励基金,并纳入财政预算管理;地方政府在激励企业发展低碳经济时,要有层次、有针对性地对企业给予政策支持或财政补贴,形成阶梯式的支持结构,使有限财政资金得到合理配置;地方政府应该以区域内企业实施低碳经济活动的努力水平为评判标准对企业进行激励⑤。方大春等认为,经济学是以造福人类为使命的科学,个人福利是依存于全人类福利的,这些经济学思想可以作为低碳经济思想的源头。该领域持续借鉴和吸取生态经济、循环经济、绿色经济、气候经济和资源环境经济等学科的理论⑥。唐啸指出,"绿色经济"的概念在学界和实业界被广泛应用,但概念不清;认为绿色经济的概念变迁分为三个阶段:单一的生态系统目标阶段,经济－生态系统目标阶段,经济－生态－社会复合系统阶段;并分析了绿色经

---

① 王万山. 生态经济理论与生态经济发展走势探讨[J]. 生态经济,2001(5):14—16.
② 丁慧. 循环经济发展的理论基础、运行模式及障碍[J]. 经济纵横,2005(5):48—51.
③ 齐建国. 中国循环经济发展的若干理论与实践探索[J]. 学习与探索,2005(2):160—167.
④ 刘再起,陈春. 全球视野下的低碳经济理论与实践[J]. 武汉大学学报(哲学社会科学版),2010(5):132—137.
⑤ 刘卫国,李乾文. 锦标机制理论下企业低碳经济发展激励机制研究[J]. 中国人口·资源与环境,2011(2):147—152.
⑥ 方大春,张敏新. 低碳经济的理论基础及其经济学价值[J]. 中国人口·资源与环境,2011(7):95—99.

济理论的最新进展可以分为效率、规模和公平三种导向，以此分别从经济系统的效率、生态系统的极限和社会分配的公平性的角度提出了绿色经济发展方案①。郝文斌鲜明提出，发展生态经济就是要对传统发展模式进行变革性反思，以"五位一体"建设为依据，运用生态理论和系统方法，创新应用科学技术，推动经济转型升级，实现我国人口、资源和环境的协同发展②。

2. 经济高质量发展的理论基础

（1）经济高质量发展理论。

高质量发展是近年来最热门的议题之一，国内对高质量发展进行测度、意义和对策方面的研究较多，具体如下。

第一，对高质量发展进行量化测度的研究。师博、任保平对中国省际经济高质量发展进行了测度。利用新方法测算了基于经济增长基本面和社会成果两个维度的经济高质量发展指标，预计2020—2022年，我国平均经济增长质量指数将由2016年的0.49上升至0.55③。魏敏等构建了涵盖经济结构优化、创新驱动发展、资源配置高效、市场机制完善、经济增长稳定、区域协调共享、产品服务优质、基础设施完善、生态文明建设和经济成果惠民10个方面的经济高质量发展水平测度体系，利用熵权TOPSIS法对其进行了实证测度④。茹少峰等认为，效率变革是中国经济高质量发展的特征之一。通过生产率测算研究潜在增长率变化，从人力资本增长率、物质资本增长率、全要素生产率增长率分析了潜在经济增长率下降的原因，研究发现了全要素生产率增长率下降是导致潜在经济增长率下降的主要原因⑤。

第二，对高质量发展必要性和意义的研究。任保平等建议在我国经济转向高质量发展的新阶段，需要注重生产力质量的提升问题⑥。师博、张

---

① 唐啸. 绿色经济理论最新发展述评 [J]. 国外理论动态，2014 (1)：125-132.
② 郝文斌. 生态经济发展的理论基础与实践路径 [J]. 北方论丛，2015 (02)：149-152.
③ 师博，任保平. 中国省际经济高质量发展的测度与分析 [J]. 经济问题，2018 (3)：19-27.
④ 魏敏，李书昊. 新时代中国经济高质量发展水平的测度研究 [J]. 数量经济技术经济研究，2018 (11)：4-21.
⑤ 茹少峰，魏博阳. 新时代中国经济高质量发展的潜在增长率变化的生产率解释及其短期预测 [J]. 西北大学学报（哲学社会科学版），2018 (04)：19-28.
⑥ 任保平，李禹墨. 经济高质量发展中生产力质量的决定因素及其提高路径 [J]. 经济纵横，2018 (7)：33-40.

冰瑶认为，在新时代背景下，发展新经济需要以完善现代化市场体系为基础，走供给侧改革与高质量发展相协调、深化改革与全面开放相统一，以及工业化和信息化相融合的发展道路①。陈昌兵认为，进入新时代，我国第一、第二和第三产业发展的主要动力已转换到创新上，创新是新时代我国高质量发展的动力。在创新驱动下，我国将由依靠要素投资和牺牲环境为主的发展，转型升级为以高端服务业和高端制造业、深度城市化和技术创新等为主的发展②。盛来运指出，我国经济已由高速增长阶段转向高质量发展阶段，这是根据我国发展条件和发展阶段变化做出的重大判断，他认为，转向高质量发展阶段是新时代我国经济发展的基本特征③。

第三，对高质量发展战略对策的研究。黄群慧等总结了美、日、德、韩等国产业政策及经验，认为工业化新阶段要求工业发展战略由成本导向转为竞争优势导向，加强长期顶层设计，增强科技基础设施和公共服务建设等④。王国华认为，当前我国实现中国经济高质量发展战略目标，须继续深化供给侧改革，实施创新驱动战略，加快新旧动能转换⑤。林兆木认为，我国经济高质量发展的内涵和要义，须体现创新、协调、绿色、开放、共享的发展理念，也应遵循生产要素投入少、资源配置效率高、资源环境成本低、经济社会效益好的原则⑥。赵大全纵观德、日等发达国家的经济转型历程，提出实现经济高质量发展的关键在于抓住科技革命的重大契机，以科技革命和新的工业革命为突破口，实现经济发展质量的历史性跨越。中国须抓住以互联网和大数据为基础的第四次科技革命，实现经济由高速度到高质量的成功转型⑦。郭春丽等提出经济高质量发展的对策建议——加快推进教育现代化，大力发展素质型教育，全面提高教育质量；培养和凝聚一批具有国际水平的战略科技人才、科技领军人才和高水平创

---

① 师博，张冰瑶. 新时代、新动能、新经济——当前中国经济高质量发展解析［J］. 上海经济研究，2018（5）：25—33.
② 陈昌兵. 新时代我国经济高质量发展动力转换研究［J］. 上海经济研究，2018（5）：16—24.
③ 盛来运. 建设现代化经济体系 推动经济高质量发展——转向高质量发展阶段是新时代我国经济发展的基本特征［J］. 求是，2018（1）：50—52.
④ 黄群慧，贺俊. 国际经验对我国产业政策调整的启示［J］. 中国经贸导刊，2015（2）：4—5.
⑤ 王国华. 实现中国经济高质量发展战略目标的途径［J］. 经济研究参考，2018（12）：11—12.
⑥ 林兆木. 经济高质量发展要义几重？［J］. 中国生态文明，2018（1）：86—86.
⑦ 赵大全. 实现经济高质量发展的思考与建议［J］. 经济研究参考，2018（1）：7—9，48.

新团队；持续积累更多高水平、高质量的技术等①。王一鸣指出，推动高质量发展根本上在于创新体制机制——须处理好政府与市场的关系，坚持使市场在资源配置中起决定性作用，更好地发挥政府的作用；须深化产权制度改革，依法全面保护各类产权，增强各类经济主体的创新创业动力；须深化要素市场改革，打破行政性垄断，防止市场垄断，完善公平竞争的市场环境，提高资源配置效率②。姚树洁等认为，在经济高质量发展过程中扩大开放，应做好打造研发平台、寻求合作共赢、扩大人文交流等③。

（2）产业转型升级理论。

其一，产业转型升级原因。

产业升级，包括工业和服务业等的发展，涉及政治、经济、文化、社会等多方面，是一个系统工程。一方面，黄庆波、方福前等学者总结国内外经验表明，产业升级可以促进经济持续增长④⑤。故产业升级对国家和城市均具有较为重要的意义。另一方面，中国社会发展的现实迫切需要产业升级。典型的是东部地区逐步失去依靠廉价劳动力成本比较优势的外向型增长方式，迫使东部地区不得不实行产业转型升级⑥；同时，城市房价升高，诱使劳动力流出，并对低附加值的产业产生挤出效应，进而引发产业转移，城市产业由价值链低端向价值链高端攀升，诱使产业升级⑦。因此，中国城市具备产业升级的外部环境，同时产业升级也是社会发展到一定阶段的必然产物。

其二，产业升级概念。

Porter认为，产业升级是当资本相对于劳动力和其他资源禀赋更加充

---

① 郭春丽，王蕴，等. 实现经济高质量发展的对策建议 [J]. 经济研究参考，2018 (4)：16-17.

② 王一鸣. 大力推动我国经济高质量发展 [J]. 人民论坛，2018 (3)：32-33.

③ 姚树洁，汪锋. 扩大开放与经济高质量发展 [J]. 人民论坛，2018 (23)：86-87.

④ 黄庆波，范厚明. 对外贸易、经济增长与产业结构升级——基于中国、印度和亚洲"四小龙"的实证检验 [J]. 国际贸易问题，2010 (2)：38-44.

⑤ 方福前. 经济结构调整的双重路径：市场化与政府转型 [J]. 学习与探索，2011 (1)：119-124.

⑥ 刘新争. 比较优势、劳动力流动与产业转移 [J]. 经济学家，2012 (2)：45-50.

⑦ 高波，陈健，邹琳华. 区域房价差异、劳动力流动与产业升级 [J]. 经济研究，2012 (1)：66-79.

裕时，国家在资本和技术密集型产业中具有比较优势[1]。Gereffi 认为，产业升级是一个企业提供更具盈利能力的资本和技术密集型经济领域的能力的过程，这一过程是在价值链内部从低到高的增加值活动转变[2]。Poon 认为，进入 21 世纪后，产业升级就是制造商成功从生产劳动密集型低价值产品向生产高价值的资本或技术密集型产品转换的过程[3]。Giuliani 等定义产业升级为企业通过一系列的创新活动增加附加值的过程[4]。陈羽等认为，产业升级的内涵是"提高国际分工中的价值获取"，升级的基本对策是"向研发（技术）和品牌（管理）"两端升级[5]。随着时间推移，不同学者对产业升级的理解更加深刻，笔者认为，产业升级是最终转向以资本和技术密集为代表的高端附加值产品的动态化国际价值的获取过程。

其三，产业升级内涵。

第一，影响产业升级的因素。国内外研究表明，外商直接投资 FDI（包括本国投资国外和外国投资本国），对本国产业升级有促进作用；政府行为，主要是地方政府的财政行为，当财政行为支持和稳定时，对相应产业升级作用较大；创新（技术创新和政策创新）促进产业发展；产业政策上，好的产业制度及政策对产业转型升级作用重大；金融发展方面，金融对产业发展具有支撑作用；技术外溢上，技术传播与扩散，尤其是加工贸易技术外溢对产业升级作用明显；人力资本方面，人力资本及其创新为产业升级打下良好基础；其他如房价、空间集聚及产业集聚、开放程度、城镇化质量及产城融合等因素均对产业升级产生影响。

第二，产业升级的路径。Humphrey 和 Schmitz 总结了四种产业升级路径：流程升级（Process Upgrading），企业通过重组生产流程或者引入新的生产技术，提高投入产出效率；产品升级（Product Upgrading），企

---

[1] Porter M E. The Competitive Advantage of Nations [M]. Massachusetts: The Free Press, 1990.

[2] Gereffi G. International Trade and Industrial Upgrading in the Apparel Commodity Chain [J]. Journal of International Economics, 1999 (48): 37-70.

[3] Poon T, Shuk Ching. Beyond the Global Production Networks: A Case of Further Upgrading of Taiwan's Information Technology Industry [J]. International Journal of Techanology and Globallisation, 2004 (1): 130-144.

[4] Giuliani E, et al. Clusters Facing Competition: The Importance of External Linkages [M]. Ashgate, 2005.

[5] 陈羽，邝国良. "产业升级"的理论内核及研究思路述评 [J]. 改革，2009 (10): 87-91.

业通过生产更高质量和更复杂的产品来提高利润；功能升级（Functional Upgrading），企业从价值链的低附加值部分移动到高附加值部分，如从以生产为主转向研发设计、品牌创新和市场开拓为主；跨行业升级（Intersectoral Upgrading），企业从原行业转向相关的新行业[①]。Kaplinsky 和 Morris 将产业升级类型分为四种，即工艺流程升级、产品升级、功能升级和价值链升级，并认为在一般情况下，产业升级是从工艺流程升级开始，逐步实现产品升级和功能升级，并最终达到价值链的升级[②]。具体实践中，广东省三种产业升级模式是，产业结构高度化（三二一产业）、加工程度高度化（低质量产品向高质量产品）、价值链高度化（改变生产价值链和国际分工体系，制造业微笑曲线两端主要是研发设计、高技术零件、售后服务和营销品牌）。其他地区包括深圳产业升级路径是，延伸产业链实现升级、发展总部经济实现功能升级和发展战略新兴产业实现产业升级。

第三，产业升级与制度的关系。一是经济发展离不开制度创新。经济活动行为准则与生产力相适应的关系，以及制度的规模经济功能，是产业升级的制度需求。产业升级背景下，革新制度创新理念，强化政府职能作用，打破行政垄断，坚持制度创新，有利于促进经济可持续发展。二是制度创新是产业转型升级的核心动力。产业转型升级中，制度安排及制度变迁至关重要。良好的制度环境，包括制度结构、制度效应和制度构建。制度结构包括国家（地方）法律制度、政府管理制度、企业制度和社会治理制度。好的制度结构及建设能发挥良好的制度效应，进而创造出良好的制度环境。好的制度环境意味着产业转型升级的安全、便利和低成本。同时，产业升级是一个制度变迁的过程，在政府外力和产业组织内力作用下，产业分离和产业融合使产业转型升级，如自贸区内管理体制机制创新促进产业结构优化升级。三是正式制度与非正式制度对经济转型和产业升级都有着重要影响，在于制度能够促进人才、资本与技术之间的耦合。正式制度包括要素培育制度、企业制度和政府管理制度。其中要素培育制度又包括融资制度、人力资本制度和科技制度；企业制度由企业组织制度、企业产

---

① Humphrey J, Schmitz H. How Does Insertion in Global Value Chains Affect Upgrading in Industrial Clusters? [J]. Regional Studies, 2002 (9): 1017-1027.

② Kaplinsky R, Morris M. Understanding Upgrading Using Value Chain Analysis [J]. 2002 (7): 1-14.

权制度、法人治理制度、管理制度等构成；政府管理制度包括财税制度、法律制度和产业政策等。非正式制度则涵盖价值观、意识形态、风俗习惯、文化传统等柔性内容，利于创意设计文化产业发展，也利于高技术产业柔性发展。

（3）产业政策理论。

人们普遍认为产业政策对经济发展起到积极作用，但产业政策也应该适应新时代的发展，进行转型革新。张文忠等认为，我国经济社会取得的辉煌成就中，多数地区的经济高速增长，主要还是依靠建筑材料、石油化工、电力、有色金属等基础工业的扩张实现的。为此，这种以依靠外延式扩大再生产来获得经济增长的发展模式，使我国资源能源供应日趋紧张，并付出了沉痛的环境代价。作者认为，应该协调资源环境与产业发展的关系，引导产业发展走向健康、有序之路，构建集约化、高效化的产业发展空间[①]。蓝庆新认为，我国各地区产业规划暴露出不少问题，如产业规划与区域规划的关系问题尚无定论，将产业规划与区域规划混同，将产业发展战略与区域发展战略混同，对区域规划高度重视而对产业规划重视不足等。同时，蓝庆新基于案例研究解读了产业规划理论及方法[②]。赵兵基于产业视角对流域生态规划进行了研究[③]。刘秉镰等认为，在一个国家内部，同样存在着特定区域的产业发展、产业升级、产业结构调整、产业技术创新、产业竞争力提升以及区域间产业分工协作及转移等问题。但区域产业规划与政策的理论方法体系很不完善，区域产业政策对区域产业发展的科学指导作用不明显，当政策执行偏离预期目标后，多为事后修补和化解，较缺乏预警功能和纠错能力[④]。黄汉权等解析了近两年学术界对产业政策的争论，普遍的观点是当前中国面临的不是要不要产业政策的问题，而是要什么样的产业政策的问题。据此，黄汉权等认为，产业政策必须转型，建立以功能性产业政策为主导的市场友好型产业政策体系[⑤]。李平等认为，中国产业政策取向应做重大调整，即从直接干预市场到增进与扩展

---

① 张文忠. 产业发展和规划的理论与实践 [M]. 科学出版社，2009：1-156.
② 蓝庆新. 区域产业规划方法与案例研究 [M]. 知识产权出版社，2011，1-50.
③ 赵兵. 基于产业视角的流域生态规划研究 [M]. 科学出版社，2016：1-8.
④ 刘秉镰. 区域产业经济概论 [M]. 经济科学出版社，2010：1-158.
⑤ 黄汉权. 新时期中国产业政策转型：理论与实践 [M]. 中国社会科学出版社，2017：1-180.

市场；具体针对纺织工业政策，认为中国纺织工业进入平缓发展的新常态，行业转型升级日益紧迫①。国家工业信息安全发展研究中心对京津冀、长江经济带、泛珠三角地区等重点区域和"一带一路"倡议下各省（自治区、直辖市）展开的产业转移与合作进行了探索性研究；对纺织业产业转移进行分析发现，从总产值看，东部地区纺织业、服装业、化纤产业的工业销售产值均占到全国的72%以上；从投资看，2016年东部纺织业投资7390.40亿元，东部投资分别约是中部、西部投资的1.78倍、5.67倍。同时，新疆、安徽、河南等地是中、西部地区纺织产业主要承接地，东南亚是我国纺织产业对外转移的主要方向。因此，东部地区须瞄准价值链高端，发挥创新引领作用；中西部地区着力提升产业发展水平，培育特色优势②。

(4) 可持续发展理论。

1987年，世界环境与发展委员会正式发布《我们共同的未来》（Our Common Future）报告，提出可持续发展定义：可持续发展是既满足当代人需要，又不损害后代人满足需要能力的发展。可持续发展须尊重三个原则：一是经济可持续，在资源有限下，经济得到持续发展，并为后代留下足够大的发展空间。二是生态可持续，保持生物多样性，保护基本生态过程和生态资源。三是社会和文化可持续，维护社区、社会个性和多样性，使发展与社区社会文化及价值观相协调。

可持续发展的理论由人口承载、环境承载、外部性、代际公平等论题构成。第一，人口承载理论认为，在特定技术及发展阶段，地球资源环境是有限的，对人口承载能力有限。第二，环境承载理论认为，某一区域某一特定时期，环境对人类活动存在一个极限，当超过这个环境极限值时，环境质量下降，影响可持续发展。第三，外部性理论认为，环境日益恶化是由于长期将环境视为免费公共物、不承认自然资源具有经济价值的错误观念导致的，使人类社会出现不可持续现象。第四，代际公平问题主要是指当代人过度使用资源，剥夺了后代人使用资源，造成财富在代际传承上出现非公平现象，从而使社会发展不可持续。

---

① 李平，刘桂清. 产业政策竞争导向转型的现实需求与内在动因 [J]. 当代经济，2018 (23)：16-19.

② 国家工业信息安全发展研究中心. 中国产业转移年度报告（2017-2018）[M]. 电子工业出版社，2018：164-171.

高质量发展与可持续发展之间是辩证统一的关系。产业高质量发展必然要求产业可持续发展,并且维护较好的生态环境。可持续发展不一定是高质量发展,可持续发展强调的是过程合意,高质量发展强调的是过程和结果两者合意的统一。这也表明,维持低质量水平的发展也能在时间和空间上达到可持续发展,但这不是我们追求的。因此,高质量发展高于可持续发展,高质量发展对每个时点的发展水平提出了更高的期望,高质量发展是期望能保持较高质量的长期的发展。

3. 国内外时尚创意产业研究现状及评述

(1) 国外关于时尚创意产业的研究。

其一,纺织服装行业全要素生产率研究。

全要素生产率是衡量经济高质量发展的核心指标。各国学者如 Joshi[1]、Chaffai[2]、Vixathep[3] 等人的研究表明,新兴市场经济体纺织服装行业的效率改善明显。继 Fare 将 DEA 效率进行 MALQUIST 指数分解为技术效率变化(EFFCH)、纯技术效率(PECH)、规模效率(SECH)、技术变化(TECHCH)后[4],Joshi 利用 2002—2007 年公司面板数据,基于该方法测度印度服装产业 TFP,发现印度服装行业 TFP 年增长率达到 1.7%的水平,这表明技术效率改变对 TFP 增长起主要作用[5]。Vixathep (2011) 利用 DEA 方法测算了老挝服装产业效率和生产率,发现后多边纺织时代背景下老挝服装产业竞争力不断提升[6]。

其二,纺织服装行业出口竞争力研究。

出口竞争力提升是高质量发展的必然结果。Keesing 等发现,意大利

---

[1] Joshi R N, Singh S P. Estimation of Total Factor Productivity in the Indian Garment Industry [J]. Journal of Fashion Marketing & Management, 2010 (1): 145-160.

[2] Chaffai M E A, Plane P, Guermazi D T. TFP in Tunisian Manufacturing Sectors: Convergence or Catch-Up with OECD Members? [J]. Middle East Development Journal, 2009 (1): 123-144.

[3] Vixathep S. Efficiency and Productivity Change in Lao Garment Industry: A Nonparametric Approach [J]. Journal of International Cooperation Studies, 2011: 87-111.

[4] Rolf Fare, Shawna Grosskopf, Knoxlovell C A. Production Frontiers [M]. Cambridge: Cambridge University Press, 1994.

[5] Joshi R N, Singh S P. Estimation of Total Factor Productivity in the Indian Garment Industry [J]. Journal of Fashion Marketing & Management, 2010 (1): 145-160.

[6] Vixathep S. Efficiency and Productivity Change in Lao Garment Industry: A Nonparametric Approach [J]. Journal of International Cooperation Studies, 2011: 87-111.

是纺织服装出口最大盈余国;中国、韩国和印度是服装贸易盈余国①。PETER 分析了肯尼亚 1991—2013 年的服装出口情况,发现出口美国市场的份额呈上升趋势,而出口欧盟市场的份额呈下降趋势,原因是欧盟的"原产地规则"妨碍出口,美国的贸易优先协定利于出口②。

其三,服装品牌、企业管理和网络因素研究。

高质量发展必须依靠和适应高技术发展。一是品牌影响消费者行为。Bruc、Amatulli 等人的研究表明,服装品牌信任度、品牌设计定位是否迎合消费者心理,品牌款式设计和质量均会影响消费者的购买行为③④。二是服装企业管理水平及模式影响市场消费和公司绩效。MacCarthy、Cillo 和 Taplin 等人认为,全球快速反应系统会影响时尚创意产业产品创新和公司绩效⑤⑥⑦。Guercini 认同意大利服装企业快时尚产品的迭代模式和专业化的全球供应链网络,认为其增强了企业与消费者亲密度⑧。Raeve 强调,时尚创意产业需要从大众"制造时尚"商业模式转向大众"消费时尚"商业模式⑨。三是网络及社交媒介影响消费。Crewe 发现数

---

① Keesing D B, Wolf M. Questions on International Trade in Textiles and Clothing [J]. World Economy, 1981 (1): 79—102.

② MUTUI PETER. Effects of Trade Preferences and Rules of Origin for Kenyas Clothing Exports [D]. UNIVERSITY OF NAIROBI, 2015.

③ Bruce M, Daly L. Buyer Behaviour for Fast Fashion [J]. Journal of Fashion Marketing & Management, 2006 (10): 329—344.

④ Amatulli C, Guido G. Determinants of Purchasing Intention for Fashion Luxury Goods in the Italian Market: A Laddering Approach [J]. Journal of Fashion Marketing & Management, 2011 (1): 123—136.

⑤ Maccarthy B L, Jayarathne P G S A. Fast Fashion: Achieving Global Quick Response (GQR) in the Internationally Dispersed Clothing Industry [J]. Social Science Electronic Publishing, 2009: 37—60.

⑥ Cillo P, Luca L M D, Troilo G. Market Information Approaches, Product Innovativeness, and Firm Performance: An Empirical Study in the Fashion Industry [J]. Research Policy, 2010 (9): 1242—1252.

⑦ Taplin I M. Global Commodity Chains and Fast Fashion: How the Apparel Industry Continues to Re-Invent Itself [J]. Competition & Change, 2014 (3): 246—264.

⑧ Guercini S, Runfola A. Business Networks and Retail Internationalization: A Case Analysis in the Fashion Industry [J]. Industrial Marketing Management, 2010, 39 (6): 908—916.

⑨ Raeve A D, Smedt M D, Bossaer H. Mass Customization, Business Model for the Future of FashionIndustry [B]. 3rd Global Fashion International Conference, Madrid, 15—17, November 2012.

字网络功效,通过消费者的观点、评价和推荐,影响消费者消费[1]。Kim 和 Ko 发现,网络社交媒介对品牌信誉度影响较大[2]。Salmeron 和 Sen 等认为,欧洲和全球服装网络销售 B2B 和 B2C 模式较为成功[3][4]。此外,季节性及节日消费翘尾因素、企业生态社会责任对服装售卖影响明显[5][6]。

(2) 国内关于时尚创意产业的研究。

其一,能源、碳排放、水足迹研究。

围绕水足迹、碳足迹、能耗及绿色发展进行研究。一是关于水消耗利用的研究。刘秀巍等探讨了产品水足迹及其在纺织行业的应用,指出生产一件棉质衬衣大概需要消耗 2500～3000 升水;美国环保部统计,生产 2000 磅布需消耗 36000 升水[7]。王来力等对棉针织印染布进行了工业碳足迹和工业水足迹分析,研究表明,从纱线到成品布料加工阶段,工业碳足迹和工业水足迹值最大[8]。同时,王来力等对纺织品碳足迹和灰水碳足迹进行了研究[9][10]。张音等对纺织服装工业用的能源及物料进行了水足迹分析[11]。二是关于碳排放方面的研究。孙庆智等介绍了国内外关于控制及减少碳排放的方法(碳关税、碳交易和碳足迹),探讨了纺织工业实施碳足

---

[1] Crewe L. Ugly Beautiful? Counting the Cost of the Global Fashion Industry [J]. Geography, 2008 (1): 25−33.

[2] Kim A J, Ko E. Do Social Media Marketing Activities Enhance Customer Equity? An Empirical Study of Luxury Fashion Brand [J]. Journal of Business Research, 2012 (10): 1480−1486.

[3] Salmeron J L, Hurtado J M. Modelling the Reasons to Establish B2C in the Fashion Industry [J]. Technovation, 2006 (7): 865−872.

[4] Sen A. The US Fashion Industry: A Supply Chain Review [J]. International Journal of Production Economics, 2008 (2): 571−593.

[5] Kozlowski A, Bardecki M, Searcy C. Environmental Impacts in the Fashion Industry [J]. Journal of Corporate Citizenship, 2012: 16−36 (21).

[6] Hvass K K. Post-retail Responsibility of Garments—A Fashion Industry Perspective [J]. Journal of Fashion Marketing & Management, 2014 (4): 413−430.

[7] 刘秀巍,刘馨磊,孙庆智,等. 产品水足迹研究及其在纺织行业的应用 [J]. 纺织导报, 2011 (3): 23−26.

[8] 王来力,吴雄英,丁雪梅,等. 棉针织布的工业碳足迹和水足迹实例分析初探 [J]. 印染, 2012 (7): 43−46.

[9] 王来力,丁雪梅,吴雄英. 纺织产品碳足迹研究进展 [J]. 纺织学报, 2013 (6): 113−119.

[10] 王来力,丁雪梅,吴雄英. 纺织产品的灰水碳足迹核算 [J]. 印染, 2013 (9): 41−43.

[11] 张音,巢晃,吴雄英,等. 纺织服装工业用能源及物料的水足迹系数 [J]. 印染, 2013 (18): 43−45.

迹评价的可能性及可能遇到的问题，指出工业阶段的碳足迹可以通过改进生产工艺、优化生产流程等方法来降低[①]。王来力等运用碳排放系数法核算了我国纺织行业20世纪90年代的碳排放量，指出碳排放总量增加，但排放强度有下降趋势；同时行业碳排放与工业总产值有较强的关联度[②]。王来力等基于对数平均Divisia因素分解法（LMDI）建立了中国纺织服装行业能源消费碳排放因素分解模型，并对影响行业碳排放量的产业规模、产业结构、能源结构、能源强度等因素进行了实证分析。该研究表明，20世纪90年代，产业规模扩大是造成碳排放增加的主要因素，能源强度因素改善对减少行业碳排放意义重大[③]。陈志华提出了纺织行业实施低碳经济的路径，包括产业转移与结构调整并举，拓展发展空间；节能减排，提高效率，大力发展可再生能源；积极开发天然纤维和再生环保纤维，生产低碳纺织品；自主创新，提升科技含量等[④]。三是节能绿色环保方面的研究。周文杰对服装的绿色设计理念、内容、特点以及设计应用风格进行了详细阐述[⑤]。秦寄岗指出，绿色设计主导世界服装潮流[⑥]。李超德论述了确立服装绿色生态设计观和倡导绿色生态时尚理念对我国服装业发展的重要性[⑦]。徐慧娟等运用熵权法赋予服装企业节能环保指标的权重，借助TOPSIS模型计算了各服装企业与理想解、负理想解的距离，根据相对接近度由大到小对被调查企业的环保节能进行了排序，并分析了相应结论[⑧]。

其二，纺织服装行业改革的研究。

一是行业内部结构和行业区域结构调整。王祥等认为中国纺织业结构性调整势在必行。一方面，由于同质化竞争激烈、生产规模增长过快等因

[①] 孙庆智，王丽华，刘秀巍，等.碳足迹与纺织工业[J].纺织导报，2011（3）：15-18.
[②] 王来力，杜冲，吴雄英.我国纺织服装行业的碳排放分析[J].纺织导报，2011（10）：16-19.
[③] 王来力，吴雄英，丁雪梅，等.中国纺织服装行业能源消费碳排放因素分析[J].环境科学与技术，2013（5）：201-205.
[④] 陈志华.纺织行业的低碳经济路径[J].江苏工程职业技术学院学报，2010（2）：69-72.
[⑤] 周文杰.浅析服装的绿色设计[J].丝绸，2002（7）：38-41.
[⑥] 秦寄岗.主导世界服装潮流的"绿色设计"[J].装饰，2002（4）：63-64.
[⑦] 李超德.中国加入"WTO"与服装业的绿色生态设计[J].东华大学学报（自然科学版），2002（1）：135-138.
[⑧] 徐慧娟，杨以雄.基于熵权TOPSIS的服装企业节能环保评价模型[J].东华大学学报（自然科学版），2010（2）：213-217.

素导致整个行业普遍出现库存过高、资金周转困难，甚至出现公司老板跑路或破产的情况；另一方面，消费力外流，出国购买服装、配饰以及高档面料的现象逐年高涨，"供给侧"的滞后造成当前供需矛盾突出，供给满足不了需求升级的要求，更缺乏满足创造新消费的能力，亟须改革①。赵红梅等从服装供应链的快速反应、库存优化、信息共享及战略合作伙伴关系四个方面综述了服装供应链管理。服装供应链管理发展趋势包括品牌服装供应链、创新产业集群、服装纺织业的科学和谐发展②。徐娟娟等认为，要引导中国纺织业走出困境，就应：提高出口退税率；扩大纺织品的国内需求；调整纺织产品结构，转变纺织企业经营方式；增强技术自主创新能力和对引进技术的消化吸收能力；降低能耗，加强对纺织行业污染物的治理；调整纺织工业的布局，促进纺织业向中西部转移③。赵君丽总结了日本纺织服装产业在面临本币升值、劳动力成本上升和贸易摩擦升级的内外压力下，通过产业转移、产品创新、淘汰落后产能、发展技术纺织品和时尚创意产业，提高产品的附加值，完成对纺织服装产业的改造④。陆瑶等研究发现，专业市场品牌对纺织产业转型升级的促进作用越来越明显。以绍兴中国轻纺城为例，重分析专业市场品牌对纺织产业技术创新、结构优化、区际转移的作用机制⑤。陈瑾等以绍兴纺织产业集群升级为例，探讨了中小企业产业集群升级⑥。

二是战略选择和定位。赵君丽认为，中国纺织服装产业升级可按照OEM外包或制造三角OBM模式进行。升级的关键在于，纺织服装企业是否具有创造产品差异的能力；同时在升级过程中，对相关人才的需求将增加⑦。王海峰认为，金融危机后我国纺织服装行业的发展面临新的挑战，主要包括：全球贸易市场萎缩，市场化程度高导致利润水平低，产能

---

① 王祥，唐可心. "供给侧"纺织业如何改？[J]. 纺织报告，2016（1）：1—10.
② 赵红梅，辛磊，高元平. 服装供应链管理的研究现状及其发展趋势[J]. 价值工程，2009（2）：72—74.
③ 徐娟娟，费章凤. 关于中国纺织业转型与升级的思考[J]. 特区经济，2009（4）：220—222.
④ 赵君丽. 日本纺织服装产业升级及中日比较[J]. 现代日本经济，2011（1）：72—79.
⑤ 陆瑶，徐利新. 专业市场品牌促进纺织产业转型升级的作用机理——以绍兴中国轻纺城为例[J]. 华东经济管理，2011（3）：1—5.
⑥ 陈瑾. 中小企业产业集群升级的探索式案例分析——以绍兴纺织产业集群升级为例[J]. 企业经济，2012（12）：78—83.
⑦ 赵君丽. 开放经济条件下中国纺织服装产业的升级问题[J]. 商业研究，2007（12）：41—44.

过剩使产业面临结构调整，中小企业数量众多使政府救助难度较大，等等。作者指出，发达国家会频繁利用反补贴、产品质量和标准、企业社会责任等新手段制造事端。作者建议，利用纺织产业振兴规划机遇，坚决淘汰落后产能，利用社会保障和就业培训缓解就业压力，将研发、设计、营销和品牌建设作为产业振兴的基础，鼓励企业在国外进行投资、生产和经营[①]。林风霞指出，中国纺织服装产业陷入了生存发展的双重困境，强调在产业转型升级中进一步完善体制机制，尤其转型升级要依赖于产业发展模式、经营模式、市场战略、资源利用模式、技术创新模式、环保模式、政策支持模式等方面的转变[②]。陆瑶等在揭示纺织服装专业市场品牌内涵及其形成机制的基础上，着重分析了市场品牌对纺织产业技术创新、结构优化、区际转移的作用机制[③]。马海涛等研究发现，潮汕地区的地方生产网络内部空间结构不断演变，企业间关系是在外部环境作用下企业根据自身能力做出的战略选择[④]。

其三，贸易战略和政策研究。

一是贸易战略方面。卜海指出，在后配额时代，必须重新定位纺织业和纺织品贸易的发展环境；加快纺织业技术改造，提高纺织品的科技含量；完善推广代理制；实施出口市场多元化战略；坚持以质取胜的出口战略[⑤]。黄兴年探讨了比较优势战略，认为从静态角度看，其有利于一国充分发挥自己的优势，促进经济的健康发展。从动态看，众多国家同时采用这一战略，必然导致合成谬误的产生，即专业化导致生产能力快速增长，产品供应超过需求，市场价格下降，销售越多收益反而下降，其结果就是企业的贫困增长。纺织服装企业应该摆脱对价格竞争路径的过度依赖，从技术进步与自主品牌的建设中获得收益，而不能完全按照自由主义的比较

[①] 王海峰. 2009 年我国纺织服装产业进入战略调整期 [J]. 国际贸易，2009 (2)：11-14.
[②] 林风霞. 后危机时代中国纺织服装产业转型升级的障碍、路径与对策探析 [J]. 纺织导报，2010 (3)：13-18.
[③] 陆瑶，徐利新. 专业市场品牌促进纺织产业转型升级的作用机理——以绍兴中国轻纺城为例 [J]. 华东经济管理，2011 (3)：1-5.
[④] 马海涛，刘志高. 地方生产网络空间结构演化过程与机制研究——以潮汕纺织服装行业为例 [J]. 地理科学，2012 (3)：308-313.
[⑤] 卜海. 后配额时代与我国纺织品贸易的发展战略 [J]. 国际贸易问题，2004 (9)：7-10.

优势理论来发展相关产业与对外贸易①。李立立认为,企业只有大力发展品牌经济、树立品牌意识,才能保证产品在国际化竞争中取得一席之地。中国是世界最大的服装加工基地,服装生产总量大,但单件价值水平低,纺织服装企业国际经营经验严重欠缺,世界性品牌几乎为零②。喻英提倡中国元素在服装设计中的运用③。蒋冠宏等以服装、纺织和鞋帽类企业为例,研究了企业对外直接投资决策与其生产率之间的关系,展现了中国企业的对外投资特征:生产率越高的企业,越有可能对外进行投资,投资高收入国家的企业其生产率不一定比投资中低收入国家的企业高,投资目的国多的企业不一定比投资目的国少的企业生产率高④。

二是贸易政策及对中国的影响。赵京霞介绍了近期欧盟对与中国纺织品贸易相关政策的调整,以及中国应对欧盟新贸易保护措施的方法,包括:及时了解欧盟有关规则的变化,实施出口预警机制,加强政府、行业协会与企业之间的协调与合作⑤。张理平分析了配额制度的取消对我国纺织品服装业的影响:要加快纺织品服装企业体制改革和产业结构调整;在过渡期内用足用好有限的纺织品配额;改善出口商品结构"以质取胜"的情况,增加企业产品附加值;适应信息时代的要求,大力开展电子商务⑥。李毅对中国纺织服装产品可能遭受的一般保障措施和特别保障措施进行了全面比较分析⑦。张海森等研究了美国取消棉花补贴的举措对世界及我国棉业经济的影响,该举措将有利于增加世界的总体福利,有利于中国国内棉花的生产和价格的提高,但不利于中国纺织服装产品的出口增长⑧。李善同等分析了后配额时期纺织品出口税和纺织品配额的经济影

---

① 黄兴年. 中国纺织服装出口企业贫困增长源于对比较优势战略的过分依赖 [J]. 国际贸易问题, 2006 (3): 40—45.

② 李立立. 论中国服装品牌的现状与未来 [J]. 商场现代化, 2008 (22): 331—332.

③ 喻英. 中国元素在服装设计中的运用 [J]. 安徽职业技术学院学报, 2002 (2): 1—3.

④ 蒋冠宏, 蒋殿春, 等. 中国企业对外直接投资的异质性检验——以服装、纺织和鞋帽类企业为例 [J]. 世界经济研究, 2013 (11): 61—79.

⑤ 赵京霞. 欧盟新贸易保护措施对我纺织品服装出口的影响与对策 [J]. 纺织导报, 2004 (2): 7—13.

⑥ 张理平. 浅析配额取消对我国纺织品服装业的影响 [J]. 对外经贸实务, 2004 (3): 3—6.

⑦ 李毅. 中国纺织服装产品可能遭遇的保障措施和几种特保措施比较研究 [J]. 国际贸易问题, 2005 (4): 105—109.

⑧ 张海森, 杨军, 韩一军, 等. 美国取消棉花补贴对世界及我国棉业经济的影响 [J]. 农业经济问题, 2006 (1): 75—78.

响，分析结果表明，无论征收出口税还是设置配额，中国、欧盟和美国的福利都将受损。相对于其他国家来说，中国的损失最大，主要表现为就业机会的损失[1]。邹琪等研究了跨太平洋伙伴关系协议（TPP）将对中国输美纺织品的影响程度。中国和东盟各国（地区）纺织品出口美国市场的总体竞争性在加强、差异性在减小，而且双方的纺织品服装普遍存在替代性。东盟国家和地区加入TPP，将有可能导致世界纺织品出口贸易格局发生新的调整[2]。郭星梅等认为，民族品牌的匮乏已在一定程度上成为制约中国纺织产业发展的瓶颈。中国纺织品牌在世界纺织工业中寥寥无几，纺织界迫切需要在行业内打造强势品牌。纺织企业应积极推进中国纺织品牌战略实施，促进品牌文化建设，提升品牌文化价值，推动中国由纺织生产大国向纺织品牌大国转变[3]。

其四，产业竞争力提升研究。

一是加入WTO对中国纺织服装行业竞争力影响的研究。毕国典重点阐述了纺织品、服装、化纤、产业用纺织品等竞争能力的变化，以及加入WTO对提高我国纺织工业竞争能力所带来的机遇；建议应加快国有企业体制改革，建立科学的现代管理制度，优化配置；加速纺织信息化建设；加快纺织科技进步，充分利用外资推动我国纺织技术结构的升级[4]。黄立新分析了多种纤维协定（MFA）、纺织品和服装协议（ATC）、技术性贸易壁垒（TBT），认为加入WTO是机遇也是挑战，政府部门、行业协会和企业需各司其职。例如，政府应该灵活运用WTO规则，制定相应的法律法规，鼓励行业健康发展，提高国际竞争力；行业协会应该发挥政府与企业间的桥梁和协调作用，实行行业自律；企业应加快产业转型升级，提高装备水平，调整产品结构和加快产品创新，创立自己的品牌，熟悉国际贸易规则[5]。陆鑫认为，我国加入WTO后，因技术装备落后和劳动生产率低等问题而受到欧美国家的非关税壁垒限制。据此，陆鑫认为，应加快国

---

[1] 李善同，何建武. 后配额时期中国、美国及欧盟纺织品贸易政策的影响分析[J]. 世界经济，2007（1）：3—11.

[2] 邹琪，季帅贤. 跨太平洋伙伴关系协议对世界贸易格局的新调整——基于中国和东盟输美纺织品的数据分析[J]. 财经科学，2014（1）：125—133.

[3] 郭星梅，邱夷平. 中国纺织产业品牌发展研究[J]. 宏观经济研究，2014（11）：78—83.

[4] 毕国典. 中国纺织工业竞争力的变化分析[J]. 人造纤维，2000（11）：4—12.

[5] 黄立新. MFA、ATC、TBT对中国纺织品服装贸易的影响[J]. 纺织科学研究，2002，013（002）：1—4.

有企业改革,提升产品技术含量,实现对内开发与对外开发的协同发展模式,推进对外直接投资,提高我国纺织服装业国际竞争力①。宋才发指出,多种纤维协议实质上是一种贸易保护主义的规定,而纺织品与服装协定则开辟了国际纺织品贸易的新领域,因此,中国纺织服装业要为打造品牌而调整产业结构,且丝绸产品只有打造品牌才有广阔市场②。丁国强介绍了中国加入WTO以后纺织服装业的运行状况,介绍了服装产业的集群化及国际竞争力优势③。

二是关于提高中国纺织服装行业竞争力的研究。施用海指出,绿色壁垒具有保护环境和被发达国家利用以限值进口的两面性,并指出纺织企业提高环境竞争力的途径,如利用 ISO 14001 质量认证、获得环境标签标志、采用环境生产和加工过程的 PPM 标准④。李创等对中国纺织业国际贸易竞争力进行了综述⑤。李双燕等利用出口占有率指标、可比净出口指数、显示比较优势指数,发现我国的纺织产业有较强的竞争优势。我国纺织品产业的竞争优势主要靠数量拉动,但纺织产品单价较低、产业结构不太合理的痼疾依然存在⑥。杨锁廷等利用贸易表现指数对中国纺织品服装贸易在世界纺织品服装贸易结构中的地位进行了分析,该研究表明,中国纺织品服装出口贸易仍具有较强的竞争力⑦。张宏性利用显示性竞争指数分析了中国纺织服装业竞争力的主要决定因素⑧。程惠芳等认为,中国纺织服装行业的成本优势在逐渐消失,必须重构价值链,提高国际经营方式,增加其国际竞争力⑨。余为丽等利用钻石模型对纺织服装行业国际竞

---

① 陆鑫. WTO与中国纺织服装产业发展 [J]. 财经问题研究,2003 (1): 55—58.
② 宋才发. WTO规则与中国纺织服装业品牌保护 [J]. 西南民族大学学报(人文社科版),2004 (2): 220—225.
③ 丁国强. 中国服装业现状与趋势分析 [J]. 武汉纺织大学学报,2004 (6): 25—27.
④ 施用海. "绿色壁垒"与纺织品贸易——纺织企业如何提高产品的环境竞争力 [J]. 宏观经济研究,2002 (1): 49—54.
⑤ 李创,任荣明,王丽萍. 中国纺织业国际贸易竞争力研究综述 [J]. 丝绸,2005 (1): 41—43.
⑥ 李双燕,赵文武. 中国纺织品服装的国际竞争力研究 [J]. 中原工学院学报,2005 (5): 30—33.
⑦ 杨锁廷,张琦,季益萍. 中国在世界纺织品服装贸易结构中的地位探讨 [J]. 国际贸易问题,2005 (10): 5—9.
⑧ 张宏性. 中国纺织服装业国际竞争力研究 [J]. 统计研究,2005 (1): 30—34.
⑨ 程惠芳,余杨. "走出去"战略与中国纺织服装业 [J]. 国际贸易问题,2005 (5): 83—86.

争力进行了分析,认为我国具有较好的发展该产业的基础和条件,但主要是以粗放的方式发展起来的,缺乏集约性,以此为基础构造的产业在量上有一定的竞争力,但在质上的竞争力不强[①]。梁亚娜对我国纺织服装业竞争力进行了 SWOT(Strength,优势;Weakness,劣势;Opportunity,机遇;Threatens,挑战)分析,从而有针对性地提出了一些建议[②]。彭羽利用多因素法、进出口数据法和利润率法,从要素竞争力、市场竞争力和可持续竞争力三个层面对中国纺织服装业的国际竞争力进行了实证分析。纺织原料、劳动力成本和产业链等竞争优势要素,决定了中国纺织服装业具备强大的市场竞争力;同时技术和品牌等竞争劣势要素,使得中国纺织服装业的可持续竞争力不强[③]。刘然分析了当前我国的纺织品出口贸易现状,提出了纺织企业发展的应对之策:走创新之路,推行品牌战略,推进产品的多元化[④]。韩冰研究了国际贸易保护主义对中国纺织服装出口的影响,该研究表明,国际贸易保护主义严重抑制了我国纺织服装产品的出口,抬高了产品出口成本,引发的连带效应严重阻碍了纺织服装行业的良性发展[⑤]。姚蕾等研究了环境规制对纺织服装出口贸易的影响。短期内,环境规制对纺织服装出口贸易表现出负效应,环境成本的提高使纺织服装产品丧失了价格优势,致使出口受阻。随着行业环境标准的逐步完善,环境规制得到严格落实,纺织服装产品将具备国际环境竞争力,不受国际市场上绿色贸易壁垒的限制,有利于产品出口贸易[⑥]。白树强等指出,TPP 成功实施后的纺织服装价格竞争力变化、"从纱认定"的原产地规则、其他高标准的谈判议题将会降低我国纺织服装贸易的出口竞争力。白树强等学者建议,可通过 TPP 谈判、加强对外区域合作、提高纺织服装出口标准来提高我国纺织服装出口竞争力[⑦]。

---

① 余为丽,王治. 基于动态钻石模型的中国纺织服装业国际竞争力分析 [J]. 国际商务. 对外经济贸易大学学报,2006(4):79-83.
② 梁亚娜. 我国纺织服装业的 SWOT 分析 [J]. 价值工程,2007(9):51-53.
③ 彭羽. 中国纺织服装业国际竞争力的实证研究 [J]. 世界经济研究,2009(11):64-68.
④ 刘然. 当前我国纺织品出口贸易现状及对策分析 [J]. 现代商贸工业,2009(14):90-92.
⑤ 韩冰. 国际贸易保护主义对中国纺织服装出口的影响及对策 [J]. 对外经贸,2012(6):15-16.
⑥ 姚蕾,宁俊. 国内环境规制对纺织服装出口贸易影响的实证研究 [J]. 纺织学报,2013(6):107-112.
⑦ 白树强,郭明英,邢珺. TPP 对我国纺织服装出口竞争力的潜在影响分析 [J]. 当代经济管理,2015(08):41-45.

三是中外纺织服装行业竞争力比较研究。赵宏等从纺织服装行业在国民经济中的地位、纺织原材料资源、人力资源、技术设备水平、出口贸易能力、出口市场、双边贸易、行业政策等方面对中国和印度纺织服装行业的竞争力进行了比较分析[1]。王永利利用净出口竞争力指数（TSC）和贸易互补性指数（RCA）分析了中印两国纺织服装品贸易中存在的竞争性和互补性，探讨了两国行业发展前景[2]。余文娟等分析发现中印两国出口的纺织产品结构相似，主要出口市场也相似，存在较强的竞争性关系。其中，中国在出口规模上具有优势，但出口单价较低，附加值较少[3]。齐玮对1992年以来中国纺织品服装出口情况进行了分析，发现竞争效应是带动当前中国纺织品服装出口增长的主要因素；土耳其、印度和巴基斯坦纺织品服装出口的增长主要是由于市场需求规模的扩大，其次是竞争力效应[4]。谢国娥等发现，中国纺织品服装在贸易量上具有显著优势，但在贸易条件和比较优势上则弱于印度；同时两国纺织品服装在欧美市场具有较高的出口相似性，中国对印度的竞争压力显著高于印度对中国的竞争压力[5]。陆圣对TPP对中国纺织品服装出口的潜在影响进行了定量评估；TPP实施后，中国对美国、日本和北美自由贸易区（主要为加拿大）市场的服装出口将大幅减少，日本加入TPP对中国纺织品服装出口负面影响巨大[6]。

四是中国特定地区纺织服装行业的竞争力提升研究。夏华丽等对广东省纺织服装产业集群竞争力进行了研究，指出广东在资源、设施、内部市场等方面具有超过全国平均水平的实力，但缺少国际知名品牌；并据此提

---

[1] 赵宏，黄故，马涛. 中国和印度纺织服装业的比较研究 [J]. 东华大学学报（社会科学版），2004（2）：79-84.
[2] 王永利. 从竞争性与互补性看中印两国服装纺织品贸易的发展前景 [J]. 世界经济研究，2004（8）：59-63.
[3] 余文娟，李晓钟. 中国与印度纺织品出口竞争力比较 [J]. 对外经济贸易大学学报（国际商务版），2008（1）：23-27.
[4] 齐玮. 基于CMS模型的中国纺织品服装出口分析 [J]. 国际贸易问题，2009（12）：16-21.
[5] 谢国娥，周宜临. 中印两国纺织品服装在欧美市场的竞争关系研究 [J]. 国际贸易问题，2012（1）：75-87.
[6] 陆圣. 泛太平洋战略经济伙伴关系协定对中国纺织品服装出口的潜在影响——基于一般均衡模型的评估 [J]. 世界经济研究，2013（11）：27-33.

出提升广东省纺织服装产业集群竞争力的建议[1]。李豫新等认为，新疆在棉花生产和纺纱等低端环节显示出极强的竞争力，而在布匹制造和服装生产等中高端环节处于相对劣势地位；该研究提出了优化新疆棉花产业的三项对策：发展纺织龙头企业、开拓民族特色服装产业和优化产业链结构[2]。

其五，纺织服装行业价值链的研究。

一方面是对于价值链现状的研究。黄永明等指出，中国纺织服装企业在全球价值链条上处于加工、生产、制造的低端环节，迫切需要升级；同时在此基础上提出了基于技术能力、市场扩张能力以及技术和市场相组合的三种企业升级路径[3]。对此，卓越等认为，跨国采购商所决定的分工格局以及对升级的控制将作为代工者的国内纺织服装企业牢牢锁定在低附加值的加工制造环节，这正是国内代工企业在GVC中的分配地位日趋恶化的根源[4]。中国与美国在价值链分工上的问题，金中夏等指出，中国是美国纺织原料最重要的出口市场，中美两国在纺织服装行业形成了紧密的价值链联系。从全球价值链角度来看，中国应在推动产业升级、支持相关企业"走出去"方面进行合理布局，加强与相关国家的合作，以及在对外贸易谈判等方面采取综合应对措施[5]。李桂付等指出，我国纺织服装业主要集中在原材料采购制造、产成品加工和贸易环节，设计、研发、营销、品牌等高附加值环节尚处于起步阶段，该研究认为，"一带一路"倡议为纺织服装行业进入全球价值链高附加值环节提供了新的机遇，可以助推产业升级，向"一带一路"沿线国家和地区进行产业转移，减少我国资金和劳动力成本上升的压力，也利于加强综合人才培养和纺织服装行业的信

---

[1] 夏华丽，袁志敏. 基于"GEM"模型对广东省纺织服装产业集群竞争力的实证研究[J]. 国际贸易问题，2009 (10)：49—54.

[2] 李豫新，付金存. 产业链视角下棉花产业竞争力研究——以新疆生产建设兵团为例[J]. 农业现代化研究，2011 (1)：19—22.

[3] 黄永明，何伟，聂鸣. 全球价值链视角下中国纺织服装企业的升级路径选择[J]. 中国工业经济，2006 (5)：56—63.

[4] 卓越，张珉. 全球价值链中的收益分配与"悲惨增长"——基于中国纺织服装业的分析[J]. 中国工业经济，2008 (7)：133—142.

[5] 金中夏，李良松. TPP原产地规则对中国的影响及对策——基于全球价值链角度[J]. 国际金融研究，2014 (12)：3—14.

息化①。

　　另一方面上对于价值链提升的研究。黎继子等分析了面对纺织服装产业后配额时代，如何将全球价值链与集群供应链进行整合并实现产业升级的问题②。朱伟明等基于全球价值理念提出了以技术创新和市场扩展为主体、从国际代工到原创设计生产和从国际代工到自有品牌生产的升级路径③。王婉芳利用迈克尔·波特教授的价值链分析方法，剖析了我国纺织品服装生产出口价值链上的优势和劣势，提出掌控高价值环节，转变出口模式可以帮助我国从纺织服装生产出口大国变为出口强国④。陆立军等基于全球价值链驱动模式和治理模式的理论分析框架，以浙江纺织服装业为例，从"大集群"和"小集群"两重视角提出了全球价值链下我国地方化产业实现升级的一般路径⑤。王阳认为，当一国纺织服装产业发展陷入"低端锁定"时，可以借鉴日本和韩国所实施的升级路径，以使其向全球价值链高端附加值方向发展⑥。

　　其六，科技进步与纺织服装。

　　一是运用信息技术的研究。张峰等介绍了计算机集成制造、产品数据管理、虚拟现实和信息技术等若干新技术在纺织产品设计领域的应用⑦。付淑英等阐述了国外纺织服装业中"快速反应"系统的应用与发展，并分析了中国"快速反应"系统实施的必要性和条件⑧。全小凡等认为纺织服装企业应通过供应链整合，利用现代信息技术完成传统产业改造，建立横

---

① 李桂付，曹林峰．"一带一路"背景下我国纺织服装业的价值提升——基于江苏纺织服装产业的发展现状［J］．纺织导报，2015（12）：32－34．

② 黎继子，刘春玲，蔡根女．全球价值链与中国地方产业集群的供应链式整合——以苏浙粤纺织服装产业集群为例［J］．中国工业经济，2005（2）：119－126．

③ 朱伟明，杜华伟，刘胜．嵌入全球价值链的中国纺织服装业升级路径研究［J］．浙江理工大学学报，2007（3）：292－295．

④ 王婉芳．我国纺织服装出口的价值链分析与竞争力提升［J］．商业时代，2008（6）：30－31．

⑤ 陆立军，郑小碧．全球价值链下地方化产业升级路径研究——以浙江纺织服装业为例［J］．商业经济与管理，2010（10）：78－84．

⑥ 王阳．全球价值链下日韩纺织服装产业升级路径的比较［J］．价格月刊，2012（1）：84－87，94．

⑦ 张峰，张瑞云，李汝勤．计算机新技术在纺织品设计与制造中的应用［J］．纺织学报，2001（2）：66－68．

⑧ 付淑英，于伟东．纺织服装业快速反应系统［J］．东华大学学报（自然科学版），2001（1）：105－108．

一、绪 论

向一体化供应链体系，提高纺织服装企业的市场竞争力[①]。索盈指出纺织服装业的电子商务既有优势也有障碍，并建议利用数字化技术描述面料性能，利用其他互联网工具稳定顾客，尽量多地提供在线顾客服务和指导[②]。马艳华分析了纺织行业信息化的现状，提出了以 ERP 系统为核心的纺织行业信息化发展战略[③]。彭文芳对服装网络购物所涉及的关键技术和存在的一些问题进行了分析[④]。丁疆辉等分析了信息技术下不同发展程度企业生产链空间的组织特征，发现服装纺织企业在信息技术下，其设计、生产、配送的周期快速缩减，信息技术对传统加工制造型纺织服装企业的影响主要表现为生产链某个环节管理功能的加强[⑤]。何涛等认为，纺织服装产业构建产业信息化生态应成为战略性选择，产业信息生态必须采用集成创新的技术手段和战略联盟的组织形式进行开发和建设[⑥]。

二是利用新型面料材料的研究。姜宇冰指出服装材料是服装成品设计的物质基础，利用好服装材料的质感和塑形性，可以更完美地体现服装造型[⑦]。陈继红论述了 21 世纪服装面料将向大量新型纤维及织物形式多样化的方向发展[⑧]。单毓馥等指出，智能服装（调温、变色等服装）正逐渐从军事、航空等特殊领域走入现代人的生活，我国智能服装的研究和开发还处在起步阶段[⑨]。施楣梧等研究了智能蓄热保暖材料 PCM 在服装应用上的可能性和后续研究重点[⑩]。秦益民就新材料问题分析了甲壳素纤维性能及应用领域，并指出可将其应用于纺织服装行业以及生产中[⑪]。张鑫哲等认为，高性能运动服是集众多纺织新技术、新材料于一身的多功能高科

[①] 全小凡，曹为国. 纺织服装企业供应链整合研究 [J]. 纺织学报，2002 (6)：44-45.

[②] 索盈. 纺织服装业的网络购物发展浅析 [J]. 福建轻纺，2004 (10)：14-16.

[③] 马艳华. 当前纺织行业信息化现状分析 [J]. 纺织导报，2006 (3)：15-19.

[④] 彭文芳，钟跃崎. 服装网络购物存在问题浅析 [J]. 化纤与纺织技术，2007 (1)：46-47.

[⑤] 丁疆辉，宋周莺，刘卫东. 企业信息技术应用与产业链空间变化——以中国服装纺织企业为例 [J]. 地理研究，2009 (4)：883-892.

[⑥] 何涛，姜宁川，庞霓红. 纺织服装产业信息化的供给侧改革 [J]. 纺织导报，2016 (4)：84-87.

[⑦] 姜宇冰，司国红. 服装材料与服装设计的关系 [J]. 黑龙江纺织，2002 (1)：35-36.

[⑧] 陈继红. 试论服装面料的发展趋势 [J]. 棉纺织技术，2002 (6)：28-31.

[⑨] 单毓馥，王玉秀. 服装未来的发展趋势——智能服装 [J]. 上海纺织科技，2005 (12)：29-31.

[⑩] 施楣梧，张燕. PCM 在智能保温服装上的应用的可能性和后续研究重点 [J]. 济南纺织化纤科技，2006 (3)：16-19.

[⑪] 秦益民. 纺织用甲壳素纤维的研究进展 [J]. 合成纤维，2006 (2)：6-9.

技服装，既可以保护运动员不受伤害，又可以帮助运动员取得更优异的成绩①。邵春燕认为变色材料的种类和性能日益丰富，并研究了变色材料在纺织服装中的开发应用②。沈雷等提出服装安全设计的发展趋势，表现为在交通安全、医疗卫生、针织服装方面的信息化创新设计和在材料复合创新设计两个发展方向上③。

三是原料、智能装备技术供应保障的研究。毛树春指出，中国棉花生产能力和资源配置优势明显，棉花成本具有一定比较优势，但棉花技术保障能力劣势较大，使棉花生产面临的经济风险和市场风险较大；建议加强棉花高产棉田建设，提高棉花生产技术创新能力，加快棉花产业化经营和社会化服务，按市场需求组织生产等④。梅自强认为，应该大力加强我国纺织技术现代化；国际纺织品市场的竞争本质是纺织生产科技创新能力的竞争；我国纺织、染整工艺、技术、装备与国际先进水平比有较大差距，纤维原料质量、品种不能适应后加工产品的要求⑤。徐蓉蓉等提出服装缝制过程所需的数字化设备包括大规模生产的自动裁剪机和单体定制自动裁剪机、电脑控制的服装面料检测设备、自动缝制技术与设备⑥。张亮指出，随着电子信息技术、计算机技术和纺织技术的迅速发展，电子器件与服装结合的研究开发和应用得到关注；根据电子器件与服装的特点，重点评述了两者技术结合构成的趋势以及电子服装生产方式的现状、趋势及应用前景⑦。姚怡详细分析了三维服装技术及应用⑧。杜红艳提出在未来的服装批量和个性定制生产方式中，企业必须应用服装CAD技术来进行技术改造⑨。王军等全面分析了基于三维人体测量的人体数据库、服装人体体型分析识别、三维人体建模、三维服装CAD、服装批量定制等数字化

---

① 张鑫哲，陈丽华. 高性能运动服装发展现状与趋势 [J]. 纺织导报，2010 (05)：105-107.
② 邵春燕. 变色材料在纺织服装中的开发应用现状研究 [J]. 天津纺织科技，2013 (2)：49-51.
③ 沈雷，洪文进. 服装安全设计研究现状与发展趋势 [J]. 丝绸，2014 (1)：45-49.
④ 毛树春. WTO与中国棉花生产技术进步研究 [J]. 中国棉花，2002 (1)：2-9.
⑤ 梅自强. 现代棉纺织技术发展趋向 [J]. 棉纺织技术，2004 (1)：6-8.
⑥ 徐蓉蓉，张欣. 服装面料成衣加工性能的研究与应用 [J]. 针织工业，2005 (7)：27-31.
⑦ 张亮. 电子服装的研究进展和应用前景 [J]. 国际纺织导报，2008 (6)：52-52.
⑧ 姚怡，唐洁芳. 三维服装技术的研究与应用 [J]. 丝绸，2014 (7)：36-41.
⑨ 杜红艳. 服装CAD技术在服装定制系统中的应用研究 [J]. 山东纺织科技，2011 (5)：44-47.

服装相关应用技术研究的现状与发展①。

四是制度性技术建设方面的研究。王建平呼吁改革我国现有的纺织品标准化体系,建立与国际接轨的纺织产品标准体系,以全面提升我国纺织产品品质②。顾庆良等概括了日本产业部门结构的调整、产业地域结构的调整、产业竞争战略的调整和产业规模结构的调整③。许慧珍认为,电子商务环境下传统企业可以从组成要素着手创新商业模式④。

其七,纺织服装与回收利用。

一是国内废旧纺织服装品利用现状、问题和措施研究。祖倚丹等的调查结果表明,目前我国废旧服装存放数量巨大,而处理和回收的渠道十分有限,且居民环保意识较为薄弱。政府有必要设立规范的废旧服装回收机构,鼓励企业积极参与和开展废旧服装的回收再利用活动,加大宣传力度,提高居民的服装节俭消费意识,最终实现服装资源的节约,减轻废旧服装对环境的污染⑤。王中珍等分析了现阶段我国废旧纺织品回收再利用存在的困难,结合我国纺织工业的现状,从法律法规、组织机构、技术改造、标准质量等方面提出了相应建议⑥。罗艳辉等分析了我国废旧纺织品回收再利用的前景和发展趋势,认为应该制定相应的法律法规和标准,积极研发循环利用新技术,设立废旧纺织品回收再利用组织或机构,构建纺织服装企业逆向物流系统,加大生态纺织品的研发力度⑦。汪军等指出以物理回收方法对废旧纺织品进行开发得到的再生纤维,已成为转杯纺的一种重要原料。同时,转杯纺纱技术的发展,朝着高速、高产、高品质、高

---

① 王军,李晓久. 基于三维测量的数字化服装应用研究综述 [J]. 纺织导报,2011 (11):86-88.

② 王建平. 国内外纺织品技术标准的现状、发展趋势及对我国纺织品出口的影响 [J]. 纺织导报,2005 (4):18-24.

③ 顾庆良,赵健茹. 发达国家纺织服装产业结构转型和产业升级的经验与启示 [J]. 江苏纺织,2008 (4):6-8.

④ 许慧珍. 电子商务环境下传统企业商业模式与绩效研究——以中国纺织服装上市公司为例 [J]. 汕头大学学报(人文社会科学版),2014 (4):48-54.

⑤ 祖倚丹,李晓英,崔少英. 家庭废旧服装存放及处理的调查分析 [J]. 生态经济(中文版),2010 (10):176-178.

⑥ 王中珍,邢桂燕,丁吉庆. 废旧纺织品的回收再利用与展望 [J]. 山东纺织科技,2012 (4):40-44.

⑦ 罗艳辉,蒲宗耀,黄玉华. 废旧纺织品回收再利用的现状及其发展趋势 [J]. 纺织科技进展,2012 (3):9-12.

度自动化、智能化、原料多元化和纱线品种多样化的方向发展①。黄美林等指出,现阶段废旧服装综合回收利用率较低的原因主要在于国内废旧纺织品回收再利用行业存在体系不完善、社会接受度低、行业规模小、技术需突破等问题②。刘雅星等通过对废旧纺织品回收再利用产业链各环节的成本、价值等经济指标进行计算,得出了不同再利用方式的价值增值和利润情况,提出应对废旧纺织品推动专业化生产、阶梯利用,形成产业集群,利用"互联网+"模式扩大回收覆盖面,逐渐放开旧衣物二手市场等③。

二是国外废旧纺织服装利用经验研究。白洁阐述了德国、英国、日本、美国等国家的废旧纺织品回收再利用现状和主要的回收再利用方式及数量和相应政策④。杨小娟等指出,我国大量的废旧纺织品以及废旧服装被当作垃圾掩埋、焚烧,既造成资源浪费也污染了环境,并阐述了国内外废旧服装的主要回收方式、回收模式以及产生的社会效应,为我国废旧服装回收再利用提供了参考⑤。郭燕比较了国外情况,发现欧盟众多环境保护相关的法律法规中都涉及纺织品回收和再利用的条款;英国政府倡导全民将废旧织物视为可回收、可再利用资源,不再将其当作垃圾看待和进行填埋;美国提出到2037年实现织物垃圾"零填埋"(Zero Waste by 2037)的目标⑥。

其八,纺织服装行业其他方面研究。

一是现状研究。宁俊对构成服装产业链的各个环节进行了分析,包括纺织技术研发、面辅料生产、服装设计、服装加工、服装商贸、辅链环节等⑦。张庆辉等的研究表明,纺织业是国民经济的支柱产业之一,对农

---

① 汪军,杨璇,傅婷. 废旧纺织品回收综合利用和产品开发相关问题的探讨[J]. 现代纺织技术,2013(3):25-28.

② 黄美林,陈永生,梁月基. 国内废旧纺织品回收与再利用现状研究[J]. 纺织导报,2015(1):26-28.

③ 刘雅星,郝淑丽. 基于产业闭环的废旧纺织品回收再利用价值研究[J]. 毛纺科技,2016(2):66-69.

④ 白洁. 初探国外废旧纺织品回收再利用发展现状[J]. 山东纺织经济,2012(12):54-56.

⑤ 杨小娟,王小雷. 初探国内外废旧服装回收再利用发展现状[J]. 山东纺织经济,2013(7):11-13.

⑥ 郭燕. 废旧纺织品的回收及再利用[J]. 再生资源与循环经济,2013(1):28-30.

⑦ 宁俊. 服装产业链理论分析[J]. 纺织学报,2008(7):122-127.

业、化学工业、商业有重要拉动作用[1]。袁欣等指出,纺织服装业在新中国成立以来六十年的发展中经历了快速发展—产业调整—稳步前进的发展过程[2]。郭燕认为,我国虽然面临国内外市场环境诸多因素的挑战,但仍然保持全球第一大纺织品服装出口国地位[3]。敖利民等认为,纺织服装产业链环分割过细、各链环发展不均衡、区域产业链断裂且布局不合理、产业价值低,从而导致技术链断裂、信息链不畅、产业配套半径大和企业获利能力低的问题[4]。

二是产业区域调整及变迁。吴爱芝等解析了纺织服装产业的结构变动相对稳定且集中于东部地区,河南、安徽和江西已成为东部纺织服装业转移的主要承接地区;纺织服装业的区位迁移在竞争效应和纯空间竞争效应上具有一致性,说明产业的地理分布主要受到区位优势的影响;明显的结构负效应说明纺织服装业的产业结构有待进一步优化[5]。吴爱芝等借助区位基尼系数等分析了全国地市层面2001—2009年纺织服装产业的空间集聚程度,并进行了全局和局部空间可视化的定量测度,以产业中心的变化来追踪和分析了产业转移路径。该研究表明:纺织服装产业的空间集聚程度非常高,对原料依赖性强的细分行业较为集聚;中国纺织服装产业的区域转移,主要发生在山东和江浙一带的省内地市间,也呈现出向河南、安徽、江西等中部地区的部分地市转移的态势[6]。

三是资本运营和财务方面。邱妘等对2008年纺织服装企业营运资金结构对企业绩效的影响进行了实证研究。发现流动资产比例与净资产收益率呈显著正相关关系,流动负债比例和流动比率与净资产收益率呈显著负

---

[1] 张庆辉,蒋燕梅. 纺织服装业的投入产出分析 [J]. 纺织导报,2009 (7):20—22.
[2] 袁欣,许楠. 我国纺织服装业发展历程与现状分析 [J]. 经济研究导刊,2010 (14):25—26.
[3] 郭燕. 入世10年中国纺织品服装出口贸易发展特征分析 [J]. 纺织导报,2012 (1):31—34.
[4] 敖利民,唐雯,李向红,等. 我国纺织服装产业链面临的问题及对策 [J]. 棉纺织技术,2012 (4):57—59.
[5] 吴爱芝,李国平,孙铁山. 中国纺织服装产业的区位迁移 [J]. 地理科学进展,2013 (2):91—100.
[6] 吴爱芝,孙铁山,李国平. 中国纺织服装产业的空间集聚与区域转移 [J]. 地理学报,2013 (6):775—790.

相关关系①。刘斌等研究了资本运营对纺织服装财务绩效的影响②。汪伟等研究发现，纺织服装行业的营运资金管理绩效易受到宏观经济形势的影响。因此，纺织服装企业在制定营运资金管理策略时应注意宏观经济形势的变化③。

上述研究主要对宏观国家层面、中观区域层面的经济进行了高质量研究及探讨，或者就产业某一发展方面研究产业经济问题，但也存在缺乏从产业层面研究经济高质量发展，尤其缺乏构架经济高质量发展的统一理论框架以及对产业高质量发展进行的实证量化分析的问题。现有纺织服装时尚创意产业研究较注重产业转型、改革、产业链、竞争力、健康生态环境等方面的研究，缺乏明确提出对时尚创意产业进行高质量研究的议题。已有文献对高质量发展尚未明确定义，尚未区分高质量发展与可持续发展、产业转型升级发展、改革发展等之间的关系。本研究定义高质量发展是以创新、绿色、协调、开放、共享为发展理念，囊括现有所有发展范畴的综合性高水平发展。以粤港澳大湾区纺织服装产业为例，通过市场参与主体视角审视产业高质量发展，并以此构建高质量发展理论体系，实证分析评价时尚创意产业高质量发展水平，据此建立市场主体参与视角的产业高质量发展理论及指标体系，最终提出促进粤港澳大湾区时尚创意产业高质量发展的途径、战略和对策建议。时尚创意产业高质量发展研究，对丰富高质量理论，促进湾区经济高质量发展，推动政府提出高质量发展对策均具有较重要的意义。

基于市场参与主体视角，本书提出展开分析所基于的如下假设。

假设一：企业供给侧改革成效综合反映产业发展成效。

以企业为视角，评断时尚创意产业高质量发展如何。经济发展中，供给侧改革以"三去一降一补"为最终目的，实现了质量、效率和动力变革，提高了全要素生产率。以此，时尚创意产业供给侧改革成效可以综合反映时尚创意产业高质量发展水平。

---

① 邱妘，梁立. 企业营运资金结构对绩效的影响——以纺织服装业为例的实证研究［J］. 经济管理，2010（8）：131－136.

② 刘斌，李军训，夏文霏. 基于财务分析法的纺织服装上市公司资本运营对财务绩效的影响［J］. 中国证券期货，2012（8）：36－37.

③ 汪伟，徐晓岚. 经济形势对纺织服装行业营运资金周转的影响——基于渠道管理的视角［J］. 中国管理信息化，2012（12）：16－17.

假设二：政府产业政策效果和风险控制效果综合反映产业发展水平。

以政府为视角，评断时尚创意产业高质量发展如何。政府应考虑所推行的产业政策是否真有实效，企业发展是否给社会造成风险。评价政府产业政策是否真有实效，分析企业当前风险状况，以给政府对时尚创意产业发展做出一个较好的评断参照。

假设三：消费者看待消费效用和消费因素的态度综合反映产业发展水平。

以消费者为视角，评断时尚创意产业高质量发展如何。消费者首先会考虑产品带给自身的消费效用是否最大化，其次会关注哪些因素影响了自身消费。据此，评价消费者效用及影响因素，以作为消费者理性看待时尚创意产业发展水平的考量标准。

假设四：社会公众以企业社会责任担当综合考评产业发展水平。

以社会公众为视角，评断时尚创意产业高质量发展如何。随着"健康中国"战略的实施，社会公众认为企业应该承担更多的社会责任，尤其是生态环境责任。因此，评价企业生态环境效率高低，可以作为社会公众对时尚创意产业发展水平的认可态度。

以上四点假设即为本书分析框架核心的四个内容，以此对时尚创意产业高质量发展进行实证分析，为构建时尚创意产业高质量发展理论奠定基础。

（三）主要内容

本书以纺织服装行业为例研究时尚创意产业高质量发展，通过回顾和分析时尚创意产业高质量发展现状，分别从企业满意度、政府满意度、消费者满意度和社会公众满意度方面进行评析，据此构建高质量发展指标体系，以形成对时尚行业的总体评价，最后提出时尚创意产业高质量发展的政策建议。

1. 时尚创意产业发展历史脉络和现状分析

第一，站在历史方位分析纺织服装行业的演化进程，采用归纳总结和统计分析方法分析纺织服装发展顺应宏观经济从高速向高质量发展的大势、适应高速发展向高质量发展转型、从加工向智能制造转型、从传统国际市场向新兴市场转型、从传统行业向创新创意行业转型等。第二，分析纺织服装行业的优劣势和所面临的机遇挑战，主要采用SWOT分析、数据统计和比较分析方法，研究纺织服装行业尤其是粤港澳大湾区城市的行业发展现状。第三，重点分析广深莞地区纺织服装行业发展的问题及不足，采用案例分析方法，以深圳大浪时尚小镇、广州服装市场和东莞虎门服装市场为对比案例，区分典型地区纺织服装产业发展存在的问题。

2. 时尚创意产业供给侧改革效果评价

从企业立场审视行业发展，对行业发展转型升级成功与否进行评价，重点对时尚创意供给侧改革效果进行评价。以粤港澳纺织服装行业发展数据为考察样本，利用"三去一降一补"要素指标直观反映供给侧改革取得的一些成就，利用劳动生产率指标反映行业在全国和珠三角区域所处的地位，利用DEA方法测量时尚全要素生产率，以反映时尚行业是否取得实质性技术进步，利用随机效应TOBIT模型检验供给侧诸改革因子对全要素生产率的影响，以期明确供给侧改革与全要素生产率间的关系。最终企业从时尚创意产业供给侧改革的综合效果角度，给时尚创意产业的高质量发展水平做出一个客观评价。

3. 时尚创意产业的产业政策与行业风险分析

从政府立场审视行业发展，对政府实施的时尚创意产业政策进行评价，对行业经济社会风险进行衡量，以期形成政府对时尚创意产业发展的综合评价。一方面，梳理国内纺织服装行业出台的政府政策，分析政策演化规律；重点分析中国改革开放后的国际市场参与行为是否明显促进时尚创意产业发展、国际上的贸易政策对中国时尚创意产业是否存在影响。前者利用CHOW模型，以中国加入WTO前后为时间节点，检验时尚创意产业加入WTO前后的发展水平，据此评价时尚创意产业改革开放是否获得实质性进步与发展；后者利用国际贸易配额制取消的时间节点，分析贸易配额制对中国时尚创意产业发展的影响，据此做出国内外时尚创意产业政策对中国时尚创意产业发展影响的初步判断。另一方面，对时尚创意产业市场绩效、经济贡献、社会贡献、环境贡献、财务风险等方面进行指标细项分析，以期给政府一个评价时尚行业发展是否造成系列风险的经验参照。据此，政府综合国内外产业政策实施效果和时尚创意产业实际发展状况给予时尚创意产业高质量发展一个客观评价。

4. 时尚创意产业对社会的生态环境影响分析

从社会公众立场审视行业发展,对时尚创意产业的生态环境效率进行综合评价。第一,从全国层面考虑,运用 DEA 方法,基于能耗及碳排放测度纺织服装分支行业的生态效率、环境效率;同理,基于水耗测度纺织服装分支行业生态环境效率,基于能耗和水耗同步测度纺织服装分支行业的生态环境效率。第二,分别基于能耗、水耗及两者共同作用,利用 DEA 方法重点对粤港澳大湾区城市的纺织服装分支行业进行生态环境效率测度。第三,利用指标计算和行业比较分析的方法,分析国民经济不同行业能耗及碳排放水平,以判断纺织服装行业所处的水平;同时,利用 Pearson 相关性检验,检验纺织服装行业能耗及碳排放与经济的互作关系,并比较纺织服装行业和其他行业的能耗及碳排放与经济互作影响关系的系数,以判断纺织服装行业能耗及碳排放地位。据此,社会公众综合国家、粤港澳大湾区和行业层面的纺织服装行业生态环境效率,最终给予时尚行业高质量发展一个客观评价。

5. 时尚创意产业对消费者效用及消费行为影响分析

从消费者立场审视行业发展,对时尚创意产业消费者效用、影响时尚消费因素进行分析评价。一方面,价格对时尚消费的影响较大,建立纳入价格的时尚创意产业消费者效用函数,测度时尚创意产业消费者效用水平;另一方面,建立城镇居民服装时尚消费影响因素模型,运用多元统计分析、静态面板数据模型和动态面板数据模型,分析对时尚消费造成影响的因素及其影响大小和影响方向。此外,消费者较为关注时尚科技发展情况及湾区金融是否能促进时尚科技发展,利用 ADF 检验和协整模型,分析粤港澳大湾区金融对时尚科技的影响。据此,消费者综合时尚消费效用、消费影响因素,给予时尚创意产业高质量发展一个较为客观的评价。

6. 基于市场参与主体的时尚创意产业高质量发展指标体系

首先,建立粤港澳大湾区城市高质量发展三级指标评价体系,并利用熵权法分析粤港澳大湾区城市高质量发展水平,据此指明城市内时尚创意产业必须获得高质量发展,以与城市高质量发展相契合。其次,借鉴城市高质量发展指标体系,参照全文市场参与主体对时尚创意产业高质量发展的评判,建立粤港澳大湾区时尚创意产业高质量发展三级指标评价体系,并论述这一体系用于实践的可行性。

（四）研究目标

研究时尚创意产业高质量发展，目标就是构建时尚创意产业高质量发展理论及评价框架，以指导时尚创意产业最终获得高质量发展。本书研究目标为：从市场参与主体出发，时尚创意产业具有高质量发展意愿，需要企业、政府、消费者和社会公众从自身角度对时尚创意产业是否获得较高质量发展给予评判，其中，企业对自身发展水平满意度主要采用供给侧改革效果进行评估、政府对行业企业发展满意度采用产业政策与风险度进行评估、消费者对购买产品满意度采用消费者效用和影响因素进行评估、社会公众对行业发展满意度主要从生态环境角度进行衡量，依据四者对时尚创意产业发展的评价，最终形成高质量发展总体评价，据此提出高质量发展路径、战略和对策，以期最终实现时尚创意产业总体的高质量发展。

（五）拟解决的关键问题

本书在研究时尚创意产业高质量发展的过程中，首先需解决的问题是明确市场参与主体对时尚创意产业发展的满意程度，并有针对性地进行时尚创意产业相关改造，以期最终达到各市场参与主体对时尚创意产业的一致满意度。基于此，时尚创意产业满意度衡量就成为当务之急，须考虑相应指标（包括政策指标）构造的合理性及量化的科学性，以及如何保持指标测度结果的准确性，具体对时尚创意产业满意度进行衡量时遇到的问题及解决办法如下：

一是供给侧改革要素的量化问题。评价供给侧改革及与行业效率的关系时，供给侧改革要素"三去一降一补"需要量化，采用指标替代法，其中，"去产能"利用销售产值与实际产值之比表示；"去库存"利用存货周转率表示；"去杠杆"利用资产负债率表示；"降成本"利用管理费用及税金、销售费用、财务费用之和表示；"补短板"利用规模以上企业数量与碳排量倒数之积表示。通过以上指标替代，供给侧改革效果能得到较好的指标显示，同时可以建立供给侧要素与行业效率关系的量化分析模型，判断供给侧改革对行业效率的影响。

二是国际贸易政策如何准确赋值的问题。首先，选用国际贸易配额制取消前后对时尚创意产业发展影响的研究，以 2005 年为时间节点，2005 年之前实施贸易配额制，赋值政策变量为 1；2005 年之后取消贸易配额制，赋值政策变量为 0，据此可以量化贸易配额制，并建立相应模型，分析政策对行业影响。其次，选用国际贸易干扰政策对中国省份时尚创意产业出口竞争力影响的研究，贸易政策取变量为 0、1，当外贸干扰政策发生时，外贸依存度易在 50%上下明显浮动，对外贸依存度大于 50%的省份取值为 1，小于 50%的省份取值为 0，据此可以量化贸易干扰政策，并建立相应模型，分析贸易政策对出口竞争力的影响。

三是中国时尚消费度及其影响因素的选取问题。对省际时尚消费度，采用服装消费占总消费的比重来进行衡量，该值越大，反映时尚消费度越高，值越小，则反映时尚消费度较低。同时，分析时尚消费度影响因素时，建立时尚消费度影响模型，主要解释变量选用文化程度、收入水平、产业水平、网络普及率，控制变量选用 FDI、经济发展水平、研发经费、三产结构比，据此分析时尚消费影响因素及大小和方向。

四是时尚行业生态效率和环境效率的测度问题。采用 DEA 效率模型，分别考虑能耗碳排放和水耗基础上的纺织服装行业生态效率和环境效率，碳排放为非期望排放，采用其倒数作为期望产值，据此纳入 DEA 投入产出相应效率测算；同理，水耗为非期望排放，采用其倒数作为期望产值，据此纳入 DEA 投入产出相应效率模型测算。同时，碳排放和水耗可以同时取倒数纳入期望产值，进行相应效率测算。据此可以得到基于碳排放、水耗的行业生态效率和环境效率值，借此判断时尚创意产业对生态环境的影响。

（六）研究方法与关键技术

本书研究时尚创意产业高质量发展主要采用指标法、DEA 模型和面板数据模型，以期实证分析、评价时尚创意产业高质量发展水平，具体分析方法如下。

1. DEA-MALQUIST 指数分解法

借用 Banker 等的研究，建立基于投入方向规模报酬可变的 DEA 模型，列式如下：

$$\max Z_p = \sum_{j=1}^{s} U_j Y_{jp} - \alpha$$

$$\text{s. t.} \begin{cases} \sum_{i=1}^{m} V_i X_{jp} = 1 \\ \sum_{j=1}^{s} U_j Y_{jk} - \sum_{i=1}^{m} V_i X_{ik} \leqslant \alpha; k = 1,\cdots,n \\ U_j > 0; j = 1,\cdots,s \\ V_i > 0; i = 1,\cdots,m \end{cases} \quad (1)$$

对式（1）使用线性规划对偶理论，得到 BCC 对偶式：

$$\min H_p = \theta_p - \varepsilon \left(\sum_{i=1}^{m} S_i^- + \sum_{j=1}^{s} S_j^+ \right)$$

$$\text{s. t.} \begin{cases} \theta_p X_{ip} - \sum_{k=1}^{n} \lambda_k X_{ik} = S_i^-; S_i^- \geqslant 0 \\ \sum_{k=1}^{n} \lambda_k Y_{jk} - Y_{jp} = S_j^+; S_j^+ \geqslant 0 \\ \sum_{k=1}^{n} \lambda_k = 1; \lambda_k \geqslant 0 \end{cases} \quad (2)$$

式中，H_p 表示第 p 个决策单元效率值。

Fare 等的定义 DEA 效率可分解为如下形式：

$$M_0(x_t, y_t, x_{t+1}, y_{t+1}) = \frac{s_0^t(x_t, y_t)}{s_0^t(x_{t+1}, y_{t+1})} \times \frac{D_0^t(x_{t+1}, y_{t+1}/\text{VRS})}{D_0^t(x_t, y_t/\text{VRS})} \times \left[\frac{D_0^t(x_{t+1}, y_{t+1})}{D_0^{t+1}(x_{t+1}, y_{t+1})} \times \frac{D_0^t(x_t, y_t)}{D_0^{t+1}(x_t, y_t)} \right]^{1/2} \quad (3)$$

式（3）右侧的第 1 项为规模效率项（sech），第 2 项为纯技术效率项（pech），第 3 项为技术变化项（techch）。

运用以上 DEA 效率和 MALQUIST 指数分析时尚创意产业全要素生产率及技术进步，以进一步研究供给侧改革因子对时尚创意产业全要素生产率的影响；基于能耗及碳排放和水耗，分析时尚创意产业生态环境效率，以形成社会公众对时尚创意产业高质量发展的评价。

2. 面板数据模型与随机效应估计（RE）和固定效应估计（FE）

第一，利用供给侧改革形成全要素生产率影响因数模型。

$$\begin{aligned}Y_i = &\alpha_0 + \beta_0 Y_{i-1} + \beta_1 \ln output + \beta_2 \ln stock + \beta_3 \ln leverage + \\ &\beta_4 \ln \cos t + \beta_5 \ln weakness + \beta_6 (\ln output \times \ln stock) + \\ &\beta_7 (\ln output \times \ln leverage) + \beta_8 (\ln stock \times \ln leverage) + \\ &\beta_9 (\ln output \times \ln stock \times \ln leverage) + \alpha_{it} + \varepsilon_{it}\end{aligned} \quad (4)$$

式中，Y_i、Y_{i-1} 分别为全要素生产率及其滞后一期值，其他为供给侧改革因子及其联合作用项。利用 FE、RE 对模型式进行估计，以判断供给侧改革因子对全要素生产率的影响及影响的大小和方向。

第二，利用贸易配额政策模型（5）及 FE、RE 估计，分析国际贸易配额制对时尚创意产业的影响。

$$\begin{aligned}\ln gdp_{it} = &\alpha_0 + \theta \ln gdp_{it-1} + \beta \ln K_{it} + \phi \ln L_{it} + \varphi \ln E_{it} + \\ &\lambda d_{it} + \alpha_{it} + \varepsilon_{it}\end{aligned} \quad (5)$$

第三，利用时尚贸易可持续发展影响因素的取对数模型式（6）及 RE、DE 估计，评价国际贸易干扰政策对中国时尚创意产业可持续发展的影响。

$$\begin{aligned}\ln export_{it} = &\beta_0 + \beta_1 \ln TFPCH_{IT} + \beta_2 D_{it} + \lambda_k \sum \ln(X_k)_{it} + \\ &\alpha_i + \varepsilon_{it}\end{aligned} \quad (6)$$

第四，利用时尚消费影响因素模型（7）及 FE、RE 估计，对消费者进行时尚创意产业影响因素分析。

$$\begin{aligned}\ln consum_{it} = &\beta_0 + \beta_1 \ln edu_{it} + \beta_2 \ln incom_{it} + \beta_3 \ln inter_{it} + \\ &\beta_4 \ln indus_{it} + \lambda \ln X_{it} + \alpha_i + \varepsilon_{it}\end{aligned} \quad (7)$$

3. 指标构造法

第一，借鉴 Balassa 贸易竞争力显示比较优势指数，构建一国地区产品出口竞争力指数 $RRCA_{ij}$。

$$RRCA_{ij} = \frac{X_{ij}/X_{tj}}{X_{ic}/X_{tc}} \quad (8)$$

式中，X_{ij} 为省份 j 出口产品 i 的出口值，X_{ic} 为中国产品 i 的出口值，X_{tj} 为 t 年省份 j 的进出口值，X_{tc} 为 t 年中国产品总的进出口值。利用该指数判断地区时尚产品出口竞争力指数。

第二，利用劳动生产率指数衡量粤港澳大湾区各城市时尚创意产业的效率水平。

$$劳动生产率＝产业增加值/行业总就业人口$$

第三，构造城市高质量发展水平一级指标及对应的二级和三级指标，运用熵权赋值法给城市高质量发展水平评分。同时，构造时尚创意产业高质量发展水平一级、二级和三级指标，借鉴熵权赋值法给时尚创意产业高质量发展水平打分。

4. 其他方法

采用 GIS 绘制粤港澳大湾区图谱及标注广深莞地区时尚创新走廊、广深莞港澳地区时尚创新走廊；利用专家打分法，分别给予政府、企业、消费者、社会公众对时尚创意产业满意度的分值，与全文具体分析对应的时尚创意产业满意度进行结合，以综合评判时尚创意产业高质量发展的程度；利用多元统计分析和对比分析方法，分析粤港澳大湾区不同城市的时尚创意产业发展地位。

（七）技术路线

本书以粤港澳大湾区样本为对象，实证分析时尚创意产业高质量发展，以期建立高质量发展理论框架，并科学评价其高质量发展水平，以最终提出高质量发展战略及对策。首先梳理和归纳国内外涉及纺织服装时尚创意产业高质量发展领域的文献，将之作为纺织服装行业高质量发展的理论基础，并据此提出基于参与者满意度视角的时尚创意产业高质量发展研究假设；接着对时尚创意产业高质量发展现状进行数据统计分析，以明确时尚创意产业的发展演化进程、优劣势及存在的突出问题；紧接着分别基于企业角度利用 DEA-MALQUIST 指数分析法和面板数据模型对时尚创意产业供给侧改革进行评价，以期给出企业对时尚创意产业发展的满意度；基于政府角度利用指标法和面板数据模型对时尚创意产业国内外政策及风险进行评价，以期给出政府对时尚创意产业发展的满意度；基于社会公众角度利用 DEA 方法和回归模型对时尚创意产业生态环境进行评价，以期给出社会公众对时尚创意产业发展的满意度；基于消费者角度利用指标法和面板数据模型对时尚消费及影响因素进行评价，以期给出消费者对时尚创意产业发展的满意度。经过以上分析，能够对基于参与者视角的时尚创意产业高质量发展研究假设形成经验证据，并得到参与主体对时尚创意产业高质量发展水平的基本评判。之后，依据上述实证经验，参照国外时尚创意产业发展经验，构造时尚创意产业高质量发展指标体系，以构造三级指标、运用专家打分和熵权赋值法得出时尚创意产业高质量发展得分。最后，依据全书分析提出促进时尚创意产业高质量发展的战略和具体政策措施。

（八）研究创新之处

1. 理论创新

研究经济增长及发展的理论较多，而研究经济高质量发展的理论相对欠缺。据此，以市场经济参与主体分析和评价经济高质量发展，并以此构建经济高质量发展理论体系。市场主体视角下的经济高质量发展分析及评价，丰富了高质量发展理论，依据该理论可以对经济高质量发展进行指标体系构建。这一理论体系既可以分析产业高质量发展，又可以作为区域高质量发展的理论及经验借鉴。

2. 研究视角创新

以往看待高质量发展，多从单一指标维度进行分析，如从劳动生产率高低、全要素生产率大小等方面进行评价。"五位一体"总体战略布局提出后，较多学者从经济、社会、生态、文化等角度构建城市高质量评价体系，但这一体系对产业高质量发展较为不适宜。本书研究产业高质量发展，从市场参与者视角出发分析时尚创意产业发展及参与者给予的相应评价，以此构建时尚创意产业高质量发展理论框架和实证经验。具体来说，本书分别从企业、政府、消费者和社会公众看待时尚创意产业的角度，做出时尚创意产业高质量发展的相应分析和评判。据此，可以构建产业高质量发展四个维度的指标评价体系，丰富高质量发展的内涵和评价方法。

3. 研究内容创新

以往对高质量发展的认知较为粗浅，多认为如果企业有收益、政府有税收、环境有改善，基本就可以达到高质量发展要求。实际上高质量发展是一个系统，依据"三去一降一补"可以持久创造收益，政府制定和实施好的产业政策和风险防控，远不止能创造税收，还可以达到经济社会的综合效应；社会公众期望生态文明，远不止环境污染改善，还期望达到产业兴旺、风气文明、生态持续和环境友好的综合状态。据此，本书研究了企业视角的供给侧改革、政府视角的产业政策及风险、社会公众视角的产业生态环境效率等创新内容，以期丰富高质量发展研究的广度和深度。

4. 研究方法创新

本书分为整个文章研究设计框架创新和部分研究内容的研究方法创新。一方面，本书给出时尚创意产业高质量发展的理论基础和研究假设，并分四个角度和采用不同分析方法对时尚发展进行分析评价，以此建立时尚高质量发展评价指标体系。全书研究设计整体性较强，遵循理论假设－实证分析－总结升华三段式行文。另一方面，研究供给侧改革与行业效率关系时，本书创造性地采用指标替代和动态面板数据模型分析两者的关系；研究时尚消费影响因素时，采用衣着消费占总消费比重衡量时尚度，建立时尚度与影响因素间的面板数据模型，并对之进行分析；分析全要素生产率与出口竞争水平关系时，构建控制变量省际面板数据分析模型等。

二、时尚创意产业发展演化历程和现状分析

(一) 纺织服装行业发展演化历程

1. 顺势宏观大环境,从高速增长转向高质量发展

中国经济由高速增长转向高质量发展已成定局。一方面,经济高速增长具有不可持续性。图 2-1 显示,去除物价影响,1998—2017 年我国 GDP 年增长速度为 13%。2012—2017 年,我国 GDP 增速均在历史平均增速以下,GDP 增速分别为 7.7%、7.7%、7.3%、6.9%、6.7%、6.9%,尽管经济企稳回升迹象明显,但低于 GDP 历史增速。过去高速增长的发展模式,以牺牲能源资源和环境为代价,目前经济增速虽然下降一点,但注重资源节约和环境友好,注重经济社会的可持续性发展。另一方面,纺织服装行业向高质量发展转型势在必行。图 2-1 显示,我国纺织服装行业资本存量历史增速远低于经济增速,均值为 7.03%,尤其在改革开放前期我国纺织服装行业飞速发展,资本增速较高;实行市场经济体制后,纺织服装行业资本存量增速一直缓慢下降;新时期纺织服装行业资本存量增速处于平稳增长阶段,维持在 4% 左右的增速。纺织服装行业的发展态势表明,过去高速发展的情形不可能重演,在经济减速背景下,行业发展更面临下行风险,行业向高质量发展转型迫在眉睫。

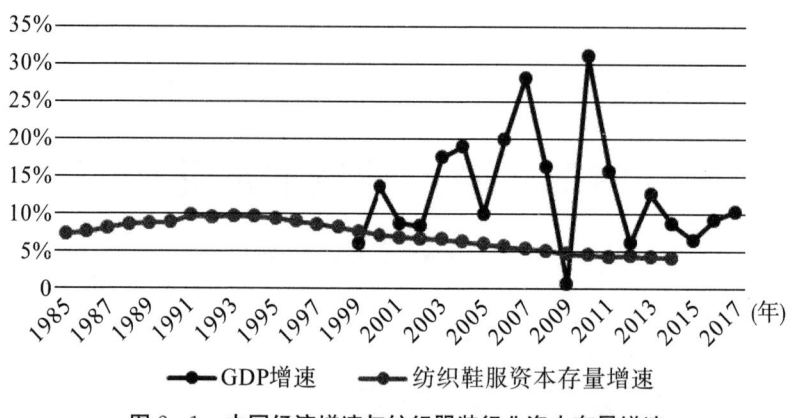

图 2-1 中国经济增速与纺织服装行业资本存量增速

2. 适应行业自身可持续发展,从高速度转向高质量发展

纺织服装行业发展已处于必须转型的境地。代表行业发展活力和潜力的规模以上企业数量减少,令人担忧。图 2-2 显示,2013—2017 年,纺织业,纺织服装服饰,皮革毛皮羽毛制鞋规模以上企业数量增长分别为 -11.53%、-7.07%、-2.06%。同时,规模以上企业亏损数量不降反增,企业生存状况堪忧。图 2-3 显示,纺织业、纺织服装服饰业、皮革毛皮羽毛制鞋业规模以上企业扭亏为盈数量增加分别为 -3.73%、-6.98%、-3.76%。以上表明,纺织服装业的发展到了关乎生死存亡的境地,规模以上企业必须进行自我反思和深刻变革才能重获生机。

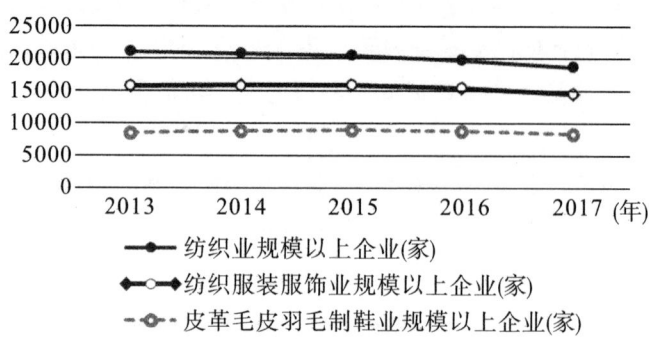

图 2-2 纺织服装行业的规模以上企业数量

二、时尚创意产业发展演化历程和现状分析

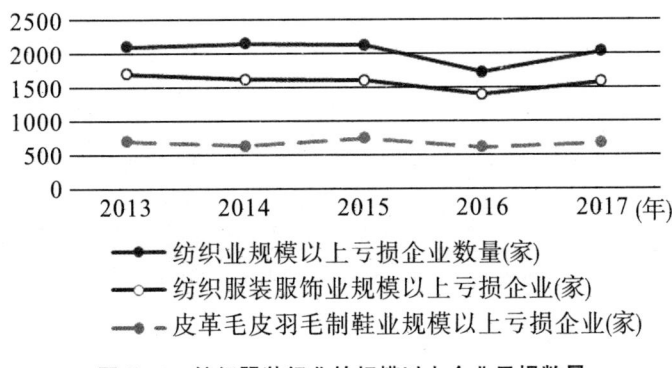

图 2-3 纺织服装行业的规模以上企业亏损数量

3. 行业发展从依靠传统市场转向倚靠新型市场

国际传统市场和分工根基虽然较稳定,但以中国为首的新兴市场力量的出现也带动了市场格局的缓慢变化(如表 2-1 所示)。第一,价值链分布方面,全球纺织服装市场高端的研发设计、品牌营销、供应链渠道被国际跨国企业垄断控制。例如,意大利、法国等集聚大量国际设计师,引领国际服装潮流;高端知名品牌如 LV、爱马仕、阿玛尼等占据高端消费者市场;服装经销商与国际零售巨头联合,在服装供应渠道上占据天然优势;而其他低附加值环节,如原料供应、加工生产等集中在发展中国家。第二,生产市场方面,形成了意大利米兰、美国纽约、英国伦敦等时尚城市市场,而加工及贴牌制造集中在劳动力成本相对较低的发展中国家,从 20 世纪七八十年代起,先后从"亚洲四小龙"地区(中国香港、新加坡、中国台湾、韩国)转移到中国内地,然后又向越南、柬埔寨等东南亚国家转移,印度和非洲国家的加工市场也在形成。第三,服装消费市场主要集中在美国、日本、欧盟等发达国家和地区。第四,2007 年后,中国出口市场从单一的美国、欧盟、日本市场逐步转向美欧日、东盟和俄罗斯等国家或地区。国内的粤港澳大湾区一带服装行业较为兴盛,广州、虎门是全国最大的服装批发市场,其次是杭州、武汉、北京。目前,粤港澳大湾区形成了以深圳、广州、虎门为核心的纺织服装行业发展引擎"铁三角",粤港澳大湾区凭借服装早期加工贸易累积的优势和近年来的创新研发优势(如图 2-4,广东省研发创新资本存量在国内排名第一),最有可能跻身国际时尚地区行列。

表 2-1　我国纺织服装行业的发展趋势

价值与市场	早期	目前及趋势
全球价值链	加工贸易，为价值链中低端	自主设计和品牌，向价值链中高端缓慢移动
国际生产市场	中国台湾与香港	中国内地，部分产能向东南亚国家转移
国内消费市场	服装批发市场	批发市场、零售店、线上线下等多元市场
国际出口市场	欧盟、美国、日本	美欧日、东盟、俄罗斯等国家或地区

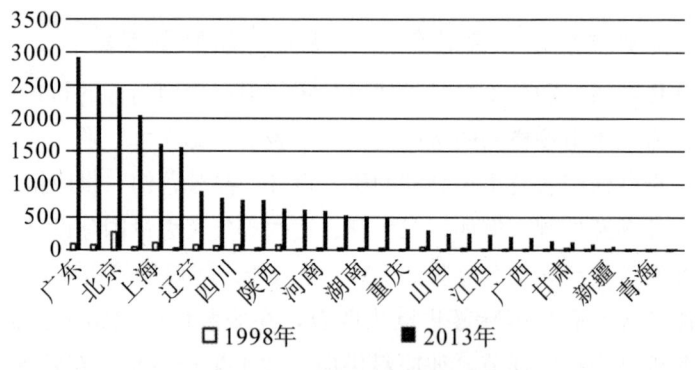

图 2-4　省际研发资本存量

4. 行业发展为劳动力市场做出较大贡献

纺织服装行业对拉动城乡就业贡献巨大。据不完全统计，我国纺织服装行业直接从业者约为 2000 万人，间接从业者超过 1 亿人[①]。事实上，制造业对创造就业和提升工资水平的贡献率一直在增长。图 2-5 显示，2003—2017 年，我国城镇单位制造业年均就业人数从 3000 万增加至近 5000 万，年均工资水平从低于 5000 元增长到超过 30000 元。据此推断，纺织服装行业对总制造业就业水平起到较大拉动作用，而行业工资水平也随着经济的持续发展而增加。

---

① 张超英，杨娜娜. 浅谈我国纺织服装业的困境 [J]. 经营管理者，2009 (5)：32-32.

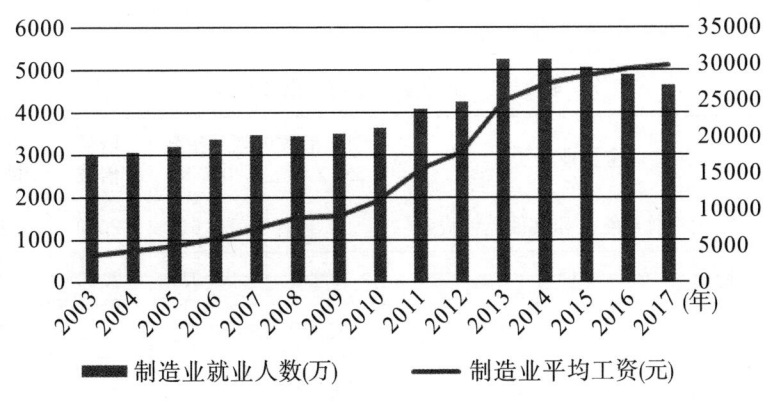

图 2-5　城镇单位制造业年均就业人数和工资

5. 行业从产品需求量贡献转向全行业引领创意发展

我国纺织服装行业的产量大幅跃升,人们缺衣少穿的现象成为历史。纱、布和化学纤维产量持续稳定增长(图 2-6)。2000—2017年,我国纱产量增加 4.14 倍;布产量增加 0.84 倍,人均拥有 56 米布;化学纤维产量增加 5.03 倍。从中看出,我国纺织服装市场供应量已十分充分,亟须重视产品量基础上的质量提高。

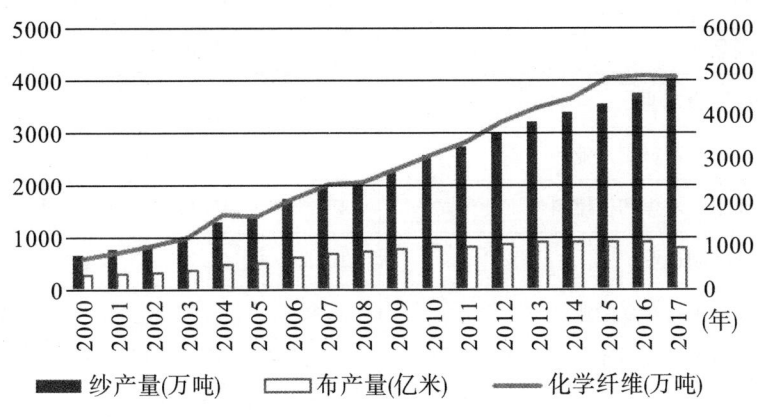

图 2-6　纺织服装行业的产量走势

纺织服装行业创新能力增长迅速。表 2-2 显示,皮革毛皮羽毛制鞋业、纺织业、纺织服装服饰业的创新指数分别由 2012 年的 3.49、15.21、2.02 增长到 2016 年的 9.81、42.09、5.33,增长率在全制造业行业中分别排第 7、10、13 名,反映出行业创新增长率水平相对靠前。以上分析表明,纺织服装行业在制造业行业转型升级中具有领头羊作用,在全行业中具有一定的创意引领贡献水平。

表2-2 制造业产业创新指数比较

制造业全行业分类	创新指数 2012年	创新指数 2016年	增长倍数	增长排名
铁路、船舶、航空航天和其他运输设备	21.43	70.61	2.30	1
汽车制造业	18.44	58.93	2.20	2
通用设备制造业	215.65	663.82	2.08	3
金属制品业	52.25	153.25	1.93	4
金属制品、机械和设备修理业	91.40	263.75	1.89	5
仪器仪表制造业	229.02	644.37	1.81	6
皮革毛皮羽毛制鞋业	3.49	9.81	1.81	7
橡胶和塑料制品业	40.40	112.23	1.78	8
专用设备制造业	293.85	815.15	1.77	9
纺织业	15.21	42.09	1.77	10
其他制造业	4.29	11.74	1.74	11
烟草制品业	2.82	7.68	1.72	12
纺织服装服饰业	2.02	5.33	1.64	13
电气机械和器材制造业	125.70	330.15	1.63	14
石油加工、炼焦和核燃料加工业	15.43	40.47	1.62	15
化学纤维制造业	16.89	43.30	1.56	16
印刷和记录媒介复制业	4.60	11.73	1.55	17
废弃资源综合利用业	7.36	18.64	1.53	18
农副食品加工业	23.71	59.89	1.53	19
造纸和纸制品业	7.03	17.60	1.51	20
化学原料和化学制品制造业	313.57	777.05	1.48	21
家具制造业	3.89	9.47	1.43	22
有色金属冶炼和压延加工业	19.30	46.82	1.43	23

续表2-2

制造业全行业分类	创新指数 2012年	创新指数 2016年	增长倍数	增长排名
文教、工美、体育和娱乐用品制造业	16.98	41.07	1.42	24
计算机、通信和其他电子设备制造业	284.19	681.46	1.40	25
食品制造业	39.63	94.11	1.37	26
酒、饮料和精制茶制造业	21.23	49.98	1.35	27
非金属矿物制品业	68.84	160.66	1.33	28
黑色金属冶炼和压延加工业	10.69	24.77	1.32	29
木材加工和木、竹、藤、棕、草制品业	13.67	31.65	1.32	30
医药制造业	220.16	399.51	0.81	31

资料来源：寇宗来、刘学悦：《中国城市和产业创新力报告2017》，复旦大学产业发展研究中心，2017年。

（二）纺织服装行业SWOT现状分析

1. 优势

（1）行业地位稳固。

发达国家人均纺织纤维消费量较为平稳，中国作为服装产业大国地位稳定。国研网统计，1995—2014年期间，美国人均纺织纤维消费量稳定，消费区间为31.62~41.50公斤/（年·人），中位数为36.83公斤/（年·人）。中国新闻网公布，2006年起中国规模以上的纱、布、服装和化学纤维的产量均居世界首位，其中化学纤维产量已超过全球生产总量的三分之一，中国俨然成为纺织服装产业大国。

中国纺织服装行业自强不息发展，以内资企业为主导。以2014年为例，全体规模以上企业中，纺织服装行业企业总数为39326家，其中内资企业占总企业数的81.48%；中国港澳台地区企业和外资企业分别占10.89%、7.63%。

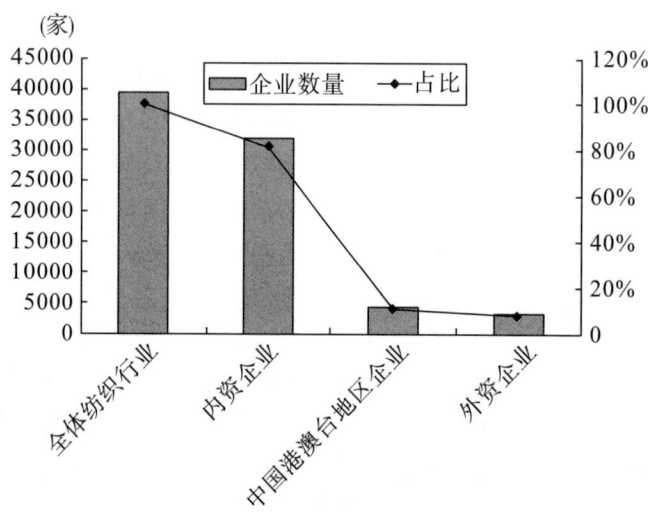

图2-7 中国纺织服装行业的企业类型数量及占比结构

中国纺织服装行业属于完全竞争性行业，以私营企业为主导。以2014年为例，总内资企业数量为32042家，其中，私营企业数量为24901家，占内资企业比率高达77.71%，占总纺织服装企业数量比率为63.32%。而公有制企业包括国有和集体企业，数量为182家，仅占内资企业总数的0.57%，占总纺织服装企业数量的比率更是微不足道。

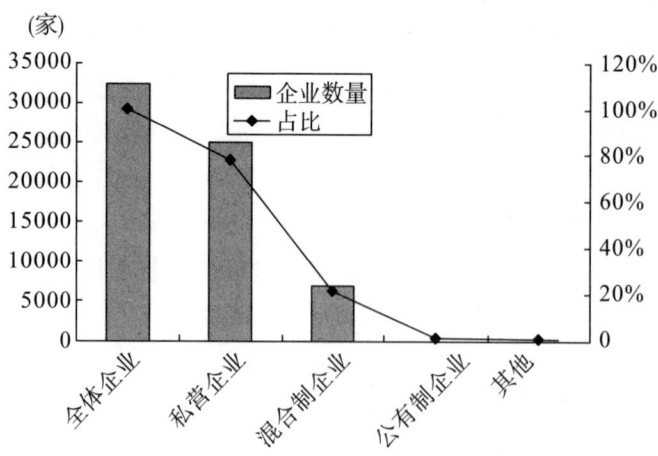

图2-8 中国内资企业的企业数量和占比结构

（2）国际贸易形势相对稳定。

中国纺织服装行业总体上依然处于较好的发展态势。2015年，总的出口额为 3252.73 亿美元，总进口额为 291.29 亿美元，顺差额为 2961.44 亿美元。因此，纺织服装行业是明显的顺差贸易行业。

2017 年上半年，中国纺织服装行业的进出口数量及贸易额表现良好。由于受全球年末翘尾因素及新年效应影响，历年我国进出口无论数量还是贸易额都会呈现 V 型反转走势（图 2-9、图 2-10）。图 2-9 中，针织钩织类服装及附件的进出口总件数增长趋势快于金额增长趋势。图 2-10 中，非针织非钩织类服装及附件的进出口金额的增长趋势快于总件数的增长趋势。这表明，虽两类服装品类创造效益相当，但针织钩织类服装是以数量取胜，非针织非钩织类服装相对以质量取胜。未来重点应该放在如何以更少的针织钩织类服装创造更大的收益上，实现物耗减量及效益提升的目的。

服装产品的贸易附加值仍待大力提升。以 2017 年 6 月为例，针织钩织类服装及附件的价值为 1.8 元/件，非针织非钩织类服装及附件的价值为 4.72 元/件。比较发现，非针织非钩织类服装及附件的附加值明显高于针织钩织类服装及附件。很显然，出口附加值高的非针织非钩织类产品具有价值比较优势，但这一附加值相较于国际水平而言依然很低。这也印证了我国服装行业整体上依然以低端产品和贸易为主、亟待提升价值链及创造高端产品的现状。

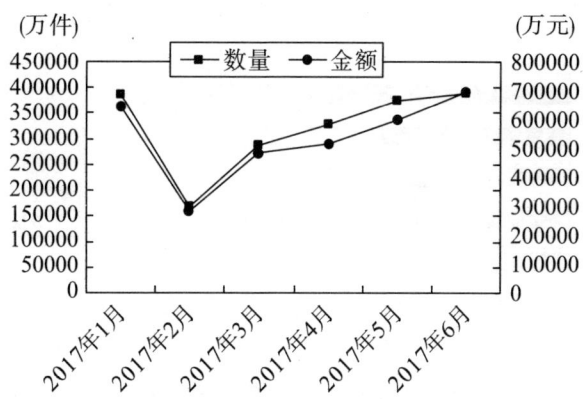

图 2-9　全国针织钩织类服装及附件的进出口总件数及金额

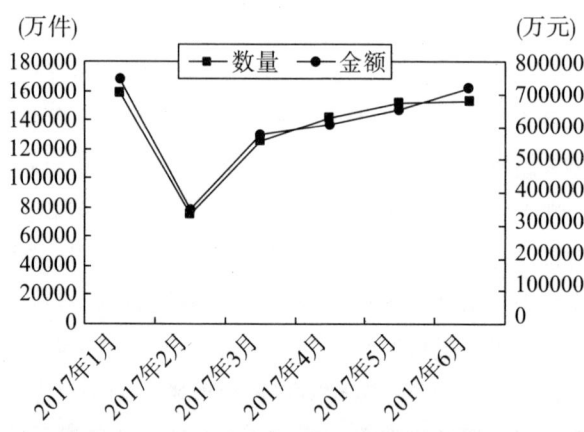

图 2-10 全国非针织非钩织类服装及附件的进出口总件数及金额

广东省在纺织服装行业的国际影响力全国排名第二。以 2015 年为例，国际贸易顺差中，排名前六位的省份或直辖市分别为浙江、广东、江苏、福建、山东和上海。其中，浙江省出口额为 706.91 亿美元，占总出口额的 21.73%；进口额为 27.21 亿美元，占总进口额的 9.34%；进出口净额为 679.7 亿美元，占总净额的 22.95%。广东省出口额为 531.79 亿美元，占总出口额的 16.35%；进口额为 74.6 亿美元，占总进口额的 25.61%；进出口净额为 457.19 亿美元，占总净额的 15.44%。广东省出口额低于浙江省，但进口额高于浙江省，因此在行业创汇净额上明显落后（如图 2-11 所示）。

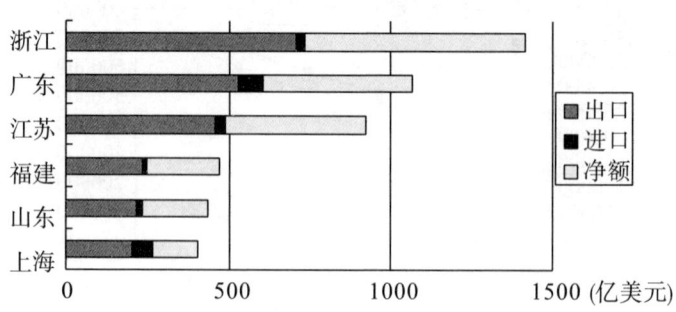

图 2-11 2015 年全国排名前六位的省市纺织服装行业国际贸易额比较

(3) 深圳大浪时尚小镇蜚声国内外。

深圳大浪时尚小镇已形成一定的国内集聚效应和品牌优势。截至 2015 年，大浪时尚小镇服装产业已形成完善的产业体系和集聚优势，有服装企业 281 家，年产值过亿的龙头服装企业达 15 家，培育出玛丝菲儿、淑女屋、歌力思、赢家、影儿时尚、艺之卉、卡尔丹顿、梵思诺等知名品牌，形成了品牌化、规模化、集聚化发展态势，汇聚了一批发展潜力大、品牌知名度高、品牌附加值高的企业，打造出了现代制造业基地和绿色制造示范区，呈现出"中国服装看深圳、深圳服装看大浪"的良好格局。依据深圳市龙华新区2022年的目标，大浪时尚小镇的创意总部型企业和产业链关联企业落户总数超过300家，年产值接近600亿元，成为全国乃至世界时尚创意的引领者。

2. 劣势

纺织服装行业国际化影响力依然不高。深圳市作为沿海国际化城市，时尚地位与发展地位不匹配。以2015年为例，比较北上广深城市（四个一线城市）的纺织服装行业国际贸易发现，上海无论在进口额、出口额和进出口净额方面，均遥遥领先其他城市。深圳在四个一线城市中排名最后，出口额仅相当于上海的8.38%，进口额相当于上海的5.87%，创汇额相当于上海的9.58%。与此同时，深圳纺织服装行业国际贸易水平低于广州，在出口额、进口额、净额方面，深圳分别相当于广州的19.09%、55.65%和16.02%；分别相当于全国的0.52%、1.32%和0.44%。因此，深圳在纺织服装行业国际贸易方面的地位较低，国际影响力亟待大力提升（如图2-12所示）。

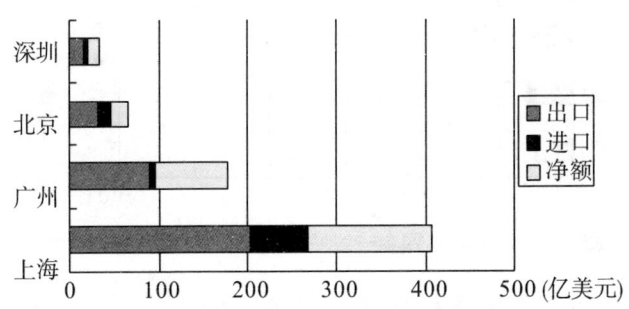

图2-12 2015年四个一线城市的纺织服装行业国际贸易比较

纺织行业方面，上海在四个一线城市中的国际贸易形势最为可观，北京最不乐观，广州和深圳地位居中。以2015年为例，深圳纺织行业的出口和净额相当，区间为3~4亿美元，出口额略高于进口额。上海纺织行业的出口额接近74亿美元，进口额接近25亿美元，纺织行业顺差约为49亿美元。深圳纺织行业出口水平仅相当于上海的5.7%。同时，北京纺织行业国际贸易处于赤字阶段（如图 2-13 所示）。

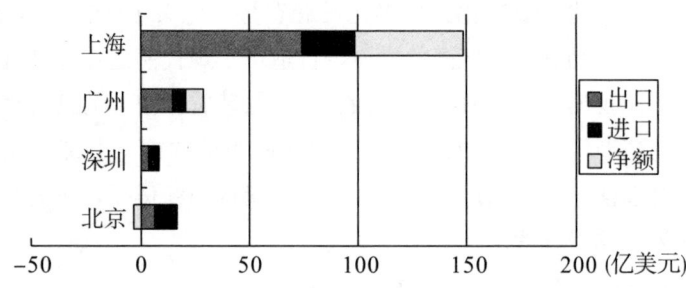

图 2-13　2015 年四个一线城市的纺织行业国际贸易比较

服装行业方面，上海在四个一线城市中的国际贸易形势最为可观，深圳较为不乐观。以 2015 年为例，上海服装行业的出口额约为 129 亿美元，进口额约为 41 亿美元，进出口净额约为 88 亿美元。深圳服装行业的出口额与进口额相当，均约为 13 亿美元，出口额略大于进口额。深圳服装出口额约相当于上海服装出口额的 1/10，约相当于全国服装出口额的 0.6%。因此，深圳国际服装出口地位在国内较低，与深圳的国际化地位较不匹配，深圳服装行业国际地位相比纺织行业地位而言，更需大力提升（如图 2-14 所示）。

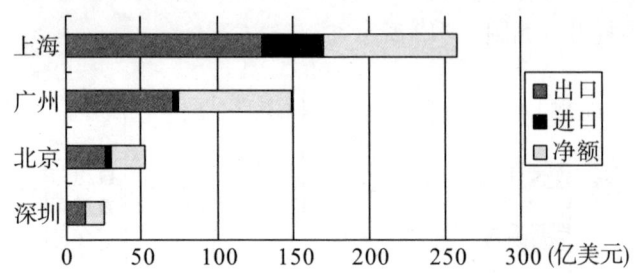

图 2-14　2015 年四个一线城市的服装行业国际贸易比较

大浪时尚小镇的服装集聚效应未完全显现。园区规模以上企业数量及产值仍待提升，企业同质化相对严重，产业企业发展差距较大，上中下游链条有待完善，企业创新、创意及技术能力有待提升，国际知名创意设计师用人机制有待优化，服装行业扶持政策措施有待加强，这将影响大浪时尚小镇服装产业质量的整体提升。

3. 机遇

（1）近年来服饰方面的固定资产投资是行业稳定发展的保障。

二、时尚创意产业发展演化历程和现状分析

在如图 2—15 所示的涉及纺织服装方面的固定资产投资类型中,纺织服装制造、机织服装制造的投资额占绝对优势,两者占到总类型投资的 74.57%。其他如服饰制造方面,固定资产投资额约占 11%。现有纺织服装制造和机织服装制造中多是传统工艺设备,亟须换代升级。服饰制造固定资产投资有望加强,需对智能制造、物联网等先进技术进行投资,提高服饰从设计、加工、生产到销售、服务以及市场信息反馈整个环节的智能化、数据化、柔性化。

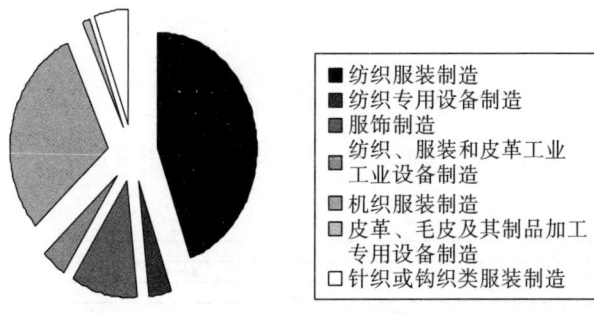

图 2—15　全国纺织服装行业固定资产投资平均占比份额（2011—2015 年）

（2）人均可支配收入持续增长是家庭衣着消费的不竭动力。

我国城镇居民和农村居民的衣着消费有一定规律。近年来,随着经济的发展和人民生活水平的提高,城镇和农村居民的人均可支配收入不断增加（如图 2—16）,衣着消费支出也逐年增加（如图 2—17）。但衣着消费是农村居民的末端消费,城镇居民衣着消费仅次于食品和交通消费。图 2—17 显示,农村、城镇家庭人均衣着消费支出均呈现上升趋势,尤其城镇居民家庭人均衣着消费增长较快;2012 年,城镇与农村家庭人均衣着消费支出的额度分别为 1823.4 元和 396.1 元;2008—2012 年城镇家庭人均衣着消费支出是农村居民家庭人均衣着消费支出金额的 5.12 倍。根据统计（新口径统计）,2013—2015 年,农村、城镇居民家庭人均衣着消费支出依然呈上升趋势,2015 年城镇和农村居民家庭人均衣着消费支出额度分别为 1701 元和 550 元;同时,2015 年,我国城镇和农村的人均可支配收入分别为 31195 元和 11422 元;2013—2015 年（新口径统计）城镇和农村居民家庭人均衣着消费支出分别占各自人均可支配收入的 5.6% 和 4.8%。以上分析表明,城镇居民的衣着消费需求远高于农村居民。参照国外衣着消费结构比例（以 2002 年为例,美国为 5.03%、日本为

4.97%），我国城镇、农村人口衣着支出与发达国家比例较为接近，提高我国衣着消费的核心动力依然是不断提高可支配收入。

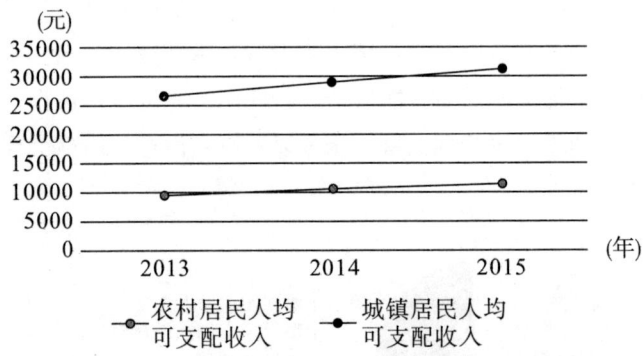

图 2-16 我国居民人均可支配收入结构及走势

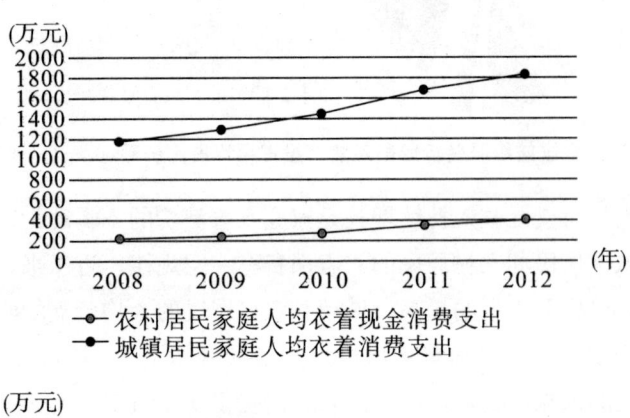

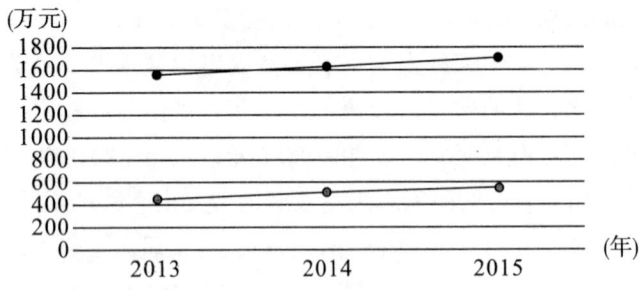

图 2-17 我国居民家庭人均衣着消费结构与趋势（新口径统计）

(3) 服装产业基地拥有政府充足的财力支持。

政府建立服装产业基地、维护运营及对企业财政支持力度的总和较大，是产业企业转型升级发展的保障。以深圳大浪时尚小镇为例，首先是区层面的支持。2014年，深圳市龙华区为加快高新技术产业、战略新兴产业发展，加快工业转型升级，对企业、园区、基地、机构及人才采取相应的资助鼓励措施；2017年，在鼓励产业企业发展方面，龙华区政府成立了龙华区产业发展（包括制造业、服务业和重大产业项目）专项资金，对相关入驻产业企业予以较大支持。其次是针对大浪时尚小镇建设的相关支持。例如，对成功改造升级为新区认定的总部园区的改造主体，拆除重建类项目，按新建建筑面积每平方米支持1000元，最高1000万元；功能改变类项目，按改造后的总部办公面积每平方米支持200元，最高200万元；对时尚小镇中旧工业片区整体改造升级为时尚创意企业集聚园区，经新区认定，给予不超过1000万元的配套支持；另外，对产值、品牌、纳税等不同类别的企业进行差异化资助。

4. 挑战

(1) 服装行业的景气周期、季节性和价格波动明显。

服装鞋帽针织类行业依然处于景气周期。全国服装鞋帽针织品类零售额增长率虽然下降，但行业增长水平仍高于全国经济增长水平。图2-18显示，2015—2017年间，全国服装鞋帽针织品类零售额按月同比增长率从10%左右小幅调整到7%左右，且2017年以来，该行业增长率呈现上升趋势。整体而言，2015—2017年该行业每月增长率仍然高于三年来GDP增长年线值（约7%），因此可以判断服装鞋帽针织类行业依然是景气行业。

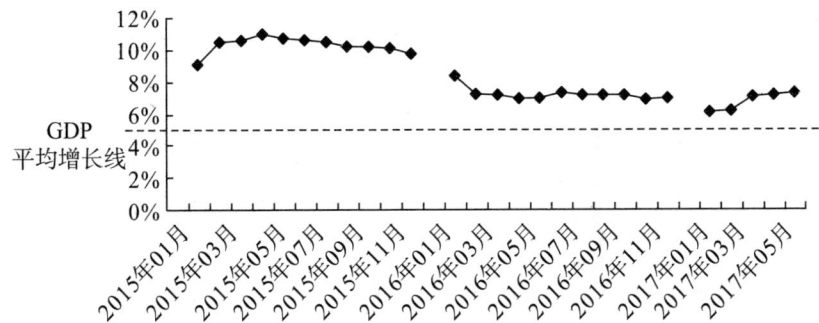

图2-18 全国服装鞋帽针织品类零售额按月同比增长率（每年1月份值为空）

服装鞋帽针织类行业销售额的季节规律性明显，从年初到年末呈现逐月稳定上涨的态势。图 2-19 显示，2015—2017 年间，每年第 2 月份的零售值约为 2000 亿元，然后逐月较快速增长，年末 12 月的零售额高达约 14000 亿元，且这一规律表现较为稳定。值得注意的是，2017 年 2 月开始的上涨曲线较前两年相对陡峭，说明近一年每月的零售额较前几年同比增大，也印证了该行业产值增长率的稳定性。

图 2-20 显示，全国纺织服装鞋帽制造业产品出厂价格呈现持续回落态势，目前价格处于企稳阶段。以 2011 年为价格分水岭，之前价格指数同比处于增长态势，2011 年行业产品出厂价格指数增长达到顶点 103.66%，之后价格走势持续回落，近年来该行业产品价格呈企稳态势，2015 年的出厂价格增长指数为 100.73%。这一趋势暗示服装鞋帽行业的有效需求不足，产能有过剩之嫌，但也反映出消费者衣着成本有所降低。因此，在经济新常态下，行业发展应该遵从消费者"物美价廉"的心理来提供有效需求。

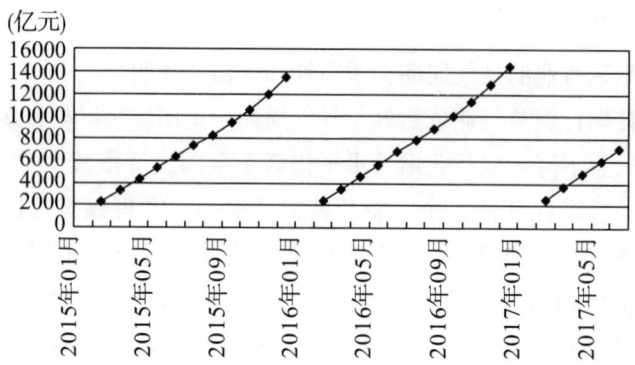

图 2-19 全国服装鞋帽针织品类零售值的各月变化走势（每年 1 月份值为空）

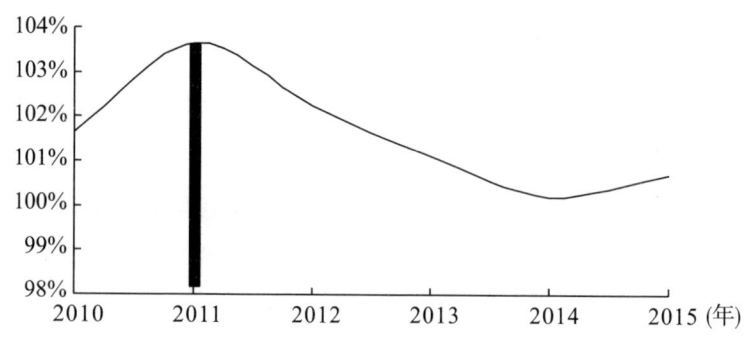

图 2-20 全国纺织服装鞋帽制造业产品出厂价格指数走势

(2) 固定资产投资额数量及结构处于动态演化阶段。

全国纺织服装鞋帽制造业城镇固定资产投资高位回落，广东在这一行业的固定资产投资仍具有较大空间。图 2-21 显示，全国纺织服装鞋帽制造业固定资产完成额一直处于上升态势，在 2014 年达到 5318.85 亿元顶峰后高位回落。与全国情形不同的是，2014 年开始，广东省纺织服装鞋帽制造业固定资产完成额呈持续上涨趋势（图 2-22）。2015 年，广东固定资产投资额约为 425.8 亿元，占全国总投资额不到 1/10。在"一带一路"背景下发展纺织服装类行业，服装鞋帽制造等方面的高端设备、厂房等固定资产仍有较大投资空间。

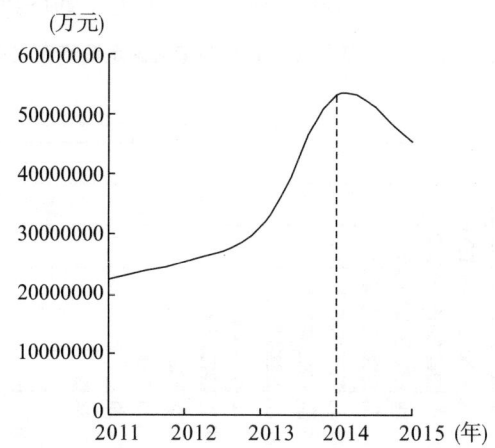

图 2-21 全国纺织服装鞋帽制造业固定资产完成额

全国纺织服装鞋帽制造业城镇固定资产投资额最高的省份是江苏，广东排名相对靠后。图 2-23 显示，2011—2015 年，沿海省份此类固定资产年均完成额依然较高，排名前五的省份，三个地处沿海，分别是江苏、山东和广东。广东的年均投资额为 267 亿元，约占江苏的 55.8%。对标江苏，广东仍然可以增加一倍的投资量。但投资应该以质量和效益及高技术设备资产等为主，以发挥广东在纺织服装鞋帽等方面的后发赶超优势。

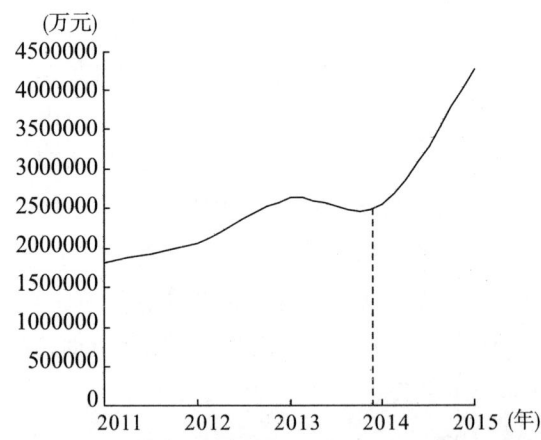

图 2-22　广东纺织服装鞋帽制造业固定资产完成额

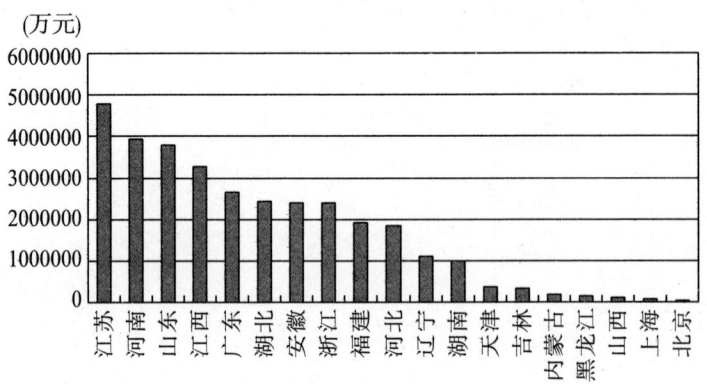

图 2-23　不同地区纺织服装鞋帽制造业城镇固定资产平均完成额（2011—2015 年）

图 2-24 显示，2011—2015 年，全国纺织服装鞋帽制造业固定资产交付使用率提高，但是受房地产经济影响，房屋竣工造价持续上升，对该类实体经济构成威胁。近年来，纺织服装行业及其制造业成本日益上涨，除人力资本上升、能耗水耗约束增强外，土地利用成本随房地产热潮不断上涨。尤其是深圳近几年房价上涨过快，低端制造业企业纷纷将厂址外迁。纺织服装行业如果固守传统技术，就会较难应对高昂的产业用地、用房。由此，深圳市纺织服装产业亟须转型升级，走上发展产业价值链高端企业的道路。因此，纺织服装行业固定资产的精细化、高端化、前瞻性投资尤显重要，不能重复以往的粗放投资、盲目扩展产能投资、低端化低效率投资。

68

二、时尚创意产业发展演化历程和现状分析

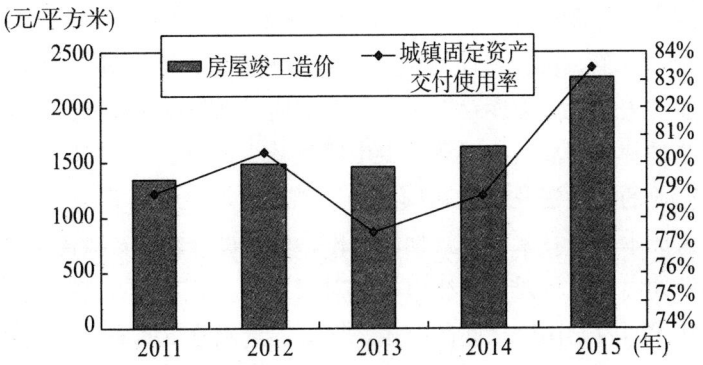

图 2—24 全国纺织服装鞋帽制造业房屋竣工造价和城镇固定资产交付使用率

中国港澳台地区投资商和外商在纺织服装行业的 FDI 持续收缩,目前该行业以内资投资为主导,制约行业资金利用和发展水平。以全国纺织服装鞋帽制造业不同企业的城镇固定资产投资额完成占比为例,图 2—25 显示,2011—2012 年间内资企业投资占 91%~92%;而 2013—2015 年内资企业投资几乎占总投资的 100%,外商及港澳台投资企业比例持续缩水,甚至接近 0%。涉及纺织服装的其他固定资产投资,也有类似的趋势。这一趋势与近年来外资转移至越南等低成本国家的情形吻合。

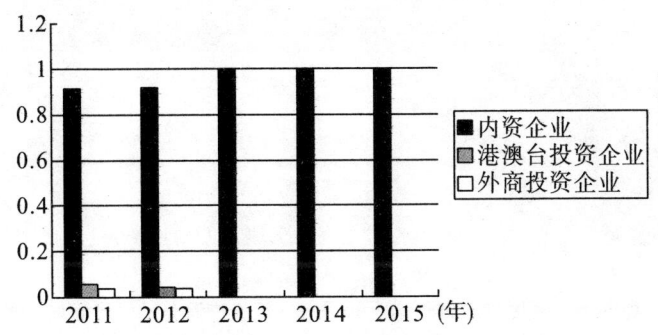

图 2—25 全国纺织服装鞋帽制造业不同企业的城镇固定资产投资额完成占比

(3) 服装行业供给侧改革应对服装行业需求拉动型特性的胜率。

服装产品不同于一般产品,属于需求拉动性商品。价格波动大小与消费者消费多少关系不是特别大,因此,在经济景气周期,服装的消费可能稍微高一点,经济下行周期服装的消费可能下滑,但下滑幅度也不是特别大。基于服装行业的这一特点,从需求侧着手促进行业发展并不是特别有效,当前供给侧改革,强调从生产供给端的"去产能、去库存、去杠杆、降成本、补短板",这不失为服装行业转型发展的一种办法。服装行业的供给侧改革,没有现存的做法及经验可借鉴,需要进行探索。其中,服装行业"去产能、去库存"主要是去前期低端积压库存商品,包括中高端一些非品牌类商品,均需要减少生产和减少库存。"去杠杆"主要是降低服装行业的投融资及贷款风险比率。"降成本"主要是人工成本上升,机器投入成本大,技术研发短期收效慢,创意设计容易被搭便车等,因此降成本短期内相对困难。"补短板"对服装行业而言,主要是弥补品牌、质量和技术研发与国际之间的差距。以上供给侧改革的做法,尚存在不确定性,需要在服装行业实践中进行不断完善。

(三) 行业发展存在的问题:以广深莞地区为例

GIS图谱显示,在经济发达的珠三角区域内,尤其在粤港澳大湾区范围内(图2-26),广深港澳科技创新走廊(图2-27)与广深港澳时尚创新走廊较为一致,因此提出湾区时尚创新走廊发展具有可行性。

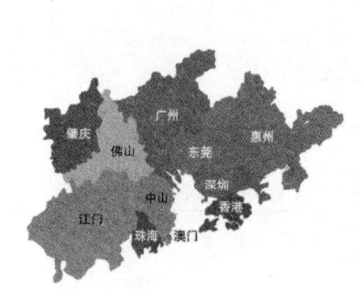 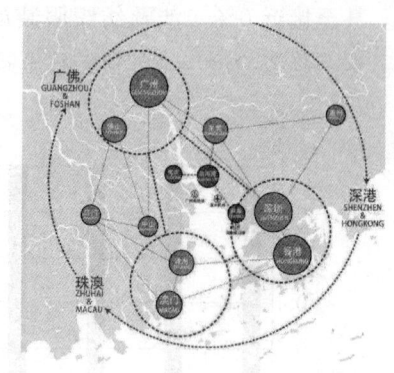

图2-26 粤港澳大湾区城市群形态　　图2-27 广深莞地区港澳城市群连接形态

1. 深圳市大浪时尚小镇案例

大浪街道位于深圳市中心区北部、龙华区西部,东接福城、龙华办事处,南邻民治办事处,西与宝安区石岩街道、南山区接壤,北靠光明新区。大浪街道年末常住人口超30万人,经济总量由2006年的49.05亿元,增加到2015年的181.41亿元,总计增长228.8%,年均增长14.1%,人均GDP由2006年的27987元/人,增长为2015年的59812元/人。2006—2015年,大浪街道工业企业由149家提升到307家(其中,规模以上工业企业 100 家）；总产值由 178.06 亿元增长到 404.93 亿元；固定资产投资额由 4.6 亿元上升到 52.53 亿元，总计增长 1183.9%，年均增长 32.8%；社会消费品零售总额由 6.21 亿元增长到 23.72 亿元，增长 340.2%，年均增长 17.9%。以上大浪街道经济长足发展的现实，为其实现跨越式发展奠定了较坚实的基础。位于龙华区大浪街道的大浪服装时尚小镇，正是深圳服装行业发展演变的缩影。

大浪服装产业集聚基地于 2003 年规划启动，规划面积 1.46 平方公里，2011 年 3 月，由深圳市政府和龙华新区政府重新定义为大浪时尚创意城，占地面积 4.6 平方公里，核心产业是服装鞋帽等时尚创意产业，配套发展时尚企业孵化器、商贸、会展、出版、媒体等延伸产业。截至 2015 年，大浪时尚创意城入驻时尚创意产业企业 93 家，6 家以上总部企业落户，被列为"国家自主创新示范区"。新近，广东省给予大浪时尚创意城省内特色小镇称号，至此大浪时尚创意城更名为"大浪时尚小镇"。

笔者与课题组成员参与了 2018 年深圳大浪时尚小镇"春茗"政企调研座谈会，与来自小镇的 50 多名政企负责人对 2017 年经营业绩、当前企业发展面临的困境以及 2018 年发展构想等进行了交流，并了解到纺织服装企业发展面临的一些典型问题。

第一，纺织服装园区发展在供需上的失衡影响企业发展。首先，企业周围配套的生活环境及质量相对较差。时尚企业的员工、设计师多是"85 后"，对生活质量要求较高，但园区缺乏配套的餐饮、商场等高端生活配套服务，附近吃饭店面档次相对较低，"时尚心、时尚事、落后体"现象使企业较难留住人才，员工流动性较大。其次，进出大浪时尚小镇的交通不便，存在进出两难的情况。目前，规划的轨道交通 25 号线接入大浪时尚小镇的时间尚不明朗，员工上下班高峰时间打车难现象突出，交管红绿灯设置细节存在安全隐患或阻滞交通流畅，大浪路段因为相对偏僻，几度沦为社会人员练车场地。大浪时尚小镇交通及路况问题成为企业及员工最揪心的一件事。最后，大浪时尚小镇的"人气"不旺。大浪街道人口少、人员文化层次相对较低，收入水平偏低，参与时尚活动及购买的能力较差，园区组织的可持续性和有吸引力的活动数量不足，平时只在重大纺织服装会议或走秀节期间相对热闹，多为外来人员捧场。

第二，区域大环境和政策影响纺织服装企业发展。例如，A 企业经营范围包括服装以及窗帘、窗饰的技术开发、设计和销售等。目前，该企业处于发展阶段，面临如下问题：首先，就业环境改变使企业招工难。设计创意人才缺失、技术人才倾向流入成熟高端企业，用人成本上升、招工难、招工贵的现象对发展期的服装企业极为不利。其次，企业主办、政府扶持的项目长久运营存在隐忧。企业担忧政策过渡期面临调整，影响企业发展，如华夏军装博物馆运营问题。最后，对企业负责人素质要求提高。企业谋求自身发展，须与时代结合，应考虑融入更多中国元素、粤港澳元素、客家文化元素等，同时需要更多的创新设计人才，另外对企业负责人的素质也提出了新要求。

第三，人才和技术成为纺织服装企业转型发展的核心制约因素。例如，B企业及其服装品牌属于深圳自主创立品牌，集研发、设计、生产、销售、推广于一体，采用连锁化运营模式，总部设在深圳，在北京、上海、广州设有子公司，在南京、长沙和南宁等地设有分公司和办事处，终端销售网点遍布全国多数省会城市及经济发达地区，以品牌运营战略为主，专注于中高端商务经典男士服装，采用线上电商和线下实体店营销相结合的模式。目前，企业发展形势较好但也存在一些问题。首先，服装与高科技结合的技术突破及商业化应用存在瓶颈。智能服装开发上，主动研发石墨烯这一新材料并在纺织服装行业中运用，目前一些企业已在发热面料及服饰化上取得一定成绩，但实现技术与商业的完美结合尚需努力。其次，企业投入不足、人才紧缺等因素制约着服装及服装材料技术的发展。服装企业不同于高科技企业，在研发、人员、资金上投入不足，政府对服装企业研发支持也较少。最后，园区特色时尚元素及品位低端，与高端企业发展定位不协调。企业在时尚、科技及市场上均取得较高成就，但园区及周边基础设施品位较差，影响企业高端形象。

第四，纺织服装企业普遍面临创意设计低端和外贸下滑的问题。例如，C企业属于专业定制公司，发展相对一般。个人服装定制企业专注于服装高端定制，采用机器人识别人脸，设置个人着装出席环境，根据电子测量的数据，搭配衣服及色彩，由技术员辅助挑选，最终达到个人对成像衣服满意。据此，生成个人服装定制资料，交由服装厂制作。通常，定制一件成人衣服价格接近万元。但因服装制作价格高，企业创意设计性不强，高端消费客户群市场较难打开。针织服装企业专注于外贸订单，在设计、选版、外包生产等方面较成熟。但也面临一些问题：首先，外贸形势走软影响企业发展，表现为国内外销售订单相对减少。其次，企业面临减员增效风险。企业裁撤非营收部门及人员力度加大,加大了行业人员工作的不稳定性和流动性。最后,创意设计依然缺乏。新潮的设计和引领国际的设计创意依然不够,市场需求及好评度不高。

2. 广州市服装发展案例

广州经贸形势相对较好。广州统计局数据显示,2017年,广州市GDP突破2万亿元,达到21503.15亿元,同比增长7.0%,经济保持了中高速增长。同时,海关统计显示,2017年广州市外贸进出口总值9714.4亿元,同比增长13.7%,占广东省外贸总值的14.3%。广州市出口总额为5792.2亿元,同比增长12.3%;进口总额为3922.2亿元,同比增长16%。2017年,广州鞋类和玩具的出口增幅超过3成。

广州是华南地区最大的服装集散地。全市拥有大大小小几十家服装批发市场,如广州白马服装市场、黑马服装批发商场、流花服装批发市场、沙东工业品市场、红棉步步高时装广场、沙河服装批发市场等。2017年,中国服装销售额同比增长8.3%,其中以广州出口回暖贡献较大。

广州服装行业具有一定的国际竞争优势,但近年来其外贸的相对劣势也显现出来。一是出口自主品牌比例低,产品结构待优化,如广州出口产品自主品牌仅占10%左右。二是产品档次相对低端,影响利润水平,如出口产品多为附加值较小的低端产品。三是品牌影响较弱,渠道较为单一。通过广交会等形式接受外贸订单,较少直接在消费国建立自主销售网络渠道。广州在服装物流、品牌推广、零售渠道、售后服务等高增值环节的布局不足。四是缺乏专业设计人才,设计水平较弱。广州多按照国外订单进行生产或贴牌生产,在不景气周期,加大了行业风险,如广州和东莞存在几千家小型纺织服装企业,专门从事贴牌生产。五是纺织服装企业规模不大,综合竞争力弱。例如,大多私营企业没有现代化管理,吸收不到专业化人才,企业缺乏国际视野和潮流敏感度,产品较难适应瞬息万变的市场新需求。

3. 东莞市虎门镇案例

东莞市虎门镇位于珠江口东岸,镇区面积178.5平方公里,辖30个社区,常住人口60多万。2017年,虎门镇GDP超500亿元,在东莞镇街中排名第一。该镇现已形成服装服饰业、电子信息产业为支柱的产业格局。其中,2017年,服装服饰产值约450亿元,电子产业产值约200亿元，信息传输电缆产业产值约 169 亿元。

东莞以"制造之都"著称，但纺织服装发展大而不强的问题始终存在。第一，纺织服装产业链虽然完善，产业规模大但企业小而分散。企业绝对处于全球价值链低端，90％企业贴牌生产、50％企业 OEM 委托加工、仅 10％企业拥有自主品牌。第二，企业内部管理和生产水平相对较低。表现在企业绿色生产意识差，通过 IS14000 环境管理体系认证企业较少；企业不重视现代管理，注重现场 5S 环境管理、TPM 管理、六西格玛管理、ERP 系统管理的企业较少；企业生产技术水平较低，极少企业完全采用先进设备进行生产。第三，东莞属于产业集群初级阶段。东莞纺织服装属于 OEM 阶段，即产业集群初级阶段；离服务和创新为主导的中级阶段、离区域品牌战略和产业链高端发展的高级阶段，存在较大差距。第四，东莞纺织服装产业升级尚未完成整合，即尚未完成产业体系的渠道整合、品牌整合、企业整合、配套整合，也未完成产业链横向、纵向和产业网络间的有效整合。

以上分析表明，广深莞地区纺织服装发展各有独特优势和劣势。深圳优势在国际化形象和独立品牌及创意设计，广州优势在于其出口传统和教育与人才，东莞优势在于强大的制造与生产能力。但目前，区域性行业分工较为混乱，区域性分工效率尚未达到最佳。如深圳兼顾品牌设计，但极具影响力的国际、国内品牌品牌相对较少，出口相对较少。广州拥有强大的教育优势和繁盛的出口贸易文化，也有较强的生产制造能力，出口占优，但多为贴牌生产。东莞凭借廉价劳动力和价格优势进行生产，也有相应出口，但独立品牌、研发设计等环节均不强。如此，各个区域均没有充分认识自身优势，从区域全局角度进行比较优势生产和经营。合理分工应该是，深圳专注于品牌孵化、创立、研发设计、运营和集聚总部企业和专业人才；广州应专注培养输送专业人才和国内外销售渠道构建；东莞应专注生产和加工。这样，深广莞就形成了符合自身的高中低和供销产相匹配的产业链条，整体形成区域产业合力，从而才能在产业转型升级和国际竞争日益激烈的发展趋势中抢占先机。

三、时尚创意产业供给侧改革效果评价：企业满意度

时尚企业对自身改革及发展满意与否，也是评判行业是否获得高质量发展的核心考量之一。供给侧改革实践本质上是企业实践，其效果好坏能较好反映企业作为。因此，本章从企业感知角度分析评价纺织服装行业供给侧改革，并期望为促进时尚创意产业进一步转型升级和谋求高质量发展提出建设性意见。

（一）引言

经济发展必须坚持质量第一、效益优先，以供给侧改革为主线，推动经济发展质量变革、效率变革、动力变革，提高全要素生产率。"十三五"时期是中国纺织工业由大变强、建设纺织强国的重要战略机遇期。《纺织工业"十三五"发展规划》指明，纺织工业是我国传统支柱产业、重要的民生产业和创造国际化新优势的产业，是科技和时尚融合的产业，在美化人民生活、带动相关产业、拉动内需增长、建设生态文明、增强文化自信、促进社会和谐等方面发挥着重要作用。然而，目前我国纺织服装行业普遍面临需求增长缓慢、综合成本上升、国际竞争加剧、出口降幅不断加剧等不利因素和下行压力，纺织服装行业亟须进行结构调整和升级改造。供给侧改革为纺织服装行业变革提供了理论依据，通过"三去一降一补"的管理进步和技术创新，期冀实现纺织服装行业成功转型升级和可持续发展。一方面，供给侧改革理论初步建立。供给侧改革既强调供给也关注需求，既突出发展生产力又注重完善发展生产关系，既发挥市场配置资源作用又更好发挥政府作用，既着眼眼前又立足长远；供给侧管理注重解决结构性问题，注重激发经济增长动力，通过优化资源配置和调整生产结构，

提高供给体系质量和效率,推动经济增长。实施供给侧改革,从国内看可以实现行业由低水平供需平衡向高水平供需平衡跃升;从国际看可以找准国际市场定位,从而适应国际市场需求。同时指出供给侧改革方法主要从生产端入手进行"三去一降一补"。其中,"去产能"利于行业企业产能有效化解;去库存利于减少行业企业存货;降成本可减轻行业企业经营负担;去杠杆可减轻行业企业债务负担;补短板可增强行业企业整体竞争力。另一方面,供给侧思想已付诸实践。过去5年为满足市场需求,纺织行业率先紧抓产业结构调整与转型创新,实现了行业经济运行指标优于工业平均水平。新时代,针对纺织服装行业供给侧改革理论与实践创新的继续深入研究,对政府部门实现"十三五"规划目标、对纺织服装企业绿色发展和对人民实现美好衣着需要均具有重要意义。

(二)理论假设与模型构建

1. 理论假设

供给侧改革作用于行业的投入和产出从而影响行业全要素生产率。全要素生产率测定模型投入因子包括资本、劳动力、能源、工资水平,产出因子为行业产值或产量。供给侧改革因子包括去产能、去库存、去杠杆、降成本、补短板。供给侧改革因子因包含全要素生产率模型因子而必然影响全要素生产率,这主要表现在两个方面。

一方面,去产能、去库存、去杠杆双向影响全要素生产率模型的投入端和产出端。第一,去产能注重有效产能利用率,强调利用高端产能,压缩低端产能。最终,行业企业投入端减少原料投入,带来资本、劳动、能源等相关投入的精简,从而影响要素投入,影响产值。第二,去库存强调企业存货周转率提高,表现为提高销货成本与平均存货余额的比率,而平均存货余额与企业总生产的产品余额高度相关,因而去库存与企业产出端产品产值高度相关。同时,去库存影响产值变化后,反过来直接影响生产端的要素投入变化。第三,去杠杆强调财务杠杆率下降,表现为资产负债率降低,而资产与企业产出端产品产值高度关联。同时,去杠杆影响产值变化后,反过来直接影响生产端的要素投入变化。

另一方面,降成本、补短板影响全要素生产率模型的投入端。降成本表现为行业企业投入的资本、劳动力、能源、工资等成本的降低;补短板

三、时尚创意产业供给侧改革效果评价：企业满意度

强调行业企业人力资本质量的提高、绿色能源使用和能耗利用率的提高、行业技术的改造升级、管理上协调投入要素的合理分配等。因此，供给侧改革必然影响行业全要素生产率。

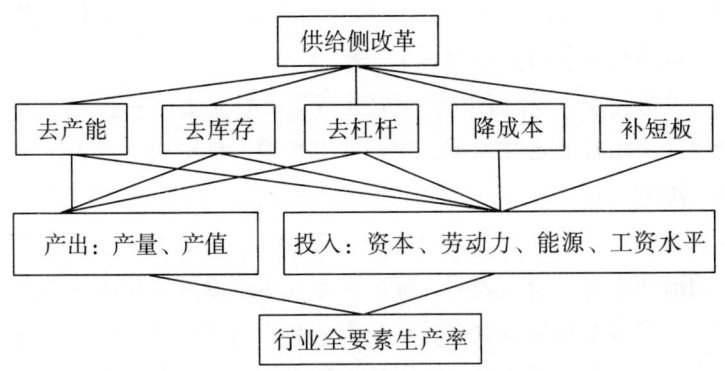

图3-1　供给侧改革影响行业全要素生产率的机理

基于以上分析，提出以下研究假设：

H1："去产能"正向影响纺织服装行业全要素生产率。

国内方面，在经济增速和居民收入放缓的背景下，居民服装边际消费需求相对进入平台期。国外方面，国外高档品牌服装对我国高端市场造成一定挤压。基于内外压力，我国纺织服装行业去库存势在必行。全要素生产率是衡量配置效率和生产效率的综合指标，本书假定纺织服装行业去产能正向影响行业全要素生产率。

H2："去库存"正向影响纺织服装行业全要素生产率。

纺织服装行业库存增加的原因是行业进入门槛相对较低、一些服装企业由于过度扩展和追求市场占有率，导致存货增加，存货周转率下降。解决服装库存的办法是，企业以让渡利润为代价，加强供应链信息管理，以期快速反应市场需求，从此达到行业总体库存下降。由于库存和产能高度关联，化解库存能显著提高需求产能效率。因而，本书假定纺织服装行业去库存正向影响行业全要素生产率。

H3："去杠杆"正向影响纺织服装行业全要素生产率。

纺织服装行业杠杆率相对较高表现为：一是上市企业资产负债率普遍偏高。以2017—2018年服装上市企业季报为例，衡量财务杠杆的每股收益率分化明显，甚至出现负值。二是中小企业负债生存状况显现。2018年，笔者和课题组成员赴深圳大浪时尚小镇调研，调研显示，较多前期发

展较好的服装企业采用抵押土地或厂房等方式向银行进行贷款,期望平稳度过行业不景气周期。去杠杆可以通过提高制造业企业资金利用效率达到提高企业生产效率的目的。例如,银行杠杆率监管能提高银行效率;杠杆率控制在60%以下对上市钢铁企业效率存在正面影响。故本书假定去杠杆正向影响纺织服装行业全要素生产率。

H4:"降成本"正向影响纺织服装行业全要素生产率。

全球经济增长稳定性和不确定性的变数增大使降成本成为行业企业当务之急。国家发改委《关于做好2018年降成本重点工作的通知》指出,降成本包括降低税费负担、融资成本、制度性交易成本、人工成本、用能成本、物流成本等。研究表明,降低企业成本可以提高经济效益及国际竞争力。基于降成本对经济效率的正向影响和作为经济效率综合表现的全要素生产率,本书假定降成本正向影响纺织服装行业全要素生产率。

H5:"补短板"正向影响纺织服装行业全要素生产率。

目前,纺织服装行业的短板主要是自主品牌少、品牌国际竞争力弱、绿色设计和生态服装欠缺、国际性人才缺乏、核心技术和创新能力不足。企业补短板利于提升行业效率及竞争力。相关研究认为,发展品牌有助于去产能、创需求;绿色服装设计理念对服装企业增强市场竞争力和产业可持续发展具有重要意义;生态纺织品已经主宰国际纺织品服装贸易市场,生态纺织品安全技术水平直接影响我国纺织服装出口竞争力。据此,本部分假定补短板正向影响纺织服装行业全要素生产率。

2. 模型构建

综合纺织服装行业供给侧改革对全要素生产率的作用机制及影响假设,初步断定纺织服装行业全要素生产率受到行业"三去一降一补"供给侧改革因子的影响。本书构建了纺织服装行业全要素生产率影响因素的取对数模型,数学式如下:

$$\begin{aligned}\ln efficiency_{it} =& \alpha_0 + \beta_0 (\ln efficiency\_1)_{it} + \beta_1 \ln output_{it} + \beta_2 \ln stock_{it} + \\ & \beta_3 \ln leverage_{it} + \beta_4 \ln cost_{it} + \beta_5 \ln weakness_{it} + \\ & \beta_6 (\ln output_{it} \times \ln stock_{it}) + \beta_7 (\ln output_{it} \times \ln leverage_{it}) + \\ & \beta_8 (\ln stock_{it} \times \ln leverage_{it}) + \beta_9 (\ln output_{it} \times \ln stock_{it} \times \\ & \ln leverage_{it}) + \alpha_{it} + \varepsilon_{it}\end{aligned}$$

其中,被解释变量 $efficiency$ 表示行业全要素生产率;解释变量 $output$、

三、时尚创意产业供给侧改革效果评价：企业满意度

$stock$、$leverage$、$cost$、$weakness$ 分别代表去产能、去库存、去杠杆、降成本、补短板；控制变量 $efficiency\_1$ 表示全要素生产率滞后项，$output \times stock$、$output \times leverage$、$stock \times leverage$、$output \times stock \times leverage$ 均代表解释变量交互项。下标 i、t 分别代表地区、年份；a_0、a_{it}、ε_{it} 分别代表常数项、地区固定效应、随机变量误差项。模型变量设定及具体含义如表 3-1 所示。

表 3-1 模型变量设定及含义

变量类型	研究变量	变量含义	符号方向
被解释变量	全要素生产率（$efficiency$）	投入产出 DEA 效率	—
控制变量	全要素生产率滞后（$efficiency\_1$）	投入产出 DEA 效率滞后一期值	待定
	去产能×去库存（$output \times stock$）	去产能与去库存的交互作用	待定
	去产能×去杠杆（$output \times leverage$）	去产能与去杠杆的交互作用	待定
	去库存×去杠杆（$stock \times leverage$）	去库存与去杠杆的交互作用	待定
	去产能×去库存×去杠杆（$output \times stock \times leverage$）	去产能、去库存与去杠杆的交互作用	待定
解释变量	去产能（$output$）	利用销售产值与总产值之比替代	＋
	去库存（$stock$）	利用存货周转率表示	＋
	去杠杆（$leverage$）	利用资产负债率表示	—
	降成本（$cost$）	利用主营业务成本、税金及附加、销售费用、管理费用、财务费用之和表示	—
	补短板（$weakness$）	利用规模以上企业数量与碳排量倒数之积表示	＋

（三）数据来源及处理

本书 2000—2016 年所有变量的值均来源于国家统计局网站、各市统计局网站、前瞻数据库网站、统计年鉴分享平台及各市统计年鉴。对统计过程中部分缺少的数据，采用线性插值法补齐。具体分支行业的描述性统

计参见表3-2、3-3、3-4。

表3-2 纺织业数据统计性描述

变量	平均值	标准差	最小值	最大值	观测值
去产能	0.977	0.055	0.369	1.147	153
去库存	2.438	0.805	1.086	3.954	153
去杠杆	0.776	0.057	0.519	0.907	153
降成本	324.264	209.946	4.380	913.714	153
补短板	0.025	0.013	0.007	0.140	153

表3-3 纺织服装服饰业数据统计性描述

变量	平均值	标准差	最小值	最大值	观测值
去产能	0.992	0.020	0.942	1.076	153
去库存	2.897	1.246	0.801	5.200	153
去杠杆	0.772	0.071	0.203	0.880	153
降成本	343.876	200.084	7.910	806.008	153
补短板	0.058	0.054	0.019	0.684	153

表3-4 皮革毛皮羽毛制鞋业数据统计性描述

变量	平均值	标准差	最小值	最大值	观测值
去产能	0.988	0.028	0.749	1.142	153
去库存	2.902	1.284	0.829	6.387	153
去杠杆	0.796	0.185	0.316	1.810	153
降成本	294.571	167.644	2.718	691.849	153
补短板	0.057	0.062	0.026	0.776	153

第一，各分支行业之间"三去一降一补"能力存在差异。一方面，纺织服装服饰业去产能水平最高，销售产值与产值之比为0.992；同时行业去成本方面表现为年均成本值最大，为343.876；行业补短板能力最强，年均创新水平为0.058。另一方面，皮革毛皮羽毛制鞋业去库存水平最

高，存货周转率为 2.902；同时杠杆率水平最高，年均资产负债比为 0.796。

第二，各市之间各分支行业内部"三去一降一补"存在差异。各市之间，皮革毛皮羽毛制鞋业的供给侧改革能力内部差异最大，表征为各变量的标准差较其他分支行业均较大；纺织业的供给侧改革能力内部差异最小，表征为各变量的标准差较其他分支行业均偏小。

第三，各市皮革毛皮羽毛制鞋业补短板能力存在巨大差距。纺织业和纺织服装服饰业供给侧改革因子内部差异均较小，表现为各个因子值均向均值靠拢；皮革毛皮羽毛制鞋业供给侧改革因子中除补短板因子外，其他因子也均向各自均值靠拢。皮革毛皮羽毛制鞋业补短板中，标准差大于均值，说明各市补短板值离其均值较远，反映各市之间该分支行业创新能力的巨大差异。

（四）湾区纺织服装行业供给侧改革效果评价

1. 行业供给侧改革现状分析

粤港澳大湾区中深圳和广州在纺织服装方面发展最为典型。本书对深圳和广州纺织服装行业供给侧的发展情况进行了对比，以期反映湾区行业发展的典型概况。

（1）资本存量比较。

进入 21 世纪后，深圳规模以上纺织服装行业资本存量经历了两波上升和下降（如图 3-2 所示）。2000—2016 年，纺织服装服饰业资本存量均值约为 28 亿元，纺织业资本存量约为 19 亿元，皮革毛皮羽毛制鞋业资本存量约为 18 亿元。其中，2007 年、2015 年为纺织服装行业资本存量的两次波峰期，造成该现象的原因是全球金融危机爆发前的经济景气支撑和我国应对金融危机的宽松货币政策释放效应。最近几年，深圳纺织服装行业资本存量呈下降企稳趋势，接近历史均值水平。从中可以看出，深圳规模以上纺织服装行业易受经济周期和货币流动性影响。

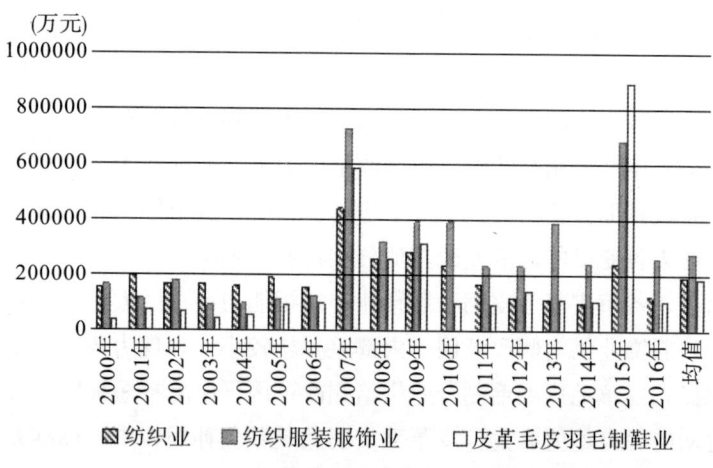

图3-2 深圳规模以上纺织服装行业资本存量

同期,广州规模以上纺织服装行业资本存量呈现倒U型走势(如图3-3所示)。广州纺织业、纺织服装服饰业、皮革毛皮羽毛制鞋业的资本存量分别为48亿元、27亿元、21亿元,该行业资本存量水平显著高于深圳。与深圳资本存量结构不同的是,广州纺织业资本存量明显高于深圳、纺织服装服饰业资本存量与深圳相当,皮革毛皮羽毛制鞋业资本存量略高于深圳。以2008年金融危机全面爆发为时间转折点,2000—2008年,广州各资本存量呈上升态势;2008—2016年,各资本存量呈下降态势。近几年,广州优势的纺织业资本存量已低于历史平均水平,广州规模以上纺织服装行业资本存量底部是否筑牢依然存在不确定性。

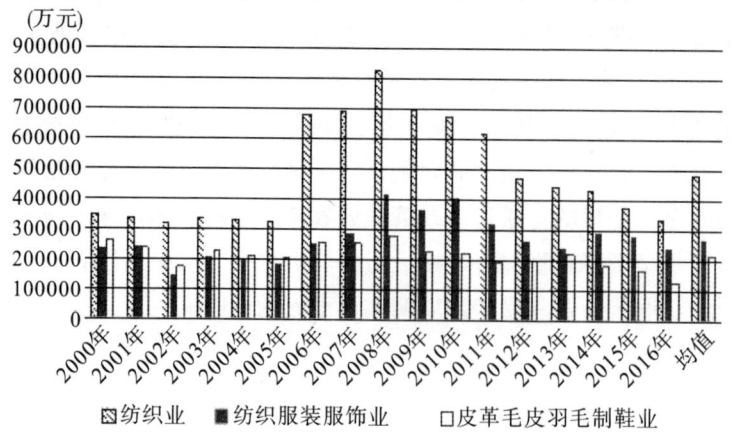

图3-3 广州规模以上纺织服装行业资本存量

(2) 年末就业人数比较。

深圳规模以上纺织服装行业就业人数稳中趋降（如图3-4所示）。2010年纺织业年末就业人数最多，约为2.4万人；2013年纺织服装服饰业年末就业人数最多，约为9.4万人；2013年皮革毛皮羽毛制鞋业人数最多，约为5.5万人。2016年深圳规模以上纺织业、纺织服装服饰业、皮革毛皮羽毛制鞋业的年底在岗职工数分别为9964人、68036人、33566人，略高于历史平均水平。由于该行业企业大多为私营外资企业，近年来面临行业突围困境，减员增效成为行业企业降成本的首要措施。这也解释了近年来该行业人员流动性大的现象。

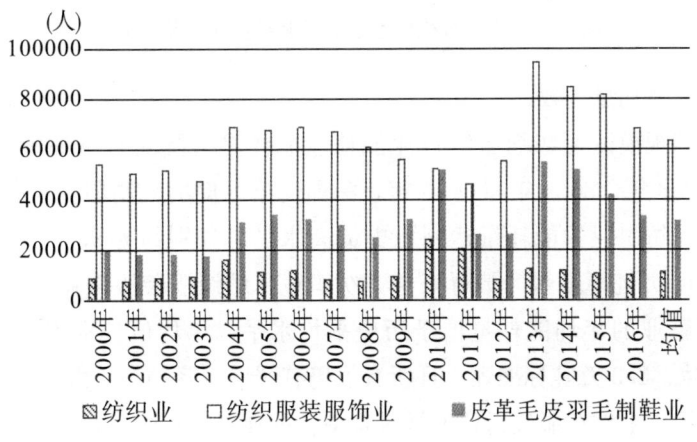

图3-4 深圳规模以上纺织服装行业年末就业人数

广州规模以上纺织服装行业总体就业人数相对平稳（如图3-5所示）。广州纺织业、纺织服装服饰业、皮革毛皮羽毛制鞋业的年末就业人数均值为2.5万人、5.5万人、5.4万人，近年来纺织业就业人数相对可观，但其他行业就业率均低于历史平均水平。广州与深圳在纺织服装行业的就业人数上存在时间非对称性。深圳在2010年、2013年，而广州在2011年、2012年达到行业就业人数峰值，且广州纺织业、纺织服装服饰业、皮革毛皮羽毛制鞋业的就业人数最高，分别约为5万人、7万人、7.7万人。就业结构上，深圳在纺织服装服饰业领域的创造就业能力高于广州，但在纺织业、皮革毛皮羽毛制鞋业上就业人数远低于广州。总体来说，广州行业总就业容纳力高于深圳。

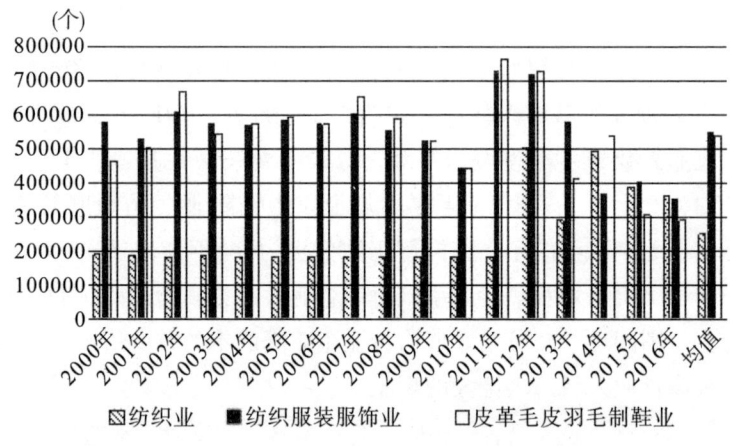

图 3-5 广州规模以上纺织服装行业年末就业人数

(3) 能耗量比较。

深圳规模以上纺织服装行业能耗量总体呈下降走势（如图 3-6 所示）。2008 年、2009 年和 2010 年，深圳皮革毛皮羽毛制鞋业、纺织服装服饰业、纺织业的能耗量达到历史最高水平，分别约为 9.5 万吨、18.9 万吨、11 万吨标准煤。最近 5 年，纺织业、纺织服装服饰业、皮革毛皮羽毛制鞋业的年均能耗量低于历史平均水平，年均值分别为 2.7 万吨、4.9 万吨、2.3 万吨标准煤，且所有值仍有缓慢下降趋势。由此可以看出，深圳规模以上纺织服装行业发展过程中，能耗日益减少，行业在环境效益上日益呈现良性趋势。

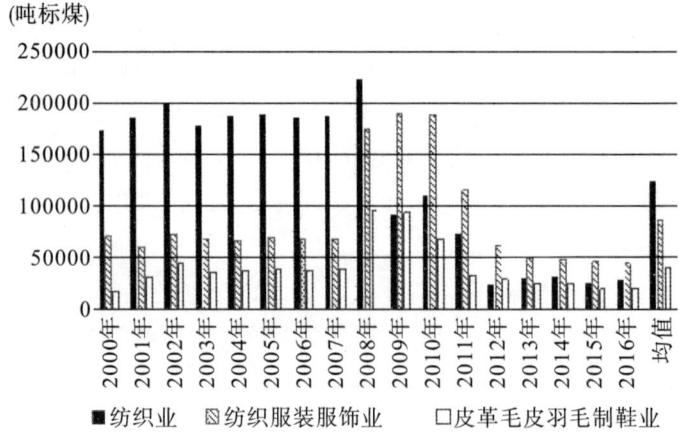

图 3-6 深圳规模以上纺织服装行业能耗量

广州规模以上纺织服装行业能耗量稳中有降（如图3-7所示）。广州能耗量远高于深圳。其中，纺织业能耗量最大，以百万吨标煤为数量级，年均消耗值为156万吨标煤，2013年甚至达到813万吨标煤。具体而言，广州纺织业年均能耗量约为深圳的12.5倍，纺织服装服饰业年均能耗量约为深圳的3.9倍，皮革毛皮羽毛制鞋业年均能耗量约为深圳的3倍。最近3年，广州各行业能耗量呈平稳下降趋势，但均值依然较深圳平均水平高，这说明广州在规模以上纺织服装行业的减排方面与深圳存在较大差距。

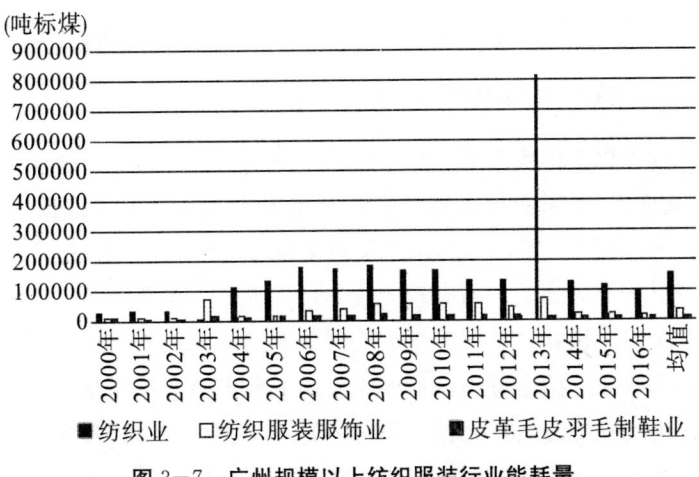

图3-7 广州规模以上纺织服装行业能耗量

（4）年人均工资水平比较。

深圳规模以上纺织服装行业年人均工资水平维持上涨趋势（如图3-8所示）。2000—2016年，深圳纺织业、纺织服装服饰业、皮革毛皮羽毛制鞋业的年人均工资水平分别从1.6万元、1.3万元、1.1万元上升到6.1万元、5.5万元、4.7万元，增速分别为16.5%、19.1%、19.0%。总体而言，规模以上纺织服装行业工资基数较低，但年增长速度高于经济增长速度。未来深圳该行业工资水平有望继续提高。

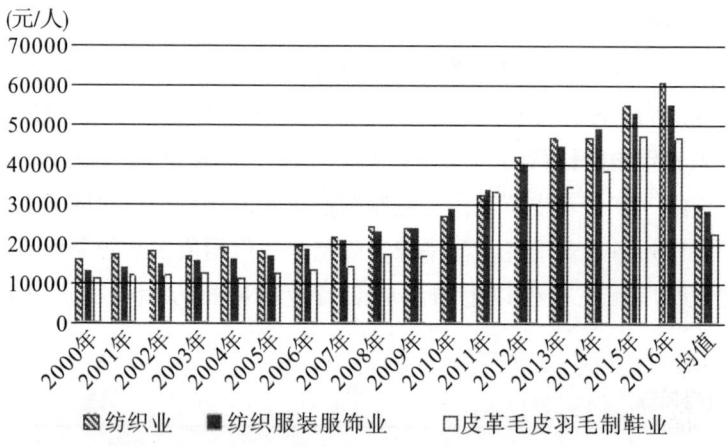

图 3-8　深圳规模以上纺织服装行业年人均工资水平

广州规模以上纺织服装行业年人均工资水平呈非对称性增长态势（如图 3-9 所示）。纺织业年人均工资水平爆发性增长明显，2012 年、2013 年、2015 年和 2016 年，纺织业的人均工资在 12 万元～15 万元，较以往平均工资低于 2 万元的局面有较大改善，且远高于深圳同期工资水平。同时，纺织服装服饰业、皮革毛皮羽毛制鞋业的年人均工资水平呈现轻微上涨态势，近年来这两个分支行业的年人均工资水平与深圳旗鼓相当，年人均工资水平均在 4 万～5 万元。整体而言，广州规模以上纺织服装行业年人均工资水平增速低于深圳，但优势项目的年人均工资水平与深圳相比优势也很明显。

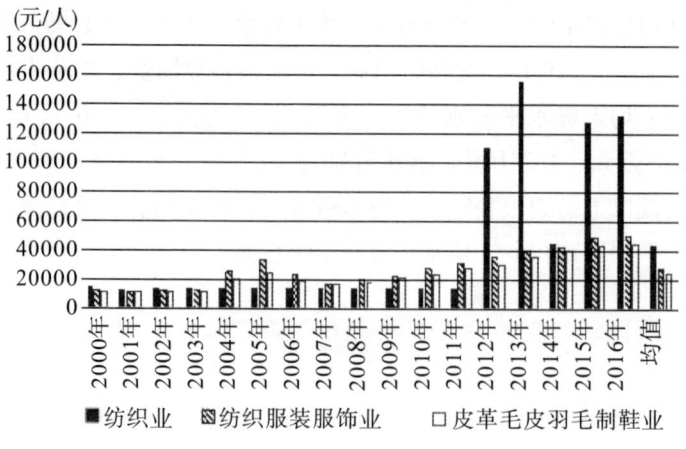

图 3-9　广州规模以上纺织服装行业年人均工资水平

(5) 产值比较。

深圳规模以上纺织服装行业产值整体呈现增长趋势（如图3－10所示）。纺织业、纺织服装服饰业、皮革毛皮羽毛制鞋业的产值分别由2000年的32亿元、50亿元、18.7亿元上升到2016年的87亿元、215.9亿元、114.9亿元，其中深圳纺织服装服饰业、皮革毛皮羽毛制鞋业的产值分别增加3.3倍、5.1倍。近年来，行业整体产值呈轻微波动下滑态势，但总体上远高于历史平均水平。因此，深圳规模以上纺织服装行业的产值相对还算稳定。

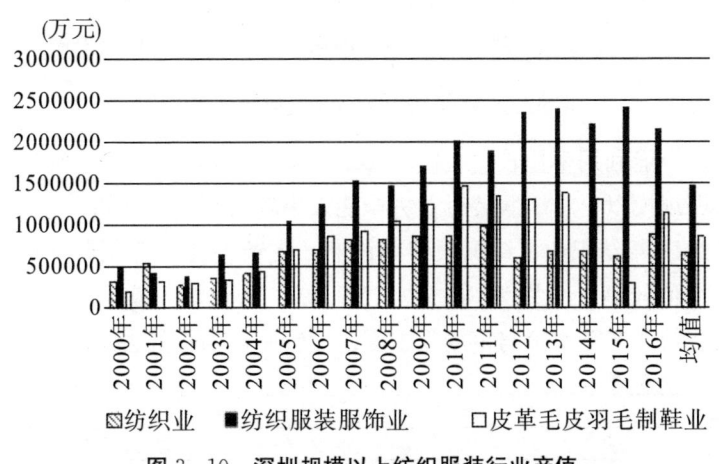

图3－10 深圳规模以上纺织服装行业产值

广州规模以上纺织服装行业产值先扬后抑趋势明显（如图3－11所示）。以2013年为拐点，2000—2013年三个子行业产值均处于上涨趋势；2013—2016年纺织服装服饰业产值下滑趋势明显，而纺织业、皮革毛皮羽毛制鞋业产值出现轻微下降走势。此外，广州、深圳均以纺织服装服饰业产值占主导，在全盛时期，广州该行业总产值仍为深圳的2倍；广州规模以上纺织服装行业总产值水平远高于深圳，即使在行业相对萧条的2016年，其总产值仍为深圳的2.2倍。总体上，相比深圳小而稳的特点，广州规模以上纺织服装行业产值较大但波动性明显。

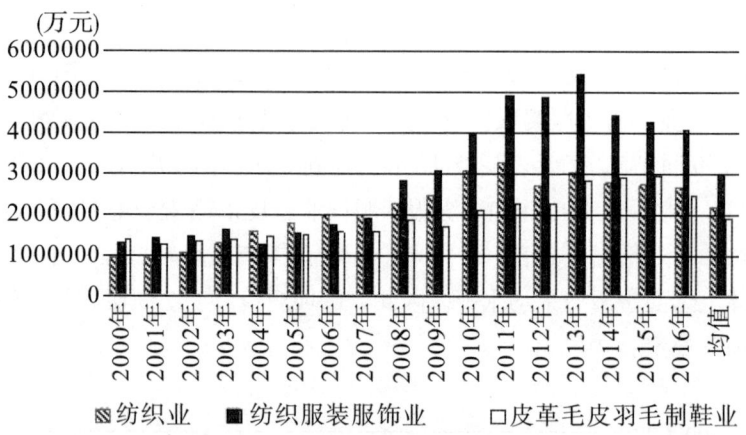

图3-11 广州规模以上纺织服装行业产值

(6) 产能利用率比较。

深圳规模以上纺织服装行业去产能效果较为明显（如图3-12所示）。2000—2016年纺织业、纺织服装服饰业、皮革毛皮羽毛制鞋业的产能利用率平均值较高，分别为96.5%、97.1%、99.4%，说明深圳规模以上纺织服装行业产能水平与市场需求度匹配较好，面临的去产能压力较小。

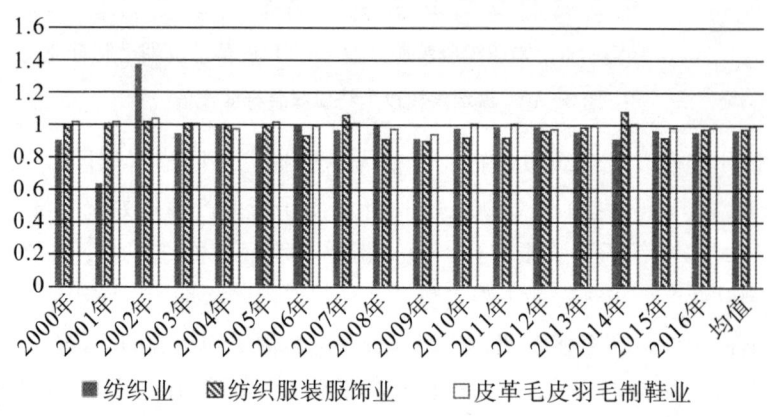

图3-12 深圳规模以上纺织服装行业产能利用率

广州规模以上纺织服装行业去产能效果整体略低于深圳（如图3-13所示）。2000—2016年，纺织业、纺织服装服饰业、皮革毛皮羽毛制鞋业的产能利用率均值分别为97.7%、97.9%、98.1%，前两者产能利用率比深圳高，最后一项产能利用率比深圳低。这反映出广州该行业产能利用水平与市场需求匹配度较高，但总体上稍逊于深圳产能利用水平。

三、时尚创意产业供给侧改革效果评价：企业满意度

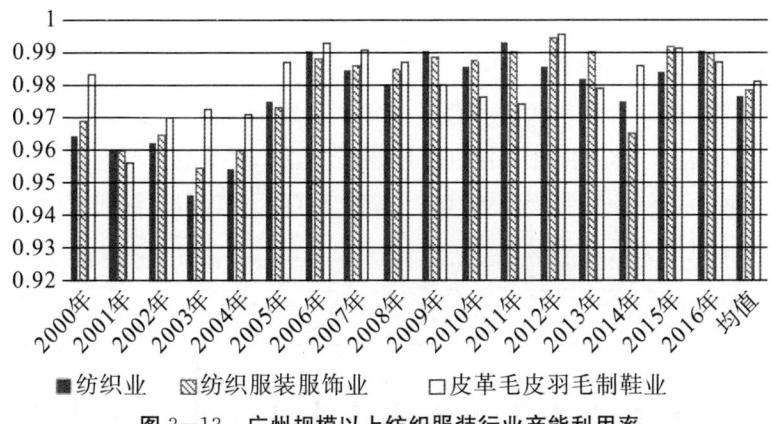

图 3-13　广州规模以上纺织服装行业产能利用率

（7）存货周转率比较。

深圳规模以上纺织服装行业相比历史较高水平而言仍存在一定的去库存压力。存货周转率越大反映行业库存水平越低。以 2012—2016 年为例，纺织业、纺织服装服饰业的存货周转率分别为 1.4、1.5（如图 3-14 所示），低于历史最高水平 2.2、2.5。因此，近年来深圳纺织业、纺织服装服饰业的去库存压力相对较大。但 2016 年皮革毛皮羽毛制鞋业的存货周转率放量增长，达到历史最高水平 6.6，说明该分支行业去库存压力较小。总体而言，深圳纺织服装服饰业去库存压力较大、皮革毛皮羽毛制鞋业去库存压力非常小。

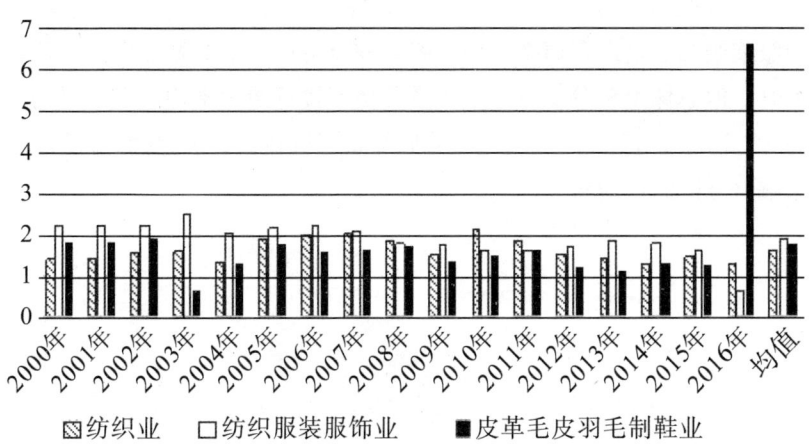

图 3-14　深圳规模以上纺织服装行业存货周转率

广州规模以上纺织服装行业维系相对较好的去库存水平，行业总体去库存压力不大（如图3-15所示）。2010—2013年，广州各分支行业的存货周转率均达到峰值，随后各存货周转率出现下滑，但近几年企稳回升，已接近历史平均水平。相比深圳，广州纺织业、皮革毛皮羽毛制鞋业去库存压力较小，纺织服装服饰业存在一定去库存压力，但比深圳该分支行业的压力小且压力逐渐消融。

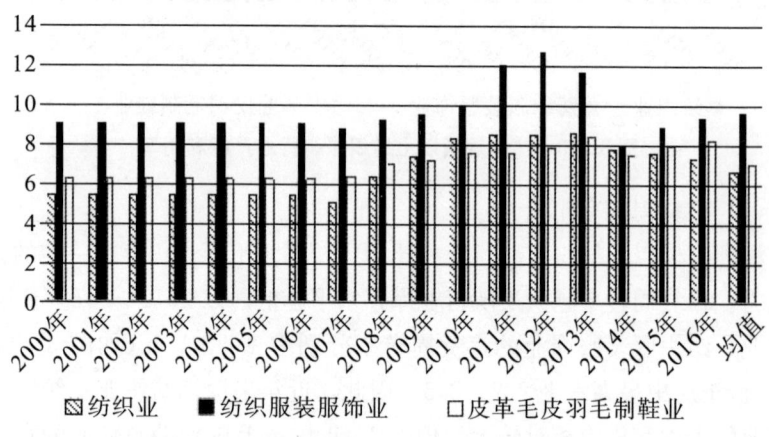

图3-15　广州规模以上纺织服装行业存货周转率

(8) 资产负债率水平比较。

深圳规模以上纺织服装行业资产负债率接近历史平均水平，行业风险初步显现（如图3-16所示）。近年来，深圳纺织业资产负债率轻微上升，纺织服装服饰业资产负债率轻微下降，皮革毛皮羽毛制鞋业资产负债率明显上升。但总体上各分支行业的资产负债率接近历史平均水平，平均值分别为45.2%、51.8%、39.8%，说明深圳该行业资产负债率已经存在一定金融财务隐患，需警惕。

三、时尚创意产业供给侧改革效果评价：企业满意度

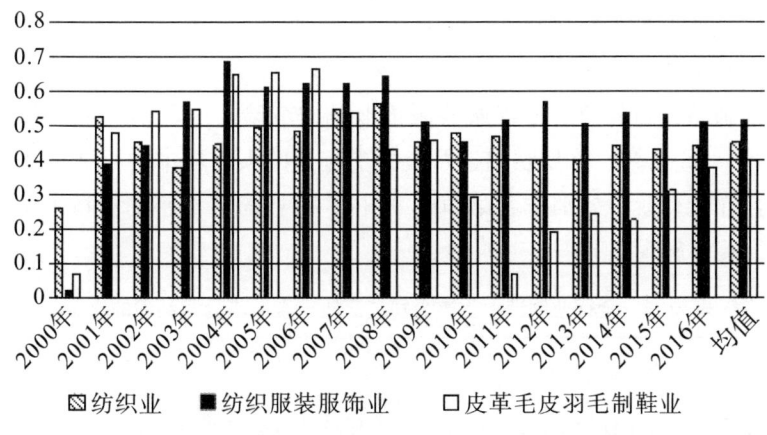

图 3-16 深圳规模以上纺织服装行业资产负债率水平

广州规模以上纺织服装行业杠杆率维持历史上的较稳定水平，行业风险可控（如图 3-17 所示）。金融危机后，纺织业、纺织服装服饰业、皮革毛皮羽毛制鞋业的资产负债率分别为 50.2%、57.1%、61.3%。尽管这些数值大于深圳同期同分支行业的资产负债率，但由于这些数值若干年一直保持稳定，说明广州对该行业发展已具备相应的风险把控能力。

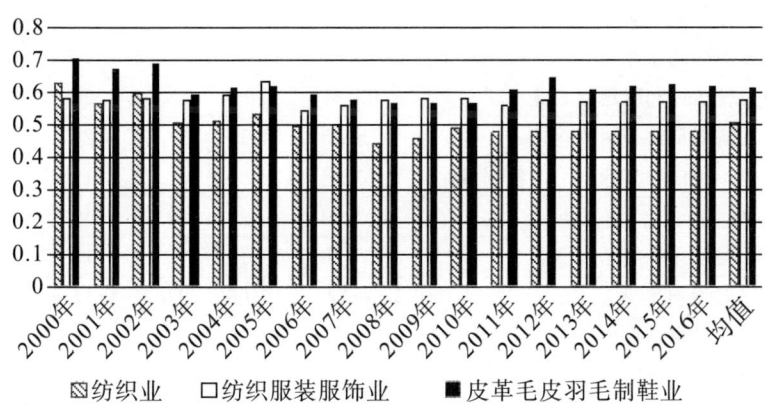

图 3-17 广州规模以上纺织服装行业资产负债率水平

（9）总开销成本比较。

中国纺织业成本较大一部分来源于人力成本，纺织服装服饰业、皮革毛皮羽毛及其制品和制鞋业人力成本相对较小（见表 3-5）。按 2014—2016 年不同行业制造业上市公司成本与利润的比率进行成本摊销比较后发现，纺织业"五险一金"与利润的比值为 35.83%，仅次于黑色金属冶

炼及压延加工业（56.20%）、造纸及纸制品业（41.86%），这反映出该行业人力成本开销相对较大，行业劳动密集型特性明显。而同期皮革毛皮羽毛及其制品和制鞋业、纺织服装服饰业的"五险一金"与利润比值仅为13.4%、12.68%，这反映出这两个分支行业的人力成本占行业成本开销不大，在全行业中分别排名第20、22位，行业向资本密集和技术密集转型潜力相对较大。

表3-5 全行业制造业上市公司"五险一金"与公司利润的比率

全行业划分	2014年（%）	2015年（%）	2016年（%）	均值（%）	排名
黑色金属冶炼及压延加工业	81.63	42.73	44.23	56.20	1
造纸及纸制品业	37.29	38.88	49.41	41.86	2
纺织业	28.37	20.17	58.96	35.83	3
铁路、船舶、航空航天和其他运输设备	37.51	32.62	36.32	35.48	4
专用设备制造	18.89	43.03	35.28	32.40	5
木材加工及木、竹、藤、棕、草制品业	22.80	17.37	50.65	30.27	6
石油加工、炼焦及核燃料加工业	48.97	11.95	19.23	26.72	7
汽车制造	22.79	30.25	22.45	25.16	8
通用设备制造	40.40	13.56	17.76	23.91	9
橡胶和塑料制品业	15.84	24.78	22.94	21.19	10
有色金属冶炼和压延加工业	26.87	9.86	23.56	20.10	11
酒、饮料喝精致茶制造业	28.45	14.19	17.66	20.10	12
计算机、通信和其他电子设备制造业	20.96	22.00	15.24	19.40	13
金属制品业	13.80	20.26	12.10	15.39	14
化学原料及化学制品制造业	15.26	15.19	15.14	15.20	15
非金属矿物制品业	9.22	12.05	22.71	14.66	16
印刷和记录媒介复制业	16.92	17.75	9.23	14.63	17
农副食品加工业	12.47	10.90	18.76	14.04	18
文教、工美、体育和娱乐用品制造业	13.11	20.46	7.75	13.77	19
医药制造业	13.65	11.68	15.14	13.49	20
皮革毛皮羽毛及其制品和制鞋业	8.67	15.92	15.71	13.43	21
食品制造业	19.98	11.01	8.99	13.33	22
纺织服装服饰业	13.74	13.42	10.88	12.68	23
仪器仪表制造业	10.00	10.29	14.61	11.63	24
化学纤维制造业	7.12	13.12	9.55	9.93	25

三、时尚创意产业供给侧改革效果评价：企业满意度

续表3—5

全行业划分	2014年(%)	2015年(%)	2016年(%)	均值(%)	排名
电气机械和器材制造业	7.38	12.43	9.42	9.74	26
家具制造业	5.51	5.38	6.64	5.84	27
其他制造业	4.36	4.84	4.23	4.48	28
废弃资源综合利用业	—	3.81	3.65	3.73	29

资料来源：唐大杰等：《民企税负痛感的来源及对策》，载《改革内参》，2018—10—16。

深圳规模以上纺织服装行业的总开销成本总体上处于增长态势（如图3—18所示）。2000—2016年，纺织业、纺织服装服饰业、皮革毛皮羽毛制鞋业的总成本分别增加1.3倍、1.5倍、2.7倍。2016年三个分支行业的总开销成本分别接近历史平均水平，平均值为69.6亿元、136.1亿元、82.6亿元。需要注意的是，2016年纺织服装服饰业的成本相比前几年下降较明显，可能受行业发展严冬期影响及各项成本花销缩减所致。

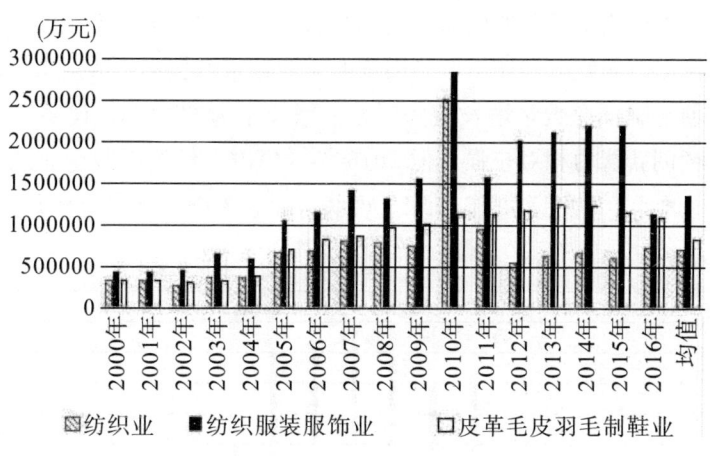

图3—18 深圳规模以上纺织服装行业总开销成本

广州规模以上纺织服装行业的总开销成本呈现先升后降的态势，成本底部尚未完全筑牢（如图3—19所示）。2011—2013年，广州该行业总成本基本达到峰值，随后出现缓慢下降走势，2016年各分支行业总开销成本从左至右分别为219.2亿元、354亿元、218.1亿元，且三者成本均高于历史平均水平，说明行业成本下降仍有空间。与深圳相比，广州规模以上纺织服装行业由于体量大，其总成本开销远高于深圳。

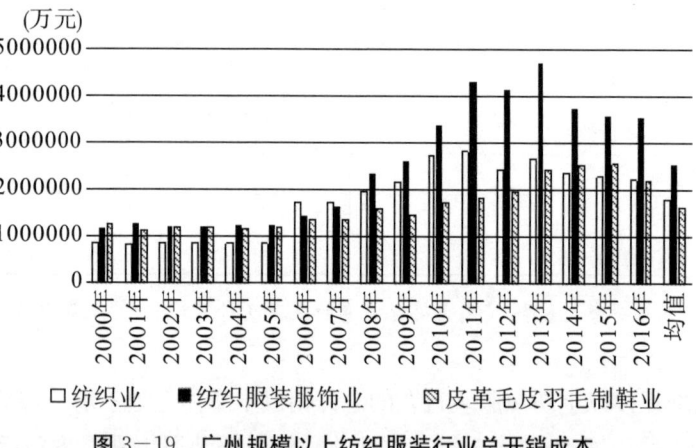

图 3—19 广州规模以上纺织服装行业总开销成本

(10) 创新能力比较。

相比 2005—2010 年行业发展黄金时期，目前深圳规模以上纺织服装行业数量已经锐减（如图 3—20 所示）。对纺织服装行业而言，规模以上行业企业相比普通中小企业创新实力更强，因此规模以上纺织服装行业企业数量可以作为衡量行业创新能力的指标之一。与 2000 年相比，2016 年深圳规模以上纺织业和纺织服装服饰业企业数量增长不是特别明显，但皮革毛皮羽毛制鞋业数量增长较为明显，增长率为 65.4%，说明该分支行业可持续创新能力相对较强。但 2016 年规模以上纺织服装企业总数量为 313 家，远低于 2008 年的 632 家，说明行业总体创新能力仍有提升空间。

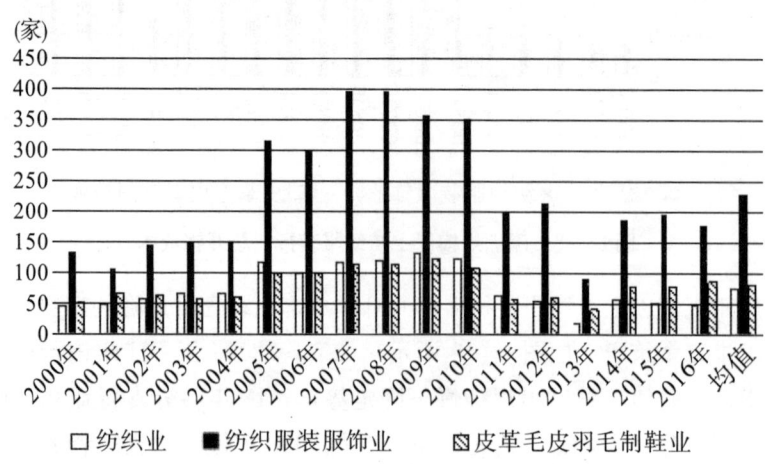

图 3—20 深圳规模以上纺织服装行业企业数量

三、时尚创意产业供给侧改革效果评价：企业满意度

相比金融危机前后，深圳规模以上纺织服装行业的碳排放量大幅减少（如图3-21所示）。2008年、2009年纺织业、纺织服装服饰业、皮革毛皮羽毛制鞋业的碳排放量分别达到历史最高水平，分别为59.4万吨、50.3万吨、25.2万吨。2012—2016年三个分支行业碳排放量大幅减少，尤其2016年三者碳排放量分别为7.5万吨、11.6万吨、5.1万吨，达到历史最低水平。这反映出深圳纺织服装行业在践行生态文明和碳减排方面成绩卓著，碳排放量减少是显示行业创新能力增强的重要指标之一。

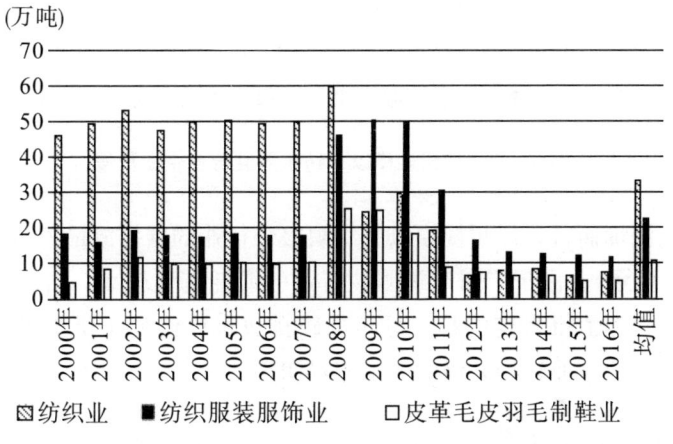

图3-21 深圳规模以上纺织服装行业碳排放量

广州规模以上纺织服装行业企业数量虽然总量相比高峰期有所下降，但近年来回归到历史平均水平（如图3-22所示）。2008—2010年，纺织服装行业企业数量达到峰值，总量分别为1546家、1459家、1464家，2016年纺织服装行业企业总量仅为969家，规模以上企业减少约1/3，目前该行业规模以上企业数量已与历史平均水平相当。相比深圳而言，广州规模以上纺织服装企业数量仍占绝对优势。

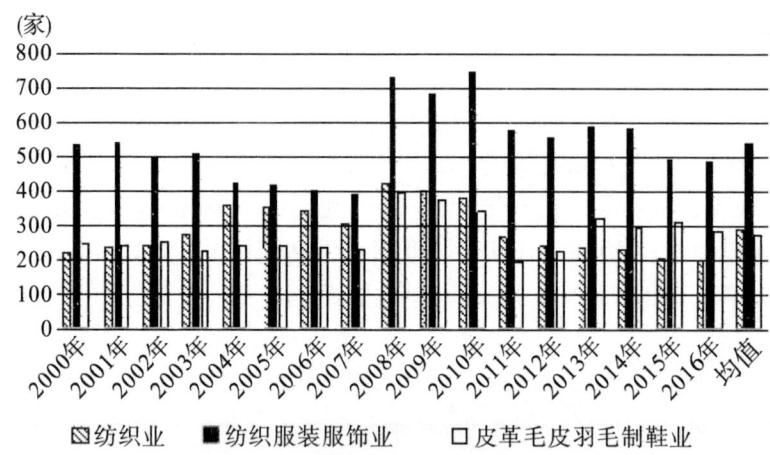

图 3-22 广州规模以上纺织服装行业企业数量

相比深圳而言,广州规模以上纺织服装行业的碳排放量依然偏大(如图 3-23 所示)。由于广州纺织服装行业的能耗基数较大,折算成碳排放量也较大。但值得肯定的是,近年来碳排放量已经处于历史平均水平以下,反映行业企业转型升级的效果相对明显。

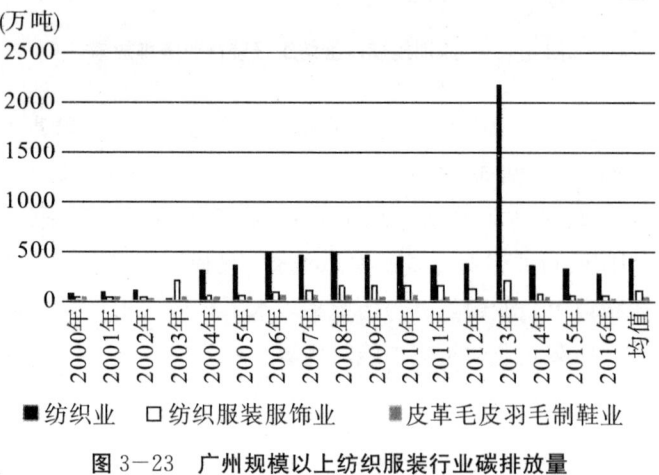

图 3-23 广州规模以上纺织服装行业碳排放量

综合以上分析,纺织服装行业供给侧改革及效果存在区域差异和行业内部差异。第一,不同地方的改革效果存在差异。深圳供给侧改革效果总体好于广州,表 3-6 显示,供给侧改革富有成效的色块,深圳拥有 20 个,广州拥有 16 个。第二,行业内部的改革效果也存在差异。深圳的纺织服装服饰业改革优于其他两个分支行业，前者拥有 8 个色块，后两者分别拥有 5 个和 7 个色块；广州的纺织业改革优于其他两个分支行业，前者拥有 6 个色块，后两者均只有 5 个色块。第三，所有改革项中，工资水平、创新能力和能耗的改善受到一致认同。深圳、广州分支行业的工资水平、创新能力的色块均被填满，而能耗也仅有一个色块没被填满，这反映了工资水平、创新能力和能耗的改革卓有成效。

表 3-6 2016 年相比 2012 年各项指标趋势：供给侧改革的直观效果

分支行业	深圳			广州			分支行业	深圳			广州		
	纺织业	纺织服装服饰业	皮革毛皮羽毛制鞋业	纺织业	纺织服装服饰业	皮革毛皮羽毛制鞋业		纺织业	纺织服装服饰业	皮革毛皮羽毛制鞋业	纺织业	纺织服装服饰业	皮革毛皮羽毛制鞋业
资本存量	↑	↑	↓	↓	↓	↓	产能利用	↓	↑	↑	↓	↓	↓
就业人数	↑	↑	↓	↓	↓	↓	库存水平	↓	↓	↓	↓	↓	↑
能源消耗	↑	↓	↓	↓	↓	↓	杠杆率	↓	↓	↓	↓	↓	↓
工资水平	↑	↑	↑	↑	↑	↑	成本	↓	↓	↓	↓	↓	↑
行业产值	↑	↓	↓	↓	↓	↑	创新能力	↑	↑	↑	↑	↑	↑

注：向上和向下箭头分别代表增加和下降。色块及箭头构成代表供给侧改革取得有益成效。定义创新能力＝碳排放量倒数×规模以上企业数量。该乘积值越大说明行业创新能力越强，反之则越小。

2. 行业效率测度及分解分析

（1）劳动生产率比较。

广深莞地区纺织服装行业劳动生产率相对处于较高水平。劳动生产率表示生产单位产品消耗的时间，生产单位产品所需要的劳动时间越少，劳动生产率就越高。具体操作中，采用全员劳动生产率＝工业企业增加值÷总人数，以反映行业企业的生产效率（如图 3-24 所示）。

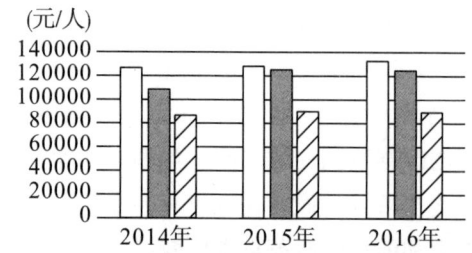

(a) 广州纺织服装行业劳动生产率

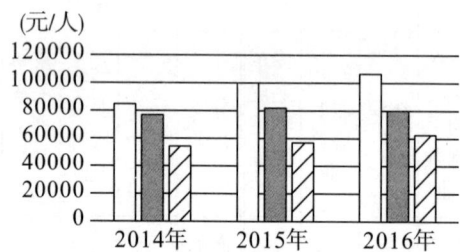

(b) 东莞纺织服装行业劳动生产率

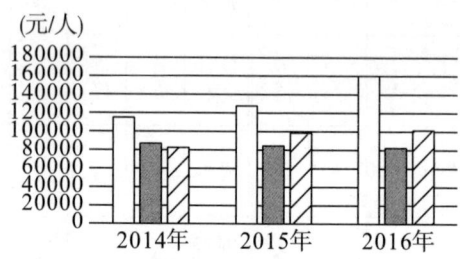

(c) 深圳纺织服装行业劳动生产率

图 3-24 广深莞地区纺织服装行业的劳动生产率比较

广州全行业劳动生产率最高，深圳的纺织业和皮革毛皮羽毛制鞋业劳动生产率最高。第一，2014—2016 年这三年，广州、深圳纺织服装行业劳动生产率相近。广州、深圳、东莞的全行业劳动生产率均值从高到低分别为 115378.33 元/人、113926.33 元/人、83338.67 元/人。第二，深圳纺织业和皮革毛皮羽毛制鞋业的劳动生产率均显著高于广州和东莞。2014—2016 年这三年深圳、广州、东莞的纺织业劳动生产率均值从高到低依次为 133596.33 元/人、129198 元/人、97202.67 元/人，皮革毛皮羽

三、时尚创意产业供给侧改革效果评价：企业满意度

毛制鞋业劳动生产率均值依次为 94119.67 元/人、88113.33 元/人、58255.67 元/人。第三，广州纺织服装服饰业劳动生产率明显高于深圳和东莞。2014—2016 年这三年，广州、深圳、东莞纺织服装服饰业劳动生产率由高到低分别为 119458 元/人、84956 元/人、79895.67 元/人。以上分析表明，就劳动生产率而言，广州在行业综合生产率上具有优势，深圳在分支行业上具有比较优势，东莞劳动生产率相比广州、深圳处于弱势。

广深莞地区纺织服装行业劳动生产率总体呈上升走势（如图 3-25 所示），但劣势也相应显现。第一，该区域劳动生产率表现为：纺织业＞纺织服装服饰业＞皮革毛皮羽毛制鞋业。其中，纺织业和皮革毛皮羽毛制鞋业的劳动生产率均呈上升趋势，纺织服装服饰业的劳动生产率略微呈下降趋势。2016 年，纺织业、纺织服装服饰业、皮革毛皮羽毛制鞋业的劳动生产率分别为 13.25 万元/人、9.57 万元/人、8.45 万元/人。伴随该区经济增长预期较好，纺织服装行业劳动生产率有望继续提升。第二，广深莞地区纺织服装行业全员劳动生产率处于相对尴尬境地（如图 3-26 所示）。具体表现为纺织服装行业全员劳动生产率高于全国全员劳动生产率，但低于地区全员劳动生产率。尽管全国、地区和行业全员劳动生产率均处在上升阶段，但广东省全员劳动生产率显著高于广深莞地区纺织服装行业全员劳动生产率、全国全员劳动生产率。2016 年，三者全员劳动生产率从高往低分别为 23.24 万元/人、10.42 万元/人、9.48 万元/人。以上说明，从行业来看，广深莞地区纺织服装生产率具有些微优势，但这一优势被全国生产率逼近；从地区来看，广深莞地区纺织服装生产率落后本区域生产率超 2 倍，行业吸引力大幅落后于其他行业。

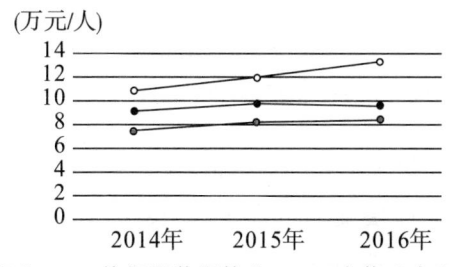

图 3-25　广深莞地区纺织服装行业劳动生产率

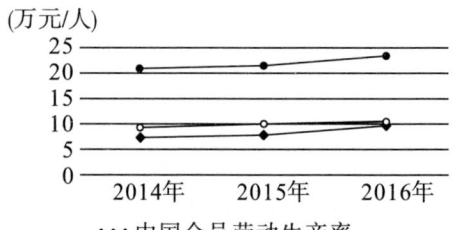

图 3—26　全员劳动生产率比较

(2) 全要素生产率比较。

首先，研究方法如下：

第一，DEA 效率测算方法。

DEA 效率测算方法的优势是既可以测定出效率值，又方便对效率产生及变化的原因进行分析。因规模报酬不变的 DEA 模型与纺织服装行业生产实际不符，纺织服装生产投入要素亦非固定不变。因此，运用基于投入方向规模报酬可变的 DEA 模型，即 BCC-DEA 模型，对纺织服装行业效率进行测算，其数学式如下：

$$\max Z_p = \sum_{j=1}^{s} U_j Y_{jp} - \alpha$$

$$\text{s.t.} \begin{cases} \sum_{i=1}^{m} V_i X_{jp} = 1 \\ \sum_{j=1}^{s} U_j Y_{jk} - \sum_{i=1}^{m} V_i X_{ik} \leqslant \alpha; k = 1, \cdots, n \\ U_j > 0; j = 1, \cdots, s \\ V_i > 0; i = 1, \cdots, m \end{cases} \quad (1)$$

式中，Z_p 表示第 p 个决策单元的效率值，Y_{jk} 表示第 k 个决策单位的第 j 项产出，X_{ik} 表示第 k 个决策单元的第 i 项投入，U_j 表示第 j 项产出的权重，V_i 表示第 i 项投入的权重。

对式 (1) 使用线性规划对偶理论，同时使用如下约束条件：

$$\sum_{k=1}^{n} \lambda_k = 1; \lambda_k \geqslant 0 \quad (2)$$

三、时尚创意产业供给侧改革效果评价：企业满意度

依据式（2）得到 BCC 对偶式，如下：

$$\min H_p = \theta_p - \varepsilon \left(\sum_{i=1}^{m} S_i^- + \sum_{j=1}^{s} S_j^+ \right)$$

$$\text{s.t.} \begin{cases} \theta_p X_{ip} - \sum_{k=1}^{n} \lambda_k X_{ik} = S_i^-; S_i^- \geqslant 0 \\ \sum_{k=1}^{n} \lambda_k Y_{jk} - Y_{jp} = S_j^+; S_j^+ \geqslant 0 \\ \sum_{k=1}^{n} \lambda_k = 1; \lambda_k \geqslant 0 \end{cases} \quad (3)$$

式中，H_p 表示第 p 个决策单元的效率值。

第二，MALQUIST 指数效率分解方法。

Fare 等（1994）将 DEA 效率分解为技术效率变化与技术变化，并进一步将技术效率变化分解为纯技术效率与规模效率①，基于投入方向的 DEA 效率最终可分解为如下形式：

$$M_0(x_t, y_t, x_{t+1}, y_{t+1}) = \frac{s_0^t(x_t, y_t)}{s_0^t(x_{t+1}, y_{t+1})} \times \frac{D_0^t(x_{t+1}, y_{t+1}/VRS)}{D_0^t(x_t, y_t/VRS)} \times \left[\frac{D_0^t(x_{t+1}, y_{t+1})}{D_0^{t+1}(x_{t+1}, y_{t+1})} \times \frac{D_0^t(x_t, y_t)}{D_0^{t+1}(x_t, y_t)} \right]^{1/2} \quad (4)$$

式（4）的意义是：等式右侧的第 1 项为规模效率项（sech），若其值大于 1，则表示要素投入改变，规模效率提高；第 2 项为纯技术效率项（pech），若其值大于 1，则表示改进了管理及效率；第 3 项为技术变化项（techch），若其值大于 1，则表示相邻年份跨越实现技术创新。

其次是效率测算与分析。

借用 DEA 及 MALQUIST 指数分解法，参照 Joshi（2010）对印度纺织服装行业企业进行的研究②，对广深莞地区纺织服装行业效率进行测算和分解。其中，投入要素为年末从业人员数、年末固定资产投资净值、年

---

① Fare R, Grosskopf S. Production Frontiers [J]. Cambridge：Cambridge University Press，1994.
② Joshi R N, Singhs P. Estimation of Total Factor Productivity in the India Garment Industry [J]. Journal of Fashion Marketing & Management，2010，14（1）：145−160.

均工资水平、全年能源投入量;产出要素为行业总产值。各价格值均以2010年为基期进行物价指数平减。

由效率变化 $effch = pech \times sech$,$tfpch = pech \times sech \times techch$ 进行如下分析:

第一,深圳纺织业全要素生产率变化取决于技术变化(见表3-7)。深圳纺织业技术效率在跨年份之间均为有效值1,没有发生实质变化;同时,技术效率的分解项规模效率和纯技术效率均为有效值1,分解项也没有发生实质变化,但技术变化实质性发生,10个跨年份中技术进步指数大于等于1,均为有效值;6个跨年份中技术进步指数小于1,均为无效值。最终均值表明,技术进步指数对全要素生产率产生决定性影响,全要素生产率指数均值为1.066。据此,2000—2016年深圳纺织业全要素生产率获得提高,增长了6.6%,且全要素生产率的提高来源于技术进步作用。

表3-7 深圳纺织业全要素生产率指数及分解

年份	技术效率	技术进步	纯技术效率	规模效率	全要素生产率
2000—2001	1	1.594	1	1	1.594
2001—2002	1	0.516	1	1	0.516
2002—2003	1	1.342	1	1	1.342
2003—2004	1	0.939	1	1	0.939
2004—2005	1	1.818	1	1	1.818
2005—2006	1	1.100	1	1	1.100
2006—2007	1	0.839	1	1	0.839
2007—2008	1	1.265	1	1	1.265
2008—2009	1	1.507	1	1	1.507
2009—2010	1	0.604	1	1	0.604
2010—2011	1	1.090	1	1	1.090
2011—2012	1	1.107	1	1	1.107
2012—2013	1	0.963	1	1	0.963
2013—2014	1	1.000	1	1	1.000
2014—2015	1	0.653	1	1	0.653
2015—2016	1	1.839	1	1	1.839
均值	1	1.066	1	1	1.066

三、时尚创意产业供给侧改革效果评价：企业满意度

同理，深圳纺织服装服饰业全要素生产率的提高也取决于技术进步（见表3-8）。跨年份中，技术效率及其分解项均为有效值1，均没有发生实质改变。同时，技术进步实质性发生，9个跨年份中技术进步指数值大于1的为有效值；7个跨年份中技术进步指数小于1的为无效值。总体而言，2000—2016年，技术进步指数均值为1.054，对全要素生产率提高起着决定作用。因此，深圳纺织服装服饰业全要素生产率获得了进步，增长了5.4%，且主要取决于技术进步原因。

表3-8 深圳纺织服装服饰业全要素生产率指数及分解

年份	技术效率	技术进步	纯技术效率	规模效率	全要素生产率
2000—2001	1	0.989	1	1	0.989
2001—2002	1	0.719	1	1	0.719
2002—2003	1	2.344	1	1	2.344
2003—2004	1	0.845	1	1	0.845
2004—2005	1	1.487	1	1	1.487
2005—2006	1	1.104	1	1	1.104
2006—2007	1	0.520	1	1	0.520
2007—2008	1	1.071	1	1	1.071
2008—2009	1	1.142	1	1	1.142
2009—2010	1	0.996	1	1	0.996
2010—2011	1	1.132	1	1	1.132
2011—2012	1	1.549	1	1	1.549
2012—2013	1	0.869	1	1	0.869
2013—2014	1	1.125	1	1	1.125
2014—2015	1	0.658	1	1	0.658
2015—2016	1	1.413	1	1	1.413
均值	1	1.054	1	1	1.054

同理，深圳皮革毛皮羽毛制鞋业全要素生产率的提高也取决于技术进步（见表3-9）。跨年份中，技术效率及其分解项均为有效值1，没有发生实质性改变。同时，技术进步实质性发生，有10个跨年份技术进步指数值均为大于1的有效值；有6个跨年份技术进步指数为小于1的无效

值。总体而言，2000—2016年，技术进步指数均值为1.010，对全要素生产率提高起着决定性作用。因此，深圳皮革毛皮羽毛制鞋业全要素生产率获得了进步，增长了1%，且可归因于技术的进步。

表3-9 深圳皮革毛皮羽毛制鞋业全要素生产率指数及分解

年份	技术效率	技术进步	纯技术效率	规模效率	全要素生产率
2000—2001	1	1.247	1	1	1.247
2001—2002	1	0.841	1	1	0.841
2002—2003	1	1.389	1	1	1.389
2003—2004	1	1.037	1	1	1.037
2004—2005	1	1.238	1	1	1.238
2005—2006	1	1.198	1	1	1.198
2006—2007	1	0.453	1	1	0.453
2007—2008	1	1.264	1	1	1.264
2008—2009	1	1.067	1	1	1.067
2009—2010	1	1.326	1	1	1.326
2010—2011	1	1.034	1	1	1.034
2011—2012	1	0.839	1	1	0.839
2012—2013	1	0.812	1	1	0.812
2013—2014	1	0.939	1	1	0.939
2014—2015	1	0.085	1	1	0.085
2015—2016	1	11.497	1	1	11.497
均值	1	1.010	1	1	1.010

综上所述，深圳纺织服装行业全要素生产率均取得实质性进步，且都归因于技术进步。深圳纺织业全要素生产率增长率最高，其次是纺织服装服饰业和皮革毛皮羽毛制鞋业。其中，前者年均增长率分别为0.004%，后两者年均增长率为0.003%、0.001%，这说明全要素生产率年均增速相对缓慢，即年均技术进步相对缓慢。

第二，广州纺织业全要素生产率变化取决于效率变化因素（见表3-10）。一方面，技术进步指数不升反降。6个跨年份技术进步指数为小于1的无效值，10个跨年份技术进步指数为大于1的有效值。另一方面，规模效率指数及其分解值没有发生实质性变化，均为有效值1，对全要素生产率起稳固作用。总体而言，广州纺织业全要素生产率出现下降趋势，2000—2016年生产率下降6.9%。

表3-10 广州纺织业全要素生产率指数及分解

年份	技术效率	技术进步	纯技术效率	规模效率	全要素生产率
2000—2001	1	0.908	1	1	0.908
2001—2002	1	1.158	1	1	1.158
2002—2003	1	7.122	1	1	7.122
2003—2004	1	0.117	1	1	0.117
2004—2005	1	1.039	1	1	1.039
2005—2006	1	0.776	1	1	0.776
2006—2007	1	1.018	1	1	1.018
2007—2008	1	1.031	1	1	1.031
2008—2009	1	1.182	1	1	1.182
2009—2010	1	1.268	1	1	1.268
2010—2011	1	1.190	1	1	1.190
2011—2012	1	0.329	1	1	0.329
2012—2013	1	0.658	1	1	0.658
2013—2014	1	1.612	1	1	1.612
2014—2015	1	0.656	1	1	0.656
2015—2016	1	1.057	1	1	1.057
均值	1	0.931	1	1	0.931

同理，广州纺织服装服饰业全要素生产率进步中，技术进步起决定作用（见表3-11）。跨年期间，技术效率及其分解项均为有效值1，技术效率没有发生实质性改变。同时，12个跨年份中技术进步指数均为大于1的有效值，4个跨年份技术进步指数为小于1的无效值。2000—2016年的技术进步指数均值为1.026，技术获得实质性提高。由此，全要素生产率指数同步提高2.6个百分点，行业技术进步起决定作用。

表3-11 广州纺织服装服饰业全要素生产率指数及分解

年份	技术效率	技术进步	纯技术效率	规模效率	全要素生产率
2000—2001	1	0.667	1	1	0.667
2001—2002	1	1.255	1	1	1.255
2002—2003	1	0.421	1	1	0.421
2003—2004	1	1.260	1	1	1.260
2004—2005	1	1.063	1	1	1.063
2005—2006	1	1.150	1	1	1.150
2006—2007	1	1.093	1	1	1.093
2007—2008	1	1.251	1	1	1.251
2008—2009	1	1.087	1	1	1.087
2009—2010	1	1.278	1	1	1.278
2010—2011	1	1.091	1	1	1.091
2011—2012	1	1.054	1	1	1.054
2012—2013	1	0.945	1	1	0.945
2013—2014	1	1.365	1	1	1.365
2014—2015	1	0.973	1	1	0.973
2015—2016	1	1.009	1	1	1.009
均值	1	1.026	1	1	1.026

同理，广州皮革毛皮羽毛制鞋业全要素生产率进步中，技术进步起决定作用（见表3-12）。跨年期间，技术效率及其分解项均为有效值1，没有发生实质性改变。同时，6个跨年份中技术进步指数值均为大于1的有效值，10个跨年份中技术进步指数为小于1的无效值。2000—2016年的技术进步指数均值为1.018，技术获得实质性提高。由此，全要素生产率指数同步提高1.8个百分点，行业技术进步起决定作用。

表3-12 广州皮革毛皮羽毛制鞋业全要素生产率指数及分解

年份	技术效率	技术进步	纯技术效率	规模效率	全要素生产率
2000—2001	1	0.751	1	1	0.751
2001—2002	1	1.068	1	1	1.068

三、时尚创意产业供给侧改革效果评价：企业满意度

续表3-12

年份	技术效率	技术进步	纯技术效率	规模效率	全要素生产率
2002—2003	1	0.787	1	1	0.787
2003—2004	1	0.885	1	1	0.885
2004—2005	1	0.883	1	1	0.883
2005—2006	1	1.228	1	1	1.228
2006—2007	1	0.967	1	1	0.967
2007—2008	1	1.152	1	1	1.152
2008—2009	1	0.959	1	1	0.959
2009—2010	1	1.212	1	1	1.212
2010—2011	1	0.911	1	1	0.911
2011—2012	1	0.994	1	1	0.994
2012—2013	1	1.536	1	1	1.536
2013—2014	1	0.985	1	1	0.985
2014—2015	1	1.301	1	1	1.301
2015—2016	1	0.950	1	1	0.950
均值	1	1.018	1	1	1.018

综上，广州纺织服装行业全要素生产率总体上不升反降，为技术无明显进步所致。2000—2016年，广州纺织业全要素生产率下降6.9个百分点；纺织服装服饰业全要素生产率上升2.6个百分点；皮革毛皮羽毛制鞋业总体上升1.8个百分点。总体上，纺织服装行业全要素生产率下降了2.5个百分点。原因在于，纺织业技术没有明显进步，而其他分支行业技术进步缓慢，因而拉低了总体行业的生产率水平。

第三，东莞纺织业全要素生产率进步中，技术进步起决定作用（见表3-13）。跨年期间，技术效率及其分解项均为有效值1，没有发生实质性改变。同时，技术进步实质性发生，10个跨年份中技术进步指数均为大于1的有效值；6个跨年份中技术进步指数为小于1的无效值。2000—2016年的技术进步指数均值为1.125。由此，全要素生产率指数同步提高12.5个百分点，行业技术进步起决定作用。

表3—13　东莞纺织业全要素生产率指数及分解

年份	技术效率	技术进步	纯技术效率	规模效率	全要素生产率
2000—2001	1	2.046	1	1	2.046
2001—2002	1	1.597	1	1	1.597
2002—2003	1	1.041	1	1	1.041
2003—2004	1	0.905	1	1	0.905
2004—2005	1	1.058	1	1	1.058
2005—2006	1	1.125	1	1	1.125
2006—2007	1	0.978	1	1	0.978
2007—2008	1	0.989	1	1	0.989
2008—2009	1	0.913	1	1	0.913
2009—2010	1	0.858	1	1	0.858
2010—2011	1	1.325	1	1	1.325
2011—2012	1	1.059	1	1	1.059
2012—2013	1	0.957	1	1	0.957
2013—2014	1	1.034	1	1	1.034
2014—2015	1	1.427	1	1	1.427
2015—2016	1	1.203	1	1	1.203
均值	1	1.125	1	1	1.125

东莞纺织服装服饰业全要素生产率进步中，技术进步起决定作用（见表3—14）。跨年期间，技术效率及其分解项均为有效值1，没有发生实质性改变。同时，技术进步实质性发生，11个跨年份中技术进步指数均为大于1的有效值；5个跨年份中技术进步指数为小于1的无效值。2000—2016年的技术进步指数均值为1.357。由此，全要素生产率指数同步提高35.7个百分点，行业技术进步起决定作用。

表3—14　东莞纺织服装服饰业全要素生产率指数及分解

年份	技术效率	技术进步	纯技术效率	规模效率	全要素生产率
2000—2001	1	9.160	1	1	9.160
2001—2002	1	1.245	1	1	1.245
2002—2003	1	1.336	1	1	1.336
2003—2004	1	0.977	1	1	0.977

三、时尚创意产业供给侧改革效果评价：企业满意度

续表3-14

年份	技术效率	技术进步	纯技术效率	规模效率	全要素生产率
2004—2005	1	1.497	1	1	1.497
2005—2006	1	1.168	1	1	1.168
2006—2007	1	0.656	1	1	0.656
2007—2008	1	1.257	1	1	1.257
2008—2009	1	0.716	1	1	0.716
2009—2010	1	1.081	1	1	1.081
2010—2011	1	1.300	1	1	1.300
2011—2012	1	1.089	1	1	1.089
2012—2013	1	0.888	1	1	0.888
2013—2014	1	1.001	1	1	1.001
2014—2015	1	1.414	1	1	1.414
2015—2016	1	4.484	1	1	4.484
均值	1	1.357	1	1	1.357

东莞皮革毛皮羽毛制鞋业全要素生产率进步中，技术变化起决定作用（见表3-15）。跨年期间，技术效率及其分解项均为有效值1，没有发生实质性改变。同时，9个跨年份中技术进步指数值均为大于1的有效值；7个跨年份中技术进步指数为小于1的无效值。2000—2016年的技术进步指数均值为1.297。由此，全要素生产率指数同步提高29.7个百分点，行业技术进步起决定作用。

表3-15 东莞皮革毛皮羽毛制鞋业全要素生产率指数及分解

年份	技术效率	技术进步	纯技术效率	规模效率	全要素生产率
2000—2001	1	7.439	1	1	7.439
2001—2002	1	1.399	1	1	1.399
2002—2003	1	1.131	1	1	1.131
2003—2004	1	1.153	1	1	1.153
2004—2005	1	1.168	1	1	1.168
2005—2006	1	0.924	1	1	0.924

续表3-15

年份	技术效率	技术进步	纯技术效率	规模效率	全要素生产率
2006—2007	1	1.019	1	1	1.019
2007—2008	1	1.099	1	1	1.099
2008—2009	1	0.716	1	1	0.716
2009—2010	1	0.928	1	1	0.928
2010—2011	1	1.098	1	1	1.098
2011—2012	1	0.966	1	1	0.966
2012—2013	1	0.954	1	1	0.954
2013—2014	1	0.901	1	1	0.901
2014—2015	1	0.907	1	1	0.907
2015—2016	1	7.164	1	1	7.164
均值	1	1.297	1	1	1.297

综上，东莞纺织服装行业全要素生产率取得实质性进步，且技术进步起决定作用。纺织服装服饰业全要素生产率进步最快，其次是皮革毛皮羽毛制鞋业和纺织业（如图3-29所示）。2000—2016年，纺织服装服饰业全要素生产率上升35.7个百分点，年均提高2.23%；皮革毛皮羽毛制鞋业总体上升29.7个百分点，年均提高1.86%；东莞纺织业全要素生产率提高12.5个百分点，年均提高0.78%。

第四，广深莞地区纺织服装行业全要素生产率内部分异较为明显（如图3-27所示）。2000—2016年，广深莞地区纺织业全要素生产率呈趋同走势，纺织服装服饰业呈趋异走势，皮革毛皮羽毛制鞋业呈趋异走势。这表现为城市间纺织业TFP残差值呈扩大-缩小趋势，最终值为0.339；城市间纺织服装服饰业TFP残差值呈现扩大趋势，最终值为1.552；城市间皮革毛皮羽毛制鞋业TFP残差值呈现扩大趋势，最终值为4.329。以上反映纺织业城市间全要素生产率分化在缩小，纺织服装服饰业全要素生产率分化在缓缓进行，皮革毛皮羽毛制鞋业全要素生产率分化在加速。

三、时尚创意产业供给侧改革效果评价：企业满意度

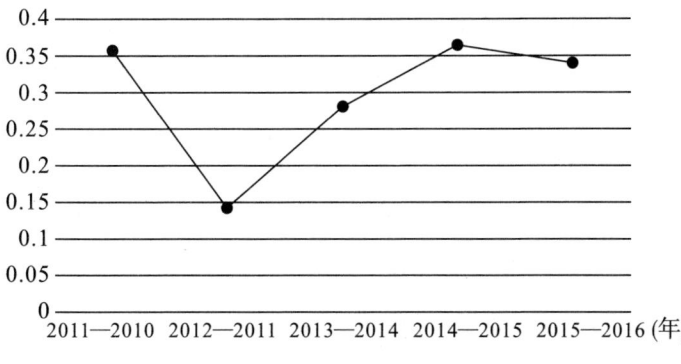

(a) 广深莞地区纺织业残差值（纺织业 TFP 趋同）

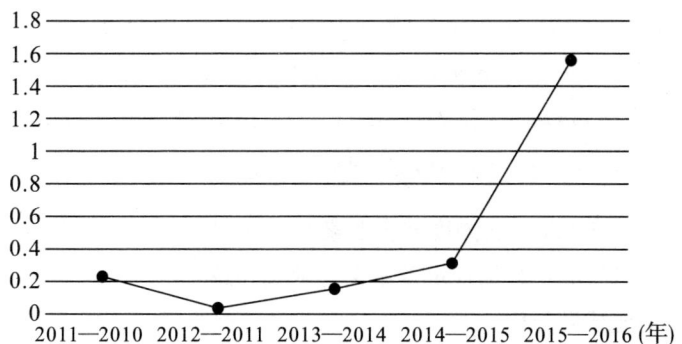

(b) 广深莞地区纺织服装服饰业残差值（纺织服装服饰业 TFP 趋异）

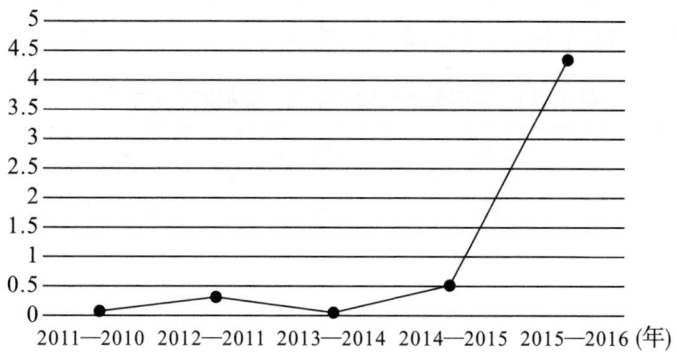

(c) 广深莞地区皮革毛皮羽毛制鞋业残差值（皮革毛皮羽毛制鞋业 TFP 趋异）

图 3-27 广深莞地区纺织服装行业全要素生产率趋同趋异走势

3. 供给侧因子对行业效率的影响分析

(1) TOBIT 模型方法。

TOBIT 模型由 Tobit（1958）首先提出，该模型为受限性模型，是指

因变量满足某种条件的模型。因为原模型因变量为 DEA 测度的效率值，而该效率值为 0~1 之间，因此可以采用 TOBIT 模型进行参数估计，具体形式如下：

$$Y_i = \alpha + \beta X_i + \mu$$
$$Y_i = \begin{cases} 1 \\ 0 \end{cases} \tag{1}$$

式中，Y_i 为二元选择变量，但多数情况 Y_i 在 0~1 之间；μ 为误差项；X_i 为定量解释变量。因此原模型式可以变为如下形式：

$$\begin{aligned} Y_i = & \alpha_0 + \beta_0 Y_{i-1} + \beta_1 \ln output + \beta_2 \ln stock + \beta_3 \ln leverage + \\ & \beta_4 \ln cost + \beta_5 \ln weakness + \beta_6 (\ln output \times \ln stock) + \\ & \beta_7 (\ln output \times \ln leverage) + \beta_8 (\ln stock \times \ln leverage) + \\ & \beta_9 (\ln output \times \ln stock \times \ln leverage) + \alpha_{it} + \varepsilon_{it} \end{aligned} \tag{2}$$

式中，Y_i 即为 DEA 方法测度的全要素生产率对数值，Y_{i-1} 为滞后一期全要素生产率对数值，其他变量及定义与前文一致。

（2）实证结果分析。

其一，纺织业供给侧改革效率影响分析。

卡方检验表明（见表3-16），随机效应 TOBIT 模型通过显著性检验，纺织业供给侧改革效率影响因素模型较为适用。

表3-16 纺织业供给侧改革效率影响因素参数估计

变量	系数	标准差	Z 值	P>Z
$effi\_1$	0.417	0.090	4.640	0.000
$output$	4.150	1.943	2.140	0.033
$stock$	−0.018	0.165	−0.110	0.914
$leverage$	0.182	0.475	0.380	0.702
$cost$	0.035	0.012	3.060	0.002
$weakness$	0.024	0.032	0.740	0.458
$outst$	−0.510	3.035	−0.170	0.867
$outle$	15.612	7.490	2.080	0.037

续表3-16

变量	系数	标准差	Z值	P>Z
stole	-0.209	0.539	-0.390	0.699
oustle	0.092	10.949	0.010	0.993
Wald chi2 (10) =64.68　　Prob>chi2=0.0000				

注：$effi\_1$ 代表全要素生产率滞后项的取对数值；$outst=\ln output \times \ln stock$；$outle=\ln output \times \ln leverage$；$stole=\ln stock \times \ln leverage$；$oustle=\ln output \times \ln stock \times \ln leverage$。

纺织业去产能和降成本两个因素对行业效率影响较大（见表3-16），具体分析如下：

第一，去产能方面，纺织业去产能显著正向影响行业效率，影响系数为4.150，且通过1%显著性水平检验，说明纺织业每去产能1个百分点，就会提高行业全要素生产率4.150个百分点。

第二，去库存方面，纺织业去库存负向影响行业效率，但影响不显著。负向影响系数为-0.018，但没有通过显著性水平检验，这说明行业去库存对行业效率负向影响的效果并不明显。

第三，去杠杆方面，纺织业去杠杆正向影响行业效率，但影响效果不显著。正向影响系数为0.182，但没有通过显著性水平检验，这说明行业去杠杆对行业效率正向影响的效果并不明显。同时，系数正向值的结论与原假设不相符合，但由于正向值系数没有通过显著性检验，故去杠杆的效用可以忽略。

第四，降成本方面，纺织业降成本显著正向影响行业效率。正向影响系数为0.035，且通过5%显著性水平检验，说明行业每降1个百分点的成本，行业效率将同步提高0.035个百分点。同时，降成本系数负向值的结论与原假设不相同，说明行业注重增加经营方面的成本，可以有效改善行业效率，如增加店面、增加线上销售平台、采用先进存货管理系统等，这些做法能够提高行业技术含量，进而提高行业整体生产率。

第五，补短板方面，纺织业补短板正向影响行业效率提升，但影响效果不显著。影响系数为0.024，但没有通过显著性水平检验，这说明行业补短板对行业效率正向影响效果并不明显。

以上表明，粤港澳大湾区9市在纺织业去产能方面最为成功，在降成本方面反而适得其反。一方面，当前粤港澳大湾区较多企业库存量较大，但通过降价、促销、馈赠等优惠方式，能有效消耗产能，使产品销量和销售值较为可观，有效促进行业全要素生产率提高。另一方面，粤港澳大湾区的人力、土地、房租等成本较高，且较难下降，行业企业通过降成本较难提高行业效率，但通过增加有益成本、提高企业及产品的科技和技术含量，可以达到提高行业效率的目的。事实证明，粤港澳大湾区通过增加销售费用及附加、营业费用、管理费用、财务费用，可以有效增加行业企业全要素生产率。另外，纺织业去产能与杠杆的交互项显著正向影响行业效率，交互项系数为15.612，且通过5%显著性水平检验，说明行业去产能与去杠杆的联合作用较其他供给侧措施及联合作用更加强劲。

其二，纺织服装服饰业供给侧效率影响分析。

卡方检验表明（见表3-17），随机效应TOBIT模型通过显著性检验，纺织服装服饰业供给侧改革效率影响因素模型较为适用。

表3-17 纺织服装服饰业供给侧改革效率影响因素参数估计

变量	系数	标准差	Z值	P>Z
$effi\_1$	0.363	0.076	4.810	0.000
$output$	2.611	5.766	0.450	0.651
$stock$	−0.051	0.089	−0.570	0.568
$leverage$	0.172	0.316	0.540	0.587
$cost$	0.058	0.014	4.120	0.000
$weakness$	−0.003	0.031	−0.100	0.921
$outst$	−0.671	5.851	−0.110	0.909
$outle$	16.026	22.059	0.730	0.468
$stole$	−0.399	0.352	−1.130	0.258
$oustle$	−7.823	21.544	−0.360	0.717
$\_cons$	−0.419	0.142	−2.960	0.003
$Wald\ chi2(10)=96.06$		$Prob>chi2=0.000$		

注：$effi\_1$代表全要素生产率滞后项的取对数值；$outst=\ln output \times \ln stock$；$outle=\ln output \times \ln leverage$；$stole=\ln stock \times \ln leverage$；$oustle=\ln output \times \ln stock \times \ln leverage$。

三、时尚创意产业供给侧改革效果评价：企业满意度

降成本因素对纺织服装服饰业供给侧改革效率影响较大（见表3-17），具体分析如下：

第一，去产能方面，纺织服装服饰业去产能对行业效率影响不显著，影响系数为2.622，但没有通过显著性水平检验，这说明行业去产能对效率提升作用并不明显。

第二，去库存方面，纺织服装服饰业去库存对行业效率影响不明显，影响系数为-0.051，但没有通过显著性水平检验，这说明行业去库存对效率提升效果不明显。同时，影响系数为负值与原假设不符合，同样，因系数没有通过显著性水平检验，影响效果及方向可忽略。

第三，去杠杆方面，纺织服装服饰业去杠杆对行业效率影响不显著，影响系数为0.172，但系数没有通过显著性水平检验。这说明行业去杠杆对效率提高效果也不明显。同时，影响系数为正值与原假设不相符合，因系数未通过显著性水平检验，影响效果及方向均可忽略。

第四，降成本方面，纺织服装服饰业降成本对效率影响明显，影响系数为0.058，通过1%显著性水平检验。这说明行业成本每提高1个百分点，行业效率同步提高0.058个百分点。同时，成本影响系数为负值，与原假设不符合。可能的原因也是因为土地、房租和人工等硬性成本较难下降，而增加技术进步性开支，可有效提高行业总体效率。

第五，补短板方面，纺织服装服饰业补短板对行业效率影响不显著。影响系数虽然为-0.003，与原假设不符合，但该系数并未通过显著性水平检验。因此，行业补短板对行业效率影响效果并不明显。

以上分析表明，粤港澳大湾区9市纺织服装服饰业在降成本方面效果较为明显。但与常规认知不同的是，成本增加反而增加行业效率，这一点也与该区域纺织业改革的结论相同。此外，纺织服装服饰业与纺织业相同的一点是，它们的滞后项系数为正值，且均通过1%显著性水平检验（见表3-16、表3-17），说明纺织业和纺织服装服饰业当年效率受前一年效率影响较明显，效率具有一定的动态粘性。本例分析中，其他相关控制变量及供给侧改革因子的联合效果对纺织服装服饰业效率并无明显影响。

其三，皮革毛皮羽毛制鞋业供给侧效率影响分析。

卡方检验表明（见表3-18），随机效应TOBIT模型通过显著性检验，皮革毛皮羽毛制鞋业供给侧改革效率影响因素模型较为适用。

表 3-18 皮革毛皮羽毛制鞋业供给侧改革效率影响因素参数估计

变量	系数	标准差	Z 值	P>Z
$effi\_1$	0.314	0.074	4.220	0.000
$output$	7.861	3.815	2.060	0.039
$stock$	0.093	0.057	1.630	0.103
$leverage$	−0.159	0.134	−1.190	0.233
$cost$	0.058	0.011	5.380	0.000
$weakness$	0.045	0.029	1.510	0.130
$outst$	−5.903	3.548	−1.660	0.096
$outle$	32.875	18.173	1.810	0.070
$stole$	0.084	0.185	0.460	0.649
$oustle$	−25.068	14.993	−1.670	0.095
$\_cons$	−0.376	0.123	−3.060	0.002
$Wald\ chi2(10)=112.35$		$Prob>chi2=0.0000$		

注：$effi\_1$ 代表全要素生产率滞后项的取对数值；$outst=\ln output\times\ln stock$；$outle=\ln output\times\ln leverage$；$stole=\ln stock\times\ln leverage$；$oustle=\ln output\times\ln stock\times\ln leverage$。

去产能、去库存、降成本和补短板对皮革毛皮羽毛制鞋业供给侧改革效率影响较大（见表 3-18），具体分析如下：

第一，去产能方面，皮革毛皮羽毛制鞋业去产能对行业效率影响显著。影响系数为 7.861，通过 5% 显著性水平检验，说明行业去产能每提高一个百分点，行业全要素生产率同步提高 7.861 个百分点。

第二，去库存方面，皮革毛皮羽毛制鞋业去库存对行业效率影响较显著。影响系数为 0.093，且系数通过 15% 显著性水平检验，说明行业去库存水平每提高 1 个百分点，行业全要素生产率同步提高 0.093 个百分点。

第三，去杠杆方面，皮革毛皮羽毛制鞋业去杠杆对行业效率影响不明显。尽管影响系数为−0.159，与杠杆率下降和行业效率提高的原假设相符合，但该负值系数没有通过显著性水平检验，说明行业去杠杆对效率提升作用并不明显。

第四，降成本方面，皮革毛皮羽毛制鞋业降成本对行业效率影响明显。影响系数为正值 0.058，与原假设负值情况不相符合，造成该种情况的原因可能与纺织业、纺织服装服饰业的原因相同,说明皮革毛皮羽毛制鞋业有益成本的增加对行业效率提升能起到促进作用。

第五,补短板方面,皮革毛皮羽毛制鞋业补短板对行业效率影响较为显著。影响系数为 0.045,且系数通过 15% 显著性水平检验,说明行业创新性补足短板,补短板因素每提高 1 个百分点,行业全要素生产率同步提高 0.045 个百分点。

以上分析反映,皮革毛皮羽毛制鞋业是行业供给侧改革效果最明显的分支行业。一是供给侧改革过程中,行业去产能、去库存、降成本、补短板对行业总体效率提升极为明显。二是行业滞后项系数也为通过显著性水平检验的正值,说明皮革毛皮羽毛制鞋业供给侧改革效率也具有动态粘性。三是供给侧改革因子的联合作用也得到较为明显的体现,表现为去产能与去库存的联合作用对行业效率存在较为负向的影响,影响系数为 −5.903,且通过 10% 显著性水平检验;去产能与去杠杆的联合作用对行业效率存在较为正向的显著影响,影响系数为 32.875,且通过 10% 显著性水平检验;去产能、去杠杆和去库存三者联合作用对行业效率影响也为负值 −25.068,且通过 10% 显著性水平检验。

其四,纺织服装行业供给侧改革效率影响分析。

与上文分析相同,纺织服装行业供给侧改革效率影响因素模型适宜采用随机效应 TOBIT 模型。但纺织服装行业效率影响因素的系数均没有通过显著性水平检验。这说明混业情景较难判断行业供给侧改革效率,必须遵照上文提到的分支行业改革效率及影响因素进行判断。混业与分业改革的效率影响因素的共同点是,上一年行业效率直接影响下一年行业效率的高低。因此,纺织服装行业供给侧改革效率影响因素的作用效果不甚明显。

表 3—19 纺织服装行业供给侧改革效率影响因素参数估计

变量	系数	标准差	Z 值	$P>Z$
$effi\_1$	0.430	0.091	4.730	0.000
$output$	−7.526	10.147	−0.740	0.458
$stock$	0.351	0.230	1.530	0.127
$leverage$	−1.091	0.700	−1.560	0.119
$cost$	0.013	0.014	0.940	0.347

续表3—19

变量	系数	标准差	Z值	P>Z
weakness	0.015	0.044	0.350	0.725
outst	12.614	12.946	0.970	0.330
outle	−31.607	35.778	−0.880	0.377
stole	1.093	0.844	1.300	0.195
oustle	51.656	47.125	1.100	0.273
_cons	−0.438	0.258	−1.700	0.089
Wald chi2 (10) =31.72 Prob>chi2=0.0004				

注：$effi\_1$ 代表全要素生产率滞后项的取对数值；$outst = \ln output \times \ln stock$；$outle = \ln output \times \ln leverage$；$stole = \ln stock \times \ln leverage$；$oustle = \ln output \times \ln stock \times \ln leverage$。

（五）湾区纺织服装行业供给侧改革结论与建议

利用粤港澳大湾区9市2000—2016年的纺织服装行业面板数据，运用生产率指数法、DEA模型和随机效应TOBIT模型，分析区域性纺织服装行业供给侧改革效率及其影响因素，得出行业改革中内部效率存在分异且"三去一降一补"对不同分支行业影响效果不同这一基本结论，对指导纺织服装行业有效进行供给侧改革和转型升级具有重要指导意义。

第一，以深圳和广州为例，纺织服装行业供给侧改革及效果存在区域差异和行业内部差异。深圳总体改革效果优于广州，深圳在纺织服装服饰业的改革成效较佳，广州在纺织业的改革成效较佳。深圳和广州的所有改革项中，居民人均工资水平、创新能力和能耗量的改善最为一致和明显。

第二，以广深莞地区为例，广州全行业劳动生产率最高，深圳的纺织业和皮革毛皮羽毛制鞋业劳动生产率最高；广深莞地区的劳动生产率纺织业>纺织服装服饰业>皮革毛皮羽毛制鞋业。深圳和东莞各分支行业全要素生产率提高均取决于技术进步；广州除纺织业效率提高是取决于管理进步所致的效率改变外，其他分支行业效率的提高仍然取决于技术进步。广深莞地区发展区域纺织业全要素生产率呈趋同走势，其他分支行业生产效率呈分异走势。

第三，以粤港澳大湾区9市为例，纺织服装行业供给侧改革对行业效

三、时尚创意产业供给侧改革效果评价：企业满意度

率的影响确实存在。各分支行业供给侧改革对行业效率存在显著影响，表现为纺织业的去产能和降成本，纺织服装服饰业的降成本，皮革毛皮羽毛制鞋业的去产能、去库存、降成本和补短板对行业效率影响较为明显。其中，与原假设不一致的是，降成本方面成本增加反而提升行业效率，其他假设及结论与原假设一致。

依据全文分析和上述结论，提出优化纺织服装行业供给侧改革及效果的如下措施：

第一，调整劳动生产率、全要素生产率和优势行业，使三者相匹配。例如，深圳劳动生产率高的行业为纺织业、皮革毛皮羽毛制鞋业，说明这两个行业工资水平高，从业人员愿意被吸纳；但深圳全要素生产率最高的行业是纺织服装服饰业，其行业效率的提高主要来源于技术进步，该行业工资水平与行业效率不相匹配，反映出技术对人力一定的替代现象；同时，深圳被定位为国际化时尚城市，产业价值链高端在研发、设计和独立品牌领域，因此行业优势更多在纺织服装服饰业。因此本书认为，纺织服装服饰业为深圳时尚创意产业核心产业，应提高该行业劳动生产率及工资水平，同时运用新工艺、新技术、新设备、信息化手段等，进一步提高纺织服装服饰业全要素生产率及可持续发展水平。同理，广州应该立足在纺织业、东莞应该立足在皮革毛皮羽毛制鞋业，且同步提高行业全要素生产率和行业居民人均工资水平。

第二，发挥区域产业竞争优势，打造广深莞地区时尚创新走廊。依靠该区域产业科技优势、纺织服装全行业技术创新及效率提升，加上广深莞地区纺织业全要素生产率呈现趋同走势，因此，应该以纺织业为串联线，差异化发展三地纺织服装业，构筑广深莞地区沿线时尚创新发展长廊，形成区域错位发展及整体竞争力提升的大发展格局。广深莞地区时尚创新走廊转型发展的关键是，使劳动密集型产业转向资本、技术、创意、创新型产业，发挥出行业人才优势及技术优势，打造产品高品质、高环保形象，提升企业集群化生产、绿色生产、健康生产的品格，最终形成广深莞地区时尚创意产业行业内在标准，使之稳居国内时尚创意产业头牌，形成较为深远的国际影响力及竞争力。

第三，科学利用供给侧改革契机，优化产业内部结构和行业效率。本书分析表明，不同行业供给侧改革的手段及效果存在差异。应该因地制宜和因业制宜，科学利用"三去一降一补"工具，增强提升行业效率的改革

因子，补足妨碍行业效率提升的短板，使供给侧改革促进粤港澳大湾区时尚创意产业发展上一个新台阶，为其他传统产业转型升级树立榜样，为粤港澳大湾区改革发展创新树立产业典范。同时，本书分析也表明，国家提出的供给侧改革与提高全要素生产率具有内在一致的联系，纺织服装行业供给侧改革有效提升了行业全要素生产率，因此"政产学研"各界必须高度重视国家政策和真抓实干落实。

四、时尚创意产业政策评价和风险分析：政府满意度

作为市场主体之一，政府对行业发展是否满意也是检验行业是否高质量发展的关键。本章从政府管理角度评判产业政策是否有效和行业发展是否存在市场及社会风险，以此作为衡量行业是否获得高质量发展的标杆。若时尚创意产业政府产业政策及目标实施较好，行业自身不会给政府造成系统性风险压力，则可判定行业达到政府既定目标，取得了高质量发展。

近年来，纺织服装市场普遍不景气，政府对时尚创意产业发展满意度到底如何，是一个值得分析的问题。中国柯桥纺织景气指数显示（如图4－1所示），2016—2018年，中国服装发展景气指数先抑后扬，最高值达到1600，最低值接近1200，2018年底景气指数已接近触底。由此，有必要站在政府视角回顾纺织服装行业政策发展历程，评价行业市场绩效、经济贡献、社会贡献和环境贡献，借此综合评价政府对该行业总体发展水平的满意程度。

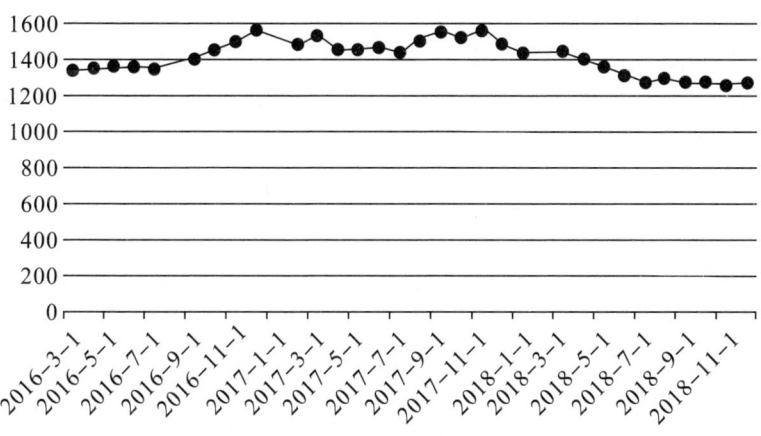

图4－1　中国柯桥纺织景气指数

（一）纺织服装行业产业政策演化及评价

1. 纺织服装行业政策历史脉络分析

我国纺织服装行业从被迫适应国外规则和产业转移路径，到积极主动规范行规、引导企业可持续发展，产业政策作用功不可没。按照时间顺序，梳理我国加入WTO以来纺织服装行业技术和产品发展的政策，具体如下：

2005年，全球配额制规则取消后，中国仍受到不平等待遇。中国2004年加入WTO后按照规则进行纺织服装贸易，并遵守国际《纺织品与服装协定》规定。2005年，WTO规定的全球纺织品贸易配额管理全面取消，据此，欧美对我国纺织服装品配额管制也应消除。但欧美无视国际规则及中国反对，为保护自身产业发展，依然对中国纺织服装出口采用多重限制。对于此种行为，中国于2005年6月对81种纺织品取消了出口关税。

2006年，政府积极引导企业开辟出口市场，商务部公告第34号公布巴西对中国纺织服装品进行进口管理的要求，具体罗列了出口产品品名及税号，以方便中国企业出口。

2007年，我国开始重视制定和实施纺织服装行业新标准。2007年，我国纺织服装行业《化纤针织内衣（FZ/T73024-2006)》《婴幼儿针织服饰（FZ/T73025-2006)》等8种标准于2007年7月正式实施。新标准对纺织服装行业发展起到了较好的引导作用。

2008年，我国外贸型纺织服装企业社会责任管理要求实施。2008年12月，《CSC9000T中国纺织服装企业社会责任管理体系》在北京发布。该文件为中国纺织服装企业"走出去"提供了履职指引，为纺织服装企业"走出去"提供了标准规范和参考。同时，我国较大幅度提高了企业出口退税标准。2008年，出口退税率由11%提高到14%，有利于我国纺织服装企业降低出口成本、增加企业利润，增强企业抵御国际金融危机所造成的不利影响的能力。

2009年，出口退税政策进一步落实。2009年，财政部和国家税务总局联合发布《关于提高纺织品服装出口退税率的通知》，规定2019年2月我国纺织服装品出口退税率提高至15%，并明确了具体商品清单。同时，

四、时尚创意产业政策评价和风险分析：政府满意度

纺织服装业发展三年规划出台。2009年4月，《纺织工业调整和振兴规划》发布，该规划为推动我国由纺织大国向纺织强国迈进打下了政策基础。

2010年，多项纺织服装产品及技术新标准集中出台（GB/T23317－2009），多项纺织服装标准开始实施和更新，如《服装号型儿童（GB/T1335.3－2009）》《工作服防静电性能的要求及试验方法（GB/T2336－2009）》《涂层服装抗湿技术要求（GB/T23317－2009）》《机织学生服（GB/T23328－2009）》《服装防雨性能要求（GB/T23330－2009）》《防护服装化学防护服的选择、使用和维护（GB/T24536－2009）》《防护服装酸碱类化学品防护服（GB24540－2009）》等新标准实行。新规扫清了纺织服装企业产品标准不合格的现象。同时，工信部制定了《纺织工业"十二五"发展规划》，为我国纺织行业的平稳发展奠定了基础。

2012年，棉花收储制度进行了调整。《2012年度棉花临时收储预案》标志着棉花临时收储制度出台，对棉花临时收储的价格进行了上调，上调幅度为3%。同时，规定了收储实施范围和棉花品级要求，可在特殊情况下经相关部门研究后调整，该收储制度对稳定棉花市场起到较大作用。

2013年，国内外及我国省、市、企业等涉及纺织服装的各项政策密集出台。2013年1月份，农业部颁布《黄河流域棉区棉花机械化生产技术指导意见》，突出农机农艺结合，促进棉花种植机械化生产规模的发展。同时，环境保护部和国家质量监督检验检疫总局联合发布《缫丝工业水污染排放标准（GB28936－2012）》《毛纺工业水污染排放标准（GB28937－2012）》《麻纺工业水污染排放物标准（GB28938－2012）》《纺织染整工业水污染排放标准（GB4287－2012）》，标准纺织工业水污染物排放可以得到有效遏制。3月，福建石狮市出台《关于推进产业集群集聚发展的若干意见》，对企业在公共服务平台建设、技术改造、企业运营部、物流产业壮大等8个方面给予支持及奖励。4月，欧盟新版的《生态纺织品标准100》正式实施，纺织品进入欧盟市场的难度进一步加大。5月，中纤新纶公司对《中国化纤企业名录》进行了征订和发行，以向行业提供更准确的设备、配料、原料、辅料和工艺技术等企业信息。6月，"纺织机械高速绕线机"行业标准审定会召开，填补了行业标准，维护了市场秩序并保证了合法竞争。8月，全国实行对小微企业月销售额不足2万元的增值税纳税人免征增值税和免实行营业税新政策。9月，《2013年度棉花临时收

储预案》规定棉花收储交易于 2013 年 9 月通过全国棉花交易收储交易系统进行，规范了棉花收储行为。10 月，商务部、发改委、财政部、人民银行等 8 部门联合印发《关于进一步促进茧丝绸行业健康发展的意见》，对茧丝绸行业加大支持力度，以推动行业健康发展。11 月，"纺织机械高速绕线机"行业标准审定会召开，进一步填补了纺织行业高速绕线机国家行业标准的空白。12 月，《足球用聚氨酯合成革（QB/T4476－2013）》《鞋面用聚氨酯超细纤维合成革（QB/T4477－2013）》两项行业标准制定完成，使合成革行业有标准可依。

2014 年，地方特色性纺织服装行业发展支持政策出台。2014 年，新疆发布《关于发展纺织服装产业带动就业的意见》，并颁布《发展纺织服装产业带动就业规划纲要（2014—2023 年）》，为新疆地区纺织服装产业带动就业工作提供了指导。

2016 年，我国纺织行业颁布了十大政策和标准。2016 年 4 月，国家发改委发布《关于国家储备棉轮换有关安排的公告》，指出从 2016 年起逐步有序消化国家储备棉库存，以使储备规模调整至合理水平。工信部发布的 49 项纺织服装行业标准于 2016 年 9 月 1 日起实施，规定企业生产及使用的布料应满足新标准要求，以免在后期市场流通时出现质量问题。同时，74 项纺织行业标准于 2017 年 4 月实行；2016 年第 3 号公告发布了 5 项人造革合成革行业标准。国家质量监督检验检疫总局、国家标准化管理委员会联合发布，由扬子石化公司质检中心起草的 PTA（精对苯二甲酸）产品标准、PTA 粒度分布等 5 个方法标准正式发布，于 2017 年 1 月实施，结束了国内没有 PTA 国家统一标准的历史。与此同时，2016 年 8 月，商务部继续对韩泰两国进口 PTA 征收反倾销税；规定 2016 年 7 月对原产于日本、韩国和土耳其的进口腈纶征收反倾销税，实施期限为 5 年。经国务院批准，国家发展改革委发布 2016 年新疆棉花目标价格为每吨 18600 元。工信部和国家发改委印发《化纤工业"十三五"发展指导意见》，以使化纤工业继续保持稳步健康增长。此外，工信部发布"十三五"时期纺织服装规划，即《纺织工业发展规划（2016—2020 年）》。

2017 年，我国纺织行业颁布十大政策和标准。2017 年 2 月，《中共中央、国务院关于深入推进农业供给侧改革　加快培育农业农村发展新动能的若干意见》发布，提出调整完善新疆棉花目标价格政策，改进补贴方式。5 月，工信部发布 2017 年第 14 号公告，提出 6 项纺织行业新标准。

四、时尚创意产业政策评价和风险分析：政府满意度

6月，中国化学纤维工业协会发布《中国化纤工业绿色发展行动计划（2017—2020）》；7月，我国棉花增值税税率下降2%；8月，工业和信息化部立项7项丝绸行业标准计划，同时，新版粘胶纤维行业规范条件公布。国家标准化管理委员会废止51项纺织行业国家标准。12月，工信部批准80项纺织行业标准。我国《环境保护税法》于2018年1月施行，同时，我国《蚕丝绵》《缂丝》等9项丝绸行业标准于2018年4月实行。

表4-1 纺织服装行业产业策略

年份	战略	规划	政策
2005	加入WTO	—	—
2006	加大扶持出口	—	—
2007	重视制定行业标准	—	—
2008	—	—	企业社会责任实施
2009	—	—	出口退税加大
2010	制定行业新标准	《纺织工业"十二五"发展规划》	—
2012	—	—	棉花收储制度
2013	标准密集出台	—	政策密集出台
2014	—	新疆特色规划	新疆特殊政策出台
2016	十大标准出台	《纺织工业发展规划（2016—2020年）》	十大政策出台
2017	十大标准出台	《中国化纤工业绿色发展行动计划（2017—2020）》	十大政策出台

通过以上政策梳理可以看出，近十几年来政府一直支持纺织服装行业的发展。其中，服务纺织服装企业发展战略包括7个选项，重点是对行业标准进行顶层设计；服务企业发展规划的重点包括5个选项，重点针对行业长远发展；服务企业发展政策包括7个选择，重在做出适宜行业企业发展的鼓励及约束性措施。从中获得如下启示：

第一，中国纺织服装的主要监管机构为国家发改委、商务部、工信部、中国纺织工业联合会、中国服装协会、中国商业联合会、中国连锁经

营协会等。其中，国家发改委负责行业政策制定、产品开发推广指导、项目审批和产业扶持基金管理。商务部负责进出口业务和特种经营。工信部负责制定实施行业产业规划和政策。中国纺织工业联合会主要制定行规及制度。中国服装协会研究行业发展动向，向政府部门提出政策建议，制定行业自律机制和促进行业科技创新。中国商业联合会负责参加政府委托和监管项目，参与制定技术标准，向企业提供市场分析、预测和产业政策及企业发展战略咨询。

第二，中国日益熟悉国际规则，中国遵守国际规则，发达国家屡屡违反国际规则。例如，全球纺织协定终止后，发达国家采用绿色壁垒、税收壁垒、健康标准、安全标准、行政程序等多种手段阻碍中国纺织服装出口，并借此进一步压低中国产品出口价格。中国纺织服装企业在国际市场上仍属于被动角色。发达国家本质上对纺织服装贸易采用贸易保护主义、单边主义，试图将中国排除在国际游戏规则之外。

第三，中国日益利用国际法律和规则保护本土企业。例如，过往我国在纺织服装方面受到的反倾销调查比较多，我国是被告方，多以败诉告终；最近几年，我国对日韩等一些出口纺织服装方面产品的企业也采用了反倾销调查，我国是原告，且诉讼多取得成功。粤港澳大湾区拥有国际法律方面的人才较多，在维护纺织服装企业安全"走出去"方面将起到较大作用。

第四，中国由参照国际行业及产品标准到日益制定本国行业及产品标准，行业和产品有望继续升级换代。尤其于2013年、2016年、2017年集中颁布行业各项技术及产品标准，使企业有据可依，有章可循，有利于出口，也有利于技术和产品更新换代。我国应该参照先进国家技术标准，突破技术规定瓶颈，才可能成为未来规则的制定者。

第五，中国依然采用积极的产业政策，传统纺织服装产业演化为新产业的可能性极大。例如，将纺织服装行业拉动新疆就业作为重点，凸显中央对地域性特色行业的重视。又如，储备棉制度改革，对棉花采用最低价格，托住了行业下行的底线。另外，国家坚决实施《环境保护法》，维护了行业绿色和可持续发展。在行业受政府约束与激励的局面下，行业最终朝着创新演化路径发展，从传统产业中极有可能演化出新产业和新业态。

综上所述，中国纺织服装产业政策稳扎稳打，在发展中重视和解决问题，希冀行稳致远。上述产业政策脉络，符合事物及行业自身从不成熟到成熟的发展演进规律，符合事物及行业发展扩张由内到外的时空演化规律，符合事物及行业发展由笼统总体到领域细分的发展规律。所以产业政策自身并不存在太大问题。当前主要问题仍然是，政策是好的，但关键技术和标准是别人的。因此，行业自身发展的关键还是应该在技术和标准上下苦功，在市场作用和政府扶持下，在行业企业低利润背景下，应思考如何对技术和标准进行更多有效的政策激励，使我国企业对标国际时拥有更多创新、自主知识产权、自主话语权和竞争力。

2. 加入WTO对纺织服装行业的影响

中国加入WTO使纺织服装行业得到飞跃式发展：市场扩大，纺织服装行业市场由原来的东盟、日本市场，拓展到欧盟、北美市场。以2004年为转折点，从图4-2可以看出，中国加入WTO前后纺织服装出口额增速表现悬殊。

图4-2（a）显示，中国加入WTO前纺织业出口增长走势相对平缓，之后纺织业出口额增长曲线更加陡峭，出口增速加快。1997—2010年，该行业出口额年均增速为30.37%。

图4-2（b）显示，中国加入WTO前纺织服装鞋帽皮革羽绒及其制品业出口增长走势相对平缓，但之后出口额增长曲线变得更为陡峭，纺织服装鞋帽皮革羽绒及其制品业的出口增速加快。1997—2010年间，该行业出口额年均增速为12.06%。

图4-2（c）显示，中国加入WTO前，特别是1997年，纺织服装业的进口额为-331.15亿元，说明我国纺织服装业为净出口国；进入新世纪后，纺织服装业的进口额逐年增加；中国加入WTO后，2005—2010年纺织服装业进口额度增长28.64%，年均增长率为4.77%。这反映了中国加入WTO后，我国纺织服装行业发展加快。因此，本书初步判断，加入WTO促进了我国纺织服装行业的发展。

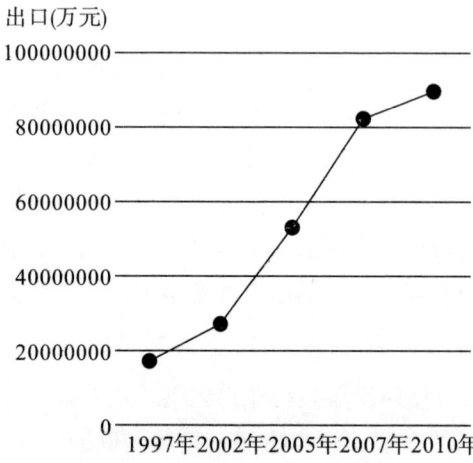
（a）纺织业出口额趋势

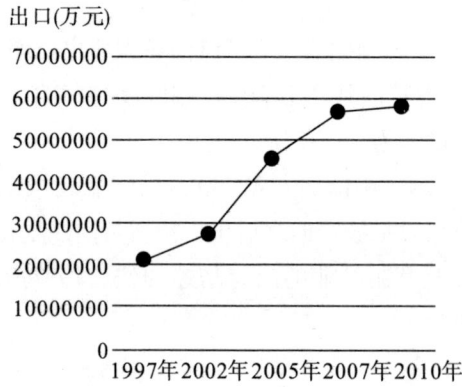
（b）纺织服装皮革羽绒及其制品出口额趋势

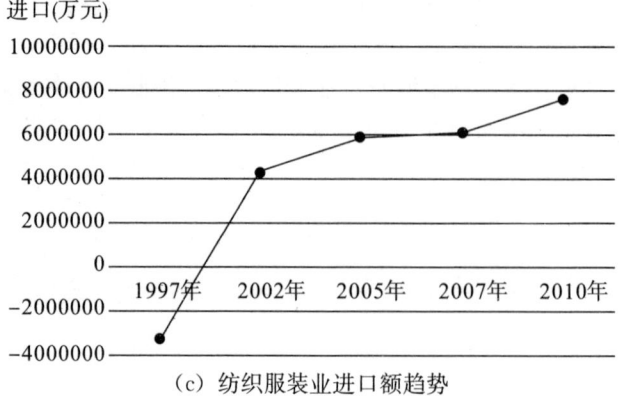
（c）纺织服装业进口额趋势

图 4-2 纺织服装行业在中国加入 WTO 前后进出口额增长走势

四、时尚创意产业政策评价和风险分析:政府满意度

(1) 研究方法。

采用邹至庄检验方法(Chow test)判断加入 WTO 是否显著有利于我国出口和行业发展。Chow 于 1960 年提出邹至庄检验这一方法,用于测试两组不同数据的线性回归系数是否相等。通常在时间序列中,采用该方法检验结构性变化是否存在,具体方法如下:

假设总体时间序列模型为:

$$y = a + bx_1 + cx_2 + \varepsilon \tag{1}$$

将实际数据分为两组,分别构建两组数据模型:

$$y = a_1 + b_1x_1 + c_1x_2 + \varepsilon \tag{2}$$

$$y = a_2 + b_2x_1 + c_2x_2 + \varepsilon \tag{3}$$

此时,假设残差 ε 为服从 0 均值同方差的正态分布,判定式(2)和式(3)满足 $a_1=a_2$、$b_1=b_2$、$c_1=c_2$。

假设 S_C 为组合数据式(1)残差平方和;S_1、S_2 分别为式(2)和式(3)残差平方和。k 为总时间序列数量,N_1、N_2 分别为式(2)和式(3)的时间序列数据数量。据此,构成邹至庄统计检验量:

$$F_{\text{Chow}} = \frac{[S_C - (S_1 + S_2)]/k}{(S_1 + S_2)/(N_1 + N_2 - 2k)} \tag{4}$$

邹至庄检验符合 $F[k, N_1 + N_2 - 2k]$,即自由度为 k 和 $N_1 + N_2 - 2k$ 的 F 分布。

(2) 模型构建和数据来源。

依据邹至庄思想,可以建立纺织服装行业政策对行业发展影响的模型。具体是在基础模型之上加入政策变量 D,以此考虑贸易配额制度对行业发展是否存在影响。表现式为:

$$D_{it} = \begin{cases} 0; t = 2000, 2001, \cdots, 2005 \\ 1; t = 2006, 2007, \cdots, 2016 \end{cases} \tag{5}$$

式中,i 代表考察单元;t 表示考察年份;2000—2005 年全球贸易配额制度盛行,而 2006—2016 年贸易配额制度取消,D 即表示贸易配额制度。

据此，建立纺织服装行业政策影响的取对数模型，如式（6）：

$$\ln gdp = \alpha_0 + \beta \ln K_{it} + \phi \ln L_{it} + \varphi \ln E_{it} + \lambda D_{it} + \alpha_{it} + \varepsilon_{it} \quad (6)$$

式中，K、L、E、D 为投入要素，分别代表资本、劳动、能源和政策，gdp 代表行业产值；α_{it} 代表不可观察的地区效应；ε_{it} 代表模型随机误差项。

具体分析时，为减少内生性问题，对式（6）做进一步优化，加入被解释变量滞后项，得到下面新的政策影响模型（7）：

$$\ln gdp_{it} = \alpha_0 + \theta \ln gdp_{it-1} + \beta \ln K_{it} + \phi \ln L_{it} + \varphi \ln E_{it} + \lambda D_{it} + \alpha_{it} + \varepsilon_{it}$$
$$(7)$$

上述变量含义与式（6）相同，同时增加了各考察单元产值的滞后项。

（3）数据来源。

检验粤港澳大湾区 9 市纺织服装行业受贸易配额政策的影响。2000—2016 年所有数据来自各市历年统计年鉴、国家统计局网站。以 2000 年为基期进行价格类数值的指数性平减，对缺失数据采用线性插值法补齐。

取对数以后统计各变量属性，总体观察值均为 144 个。其中，纺织业产值、固定资产投入、年末劳动力人数、能耗量以及产值滞后项的平均值、标准差、最小值和最大值参见表 4-2；纺织服装服饰业对应变量的平均值、标准差、最小值和最大值参见表 4-3；皮革毛皮羽毛制鞋业的各变量的描述性统计参见表 4-4。

表 4-2 各变量的取对数值描述性统计（纺织业）

变量	平均值	标准差	最小值	最大值	观测值
gdp	5.939	0.404	5.117	6.857	$N = 144$
K	5.392	0.350	3.829	6.152	$N = 144$
L	4.394	0.386	2.698	5.477	$N = 144$
E	5.357	0.597	3.979	6.910	$N = 144$
D	0.688	0.465	0	1	$N = 144$
gdp_1	5.907	0.403	5.117	6.837	$N = 144$

四、时尚创意产业政策评价和风险分析：政府满意度

表4-3　各变量的取对数值描述性统计（纺织服装服饰业）

变量	平均值	标准差	最小值	最大值	观测值
K	5.112	0.351	4.190	5.863	$N=144$
L	4.666	0.324	3.982	5.653	$N=144$
E	4.742	0.561	3.461	5.866	$N=144$
gdp	5.957	0.417	4.766	6.733	$N=144$
gdp_1	5.917	0.428	4.543	6.733	$N=144$
D	0.688	0.465	0.000	1.000	$N=144$

表4-4　各变量的取对数值描述性统计（皮革毛皮羽毛制鞋业）

变量	平均值	标准差	最小值	最大值	观测值
gdp	5.837	0.398	4.893	6.464	$N=144$
K	4.991	0.307	4.274	5.953	$N=144$
L	4.565	0.361	3.879	5.518	$N=144$
E	4.536	0.463	3.350	5.309	$N=144$
D	0.688	0.465	0.000	1.000	$N=144$
gdp_1	5.790	0.413	4.597	6.461	$N=144$

（4）实证结果分析。

其一，纺织业受益于贸易配额政策。

表4-5显示，第一，不考虑国际贸易配额制度政策时，模型1 HAUSMAN检验表明，随机效应模型较为适用。模型1整体拟合优度为67.87%，固定资产投资、能耗系数分别为0.509、0.174，且均通过1%显著性水平检验，这反映了固定资产投资和能耗对纺织业产值存在显著正向影响。第二，考虑国际贸易配额制时，模型2 HAUSMAN检验表明，随机效应模型较为适用，模型2拟合优度为72.59%，说明加入政策变量后模型拟合优度提高，同时，固定资产投资、能耗系数仍为正，均通过1%显著性水平检验，政策变量系数D为2.908，并通过1%显著性水平检验，说明国际贸易配额制度对纺织业产值存在显著正向影响。

表 4-5　政策变量有无对行业产值影响的参数估计（纺织业）

变量	模型1（无政策变量）	模型2（有政策变量）
	RE	RE
lnk	0.509****	0.426****
lnl	0.023	−0.0256
lne	0.174****	0.125****
D	—	0.264****
_cons	2.158****	2.908****
R^2	67.87%	72.59%
HAUSMAN 检验	$chi2=46.71$ $Prob>chi2=0.0000$	$chi2=196.10$ $Prob>chi2=0.0000$

注：****、***、**、* 分别代表1%、5%、10%、15%显著性水平。

考虑内生性影响后（见表4-6），初步采用被解释变量的滞后项纳入原模型中，考虑贸易配额政策对纺织业正向影响是否相对稳固。第一，不考虑贸易配置制度时，模型1 HAUSMAN检验表明，随机效应模型较为适用。模型1拟合优度为56.19%，且纺织业产值滞后项、固定资产投资、能耗系数分别为0.750、0.166、0.069，分别通过1%、1%和5%显著性水平检验。这反映出行业产值滞后项、固定资产投入、能源投入对纺织业产值存在显著正向作用。第二，考虑贸易配额制时，模型2 HAUSMAN检验也表明随机效应模型较为适用。模型2拟合优度为58.36%，反映考虑政策变量后模型拟合优度提高。同时，行业产值滞后项、固定资产投入和能源投入依然对行业产值存在显著正向影响。政策变量系数D为0.045，通过15%显著性水平检验，说明贸易配额制对纺织业产值依然存在显著正向影响。

表 4-6　考虑内生性影响后政策变量有无对行业产值影响的参数估计（纺织业）

变量	模型1（无政策变量）	模型2（有政策变量）
	RE	RE
gdp_1	0.750****	0.703****
lnk	0.166****	0.185****
lnl	0.004	0.005
lne	0.069***	0.082***

续表4-6

变量	模型1（无政策变量）	模型2（有政策变量）
	RE	RE
D	—	0.045*
_cons	0.226	0.295
R^2	56.19%	58.36%
HAUSMAN检验	$chi2=339.87$ $Prob>chi2=0.0000$	$chi2=41.40$ $Prob>chi2=0.0000$

注：****、***、**、* 分别代表1%、5%、10%、15%显著性水平。

其二，纺织服装服饰业受益于贸易配额政策不明显。

表4-7显示，第一，不考虑贸易配额政策影响时，模型1中HAUSMAN检验表明该模型更适宜于固定效应模型，模型1的拟合优度为81.05%，且纺织服装服饰业的固定资产投资和能耗系数分别为0.896、0.169，均通过1%显著性水平检验，这反映纺织服装服饰业固定资产投资和能耗对行业发展存在明显正向作用；第二，考虑贸易配额政策影响时，模型2中HAUSMAN检验表明该模型更适应固定效应模型，模型2拟合优度为81.09%，反映贸易配额制使模型拟合优度提高，同时，固定资产投资和能耗对行业产值影响仍为正值，且均通过1%显著性水平检验，政策变量系数D为0.019，但没有通过显著性水平检验。总体上，贸易配额对纺织服装服饰业存在一定影响，但影响不够明显。

表4-7 政策变量有无对行业产值影响的参数估计（纺织服装服饰业）

变量	模型1（无政策变量）	模型2（有政策变量）
	FE	FE
lnk	0.896****	0.898****
lnl	−0.081	−0.088
lne	0.169****	0.174****
D	—	0.019
_cons	0.952****	0.937****
R^2	81.05%	81.09%
HAUSMAN检验	$chi2=1.07$ $Prob>chi2=0.7835$	$chi2=1.09$ $Prob>chi2=0.8961$

注：****、***、**、* 分别代表1%、5%、10%、15%显著性水平。

考虑内生性影响后发现（见表4-8）：不纳入政策变量时，模型1 HAUSMAN 检验表明，该模型适宜固定效应模型，行业产值滞后项、固定资产投资、能耗对行业发展均存在显著影响，影响系数符号分别为正、正和负。纳入政策变量后，模型2 HAUSMAN 检验表明，该模型适宜固定效应模型，此时模型拟合优度也提高，行业产值滞后项、固定资产投资、能耗对行业发展均存在显著正向影响，政策变量系数 D 没有通过显著性水平检验。总体而言，贸易配额制这一政策变量对纺织服装服饰业的影响效果不明显。

表4-8 考虑内生性影响后政策变量有无对行业产值影响的参数估计
（纺织服装服饰业）

变量	模型1（无政策变量）	模型2（有政策变量）
	FE	FE
gdp_1	0.599****	0.599****
lnk	0.351****	0.353****
lnl	−0.033	−0.039
lne	−0.097****	0.101****
D	—	0.016
$\_cons$	0.313**	0.301**
R^2	92.53%	92.56%
HAUSMAN 检验	−3.54	−4.21

注：****、***、**、* 分别代表1%、5%、10%、15%显著性水平。

其三，皮革毛皮羽毛制鞋业受益于贸易配额政策。

表4-9显示，第一，不考虑贸易配额制度时，模型1较为适用随机效应模型，模型拟合优度为34.69%，固定资产投资对行业产值具有正向促进作用，弹性系数为0.771，通过1%显著性水平检验；第二，考虑贸易配额制度时，模型2较为适用随机效应模型，模型拟合优度提高为60.86%，固定资产投资、劳动力投入人数对行业产值存在显著正向影响，影响系数分别为0.504、0.136。与此同时，政策变量系数 D 为0.279，通过1%显著性水平检验，说明纳入政策变量后，模型拟合度更好，且政策变量对行业发展起到促进作用。

四、时尚创意产业政策评价和风险分析：政府满意度

表4-9 政策变量有无对行业产值影响的参数估计（皮革毛皮羽毛制鞋业）

变量	模型1（无政策变量） RE	模型2（有政策变量） RE
lnk	0.771****	0.504****
lnl	0.098	0.136*
lne	0.076	0.022
D	—	0.279****
$\_cons$	1.199****	2.412****
R^2	34.69%	60.86%
HAUSMAN检验	$chi2=11.50$ $Prob>chi2=0.0093$	$chi2=73.52$ $Prob>chi2=0.0000$

注：****、***、**、*分别代表1%、5%、10%、15%显著性水平。

考虑内生性后发现（见表4-10），第一，不考虑贸易配额政策时，模型1较适用于随机效应模型，拟合优度为73.20%，且固定资产投入、能耗对行业发展存在明显正向影响，系数分别为0.196、0.070，分别通过1%、5%显著性水平检验；第二，考虑贸易配额政策时，模型2较适用于随机效应模型，拟合优度提高到73.27%，反映纳入政策变量后模型更趋于优化，另外，固定资产投资、能耗、政策变量系数D分别为0.205、0.080、0.042，分别通过1%、5%和15%显著性水平检验，说明贸易配额政策对行业发展起到明显促进效用。

表4-10 考虑内生性影响后政策变量有无对行业产值影响
的参数估计（皮革毛皮羽毛制鞋业）

变量	模型1（无政策变量） RE	模型2（有政策变量） RE
gdp_1	0.719****	0.685****
lnk	0.196****	0.205****
lnl	0.041	0.038
lne	0.070***	0.080***
D	—	0.042*
$\_cons$	0.194	0.281
R^2	73.20%	73.27%
HAUSMAN检验	$chi2=13.13$ $Prob>chi2=0.0106$	$chi2=127.90$ $Prob>chi2=0.0000$

注：****、***、**、*分别代表1%、5%、10%、15%显著性水平。

以上分析表明，行业内部受益于国际贸易配额政策的程度存在差异。总体上粤港澳大湾区 9 市时尚创意产业发展较为受益于贸易配置政策。其中，纺织业、皮革毛皮羽毛制鞋业受益较为明显，贸易配额政策明显促进行业发展；纺织服装服饰业受益不明显，贸易配额政策对该分支行业发展不存在明显正影响。另外，固定资产投资和能耗对所有分支行业发展均存在较为明显的正向影响。因而，该区域应加大行业固定资产投入和清洁能源投入。

3. 国际政策对纺织服装行业的影响

近年来，中美贸易摩擦此起彼伏，对我国传统外贸出口优势产业产生一定影响。尤其我国凭借相对廉价的劳动力和原料供应，在国际纺织服装产品出口中占据近 1/3 的市场份额。2017 年，我国纺织服装行业在连续两年的低迷发展后再次恢复增长，纺织服装出口 2686 亿元，增长 0.8%。在此大背景下，笔者较为担忧当前中美贸易摩擦会影响我国纺织服装行业的可持续发展，并试图通过国内技术创新开拓新兴市场来弥补因政治经济摩擦而丢失的部分国外市场。

（1）理论基础与模型设定。

随着国际环境的深刻变迁，国际贸易理论对传统产业升级换代后的商品贸易适用性产生分歧。一方面，人类社会处于大发展大变革大调整时代，国际贸易市场复杂化与利益集团化趋势明显，传统贸易保护主义与新兴贸易商品出现后的新贸易保护主义相互融合演化。另一方面，中国纺织服装行业转型升级处于进行时，科技、文化与纺织服装行业融合转变趋势明显，纺织服装行业演变的新方向为创意文化产业、时尚创意产业及其新兴产品。据此，笔者认为，纺织服装时尚行业面临传统理论与现实变化的冲突，亟须对现有国际贸易理论适用性进行必要的检视。

不同研究者从不同研究视角阐释了效率与贸易间的关系。一是从国家视角探讨生产率与贸易的关系。如茅锐等（2013）[①] 利用市场渗透率指数刻画国家总的产品生产率与贸易间的关系时，发现家具、服装和其他杂项制品的出口竞争力呈上升趋势，但竞争力增速放缓；同时建立总的中国出口竞争力方程，其中被解释变量为中国产品市场渗透率，解释变量中包含

---

① 茅锐，张斌. 中国的出口竞争力：事实、原因与变化趋势 [J]. 世界经济，2013（12）：3—28.

四、时尚创意产业政策评价和风险分析：政府满意度

某一产品的生产效率项，并得出中国总体的生产效率虽然与出口竞争力显著正相关但影响力较小的结论。二是从企业视角探讨生产率与贸易的关系。受上述研究启发，笔者将从产业视角研究效率与贸易间的关系。

众多文献对纺织服装出口竞争力及影响因素进行了探讨。首先，出口竞争力的衡量，Balassa（1965）[1]和赵毅霖（2015）[2]等用显示性比较优势指数、出口金额衡量各国在产品市场上的出口竞争力。其次，出口竞争力的影响因素，一是价格因素，白树强等（2015a）[3]认为中国纺织服装产业依靠低价格取胜，中国依然是贸易国竞争对手的价格追随者；二是汇率因素，张丽（2012）[4]、余敏（2012）[5]等证实汇率变动对纺织服装出口造成影响；三是原料和劳动力因素，宗毅君（2006）[6]认为纺织原料和劳动力成本是我国纺织服装行业贸易的两大竞争优势；四是外商直接投资因素，陈迅等（2004）[7]分析表明，FDI对我国产业内贸易发展具有阻碍作用，黄菁等（2006）[8]认为FDI对我国加工贸易升级具有积极影响。另外，行业效率和国际贸易政策是影响出口国贸易形势的重要因素。

综上，本书设定纺织服装时尚贸易可持续发展影响因素的取对数模型，公式如下：

$$\ln export_{it} = \beta_0 + \beta_1 \ln TFPCH_{it} + \beta_2 D_{it} + \lambda_k \sum \ln(X_k)_{it} + \alpha_i + \varepsilon_{it} \tag{1}$$

---

[1] Balassa B. Tartiff Protection in Industrial Countries: An Evaluation [J]. Journal of Political Economy, 1965, 73 (6): 573-594.

[2] 赵毅霖. 中国制造业对丝绸之路经济带出口竞争力研究综述 [J]. 商, 2015 (33): 246.

[3] 白树强, 郭明英, 程健. TPP对中国纺织服装贸易竞争力的影响分析 [J]. 当代经济管理, 2015 (08): 41-45.

[4] 张丽. 中国对美纺织品服装出口影响因素的实证分析 [J]. 江苏商论, 2012 (8): 79-83.

[5] 余敏. 基于引力模型对我国纺织服装产品出口影响因素的实证研究 [J]. 石河子大学学报 (哲学社会科学版), 2012, 26 (3): 78-82.

[6] 宗毅君. 中国、土耳其纺织品服装在欧盟市场竞争力比较研究 [J]. 世界经济研究, 2006 (5): 69-74.

[7] 陈迅, 李维, 王珍. 我国产业内贸易影响因素实证分析 [J]. 世界经济研究, 2004 (06): 48-54.

[8] 黄菁, 杨三根. 中国加工贸易结构升级影响因素的实证分析 [J]. 世界经济研究, 2006 (01): 41-47.

式中，被解释变量 $export$ 代表出口竞争水平，解释变量 $TFPCH$、D、X 分别代表行业效率、贸易政策和相关控制变量，k 代表控制变量个数，i 和 t 分别代表省份和年份，α_i 代表非可观察的地区固定效应，ε_{it} 代表随机误差项。模型变量的具体设定如下（见表4—11）：

表4—11 模型变量的具体设定

变量类别	研究变量	变量含义
被解释变量	出口竞争水平（$export$）	出口总额（ex）；出口竞争力指数（index）
解释变量	行业效率（$TFPCH$）	DEA-MALQUIST方法测算值，值在1附近
	国际贸易政策（D）	受国际贸易政策影响与否，取0、1值
控制变量	价格（$price$）	行业物价指数
	汇率（$excha$）	美元兑换人民币的比率
	原料（raw）	生产纱和化学纤维总吨数
	劳动力（$labor$）	行业从业人数
	外商直接投资（fdi）	行业外商直接投资额度

(2) 研究方法、数据来源及处理。

其一，研究方法。

本部分以纺织服装行业出口竞争力指数作为核心被解释变量，利用DEA-MALQUIST方法测度和分解行业生产率作为主要解释变量，并利用HAUSMAN检验和系统GMM估计法联合检验行业生产率对出口及竞争力的影响。

首先，出口竞争力指数。借鉴Balassa（1965）衡量国与国产业间贸易竞争力显示比较优势指数 RCA，本部分构建一国地区产品出口竞争力指数 $RRCA_{ij}$，数学表达式为：

$$RRCA_{ij} = \frac{X_{ij}/X_{tj}}{X_{ic}/X_{tc}} \tag{2}$$

式中，X_{ij} 表示省份 j 出口产品 i 的出口值，X_{tj} 表示 t 年省份 j 的进出口值，X_{ic} 表示中国产品 i 的出口值，X_{tc} 表示 t 年中国产品总的进出口值。

其次，DEA-MALQUIST指数法。借鉴Joshi（2010）定义的印度纺织服装企业投入产出要素及DEA方法，本书采用基于投入方向的规模报酬可变的DEA-MALQUIST指数法测度中国地区纺织服装行业全要素生

四、时尚创意产业政策评价和风险分析：政府满意度

产率指数。定义产出要素是地区行业总产值，投入要素包括本地区行业固定资产投资、平均工资、原料总产量、总能耗量。Fare 等（1994）将 DEA 效率进行 MALQUIST 指数分解为技术效率变化（EFFCH）、纯技术效率（PECH）、规模效率（SECH）、技术变化（TECHCH），全要素生产率指数（TFPCH）与它们间的关系式如下：

$$TFPCH = EFFCH \times TECHCH$$
$$TFPCH = PECH \times SECH \times TECHCH \qquad (3)$$

最后，HAUSMAN 检验和系统 GMM 估计。利用 HUASMAN 原假设和备择假设检验时尚贸易可持续发展模型（1），确定模型使用固定效应回归或者随机效应回归。接着，在式（1）解释变量中加入被解释变量的滞后项，进行系统 GMM 估计，Roodman（2006）研究表明，动态面板数据模型固定效应估计量相对于真实值偏小，而系统 GMM 的估计结果相对更准确。

其二，数据来源及处理。

选取 2007—2016 年中国大陆 30 个省份（除西藏）样本，数据来源于《中国统计年鉴》《中国能源统计年鉴》、国泰安数据库、中华人民共和国海关总署和国家统计局网站。

其中，原材料投入为纱和化学纤维总产量；固定资产投资额＝各省社会固定资产投资额×全国纺织服装固定资产投资额占全社会固定资产投资额的比重；工资水平利用居民人均可支配收入替代；从业人员＝各省总从业人员×全国纺织服装从业人员占全社会从业人员的比重；能耗＝各省总能耗×全国纺织服装能耗占全社会能耗的比重；行业产值＝各省工业增加值×全国纺织服装总产值占全社会工业总产值的比重；出口额＝各省出口总额×世界海关组织分类的第 58—63 章服装纺织品出口总额占全社会出口总额的比值；汇率为 1 美元兑换人民币的年平均值；行业物价指数利用全国物价指数替代；贸易政策取 0、1 变量，外贸依存度大于 50% 的省份取值为 1，小于 50% 的省份取值为 0。固定资产投资额、工资水平、出口额和外商直接投资额均按 2007 年全国物价指数进行平减，相关变量的统计描述（表 4-12 所示）。

表 4-12 变量的统计性描述

变量	平均值	标准差	最小值	最大值	样本量
出口额（百万美元）	11574.230	20989.250	61.583	117008.100	300
出口竞争力指数	1.017	0.283	0.276	1.602	300
全要素生产率指数	1.042	0.556	0.001	3.408	300
国际贸易政策	0.190	0.390	0	1	300
价格（百分比）	104.473	2.664	98.900	106.433	300
汇率（元人民币）	6.658	0.520	6.143	7.807	300
原料（万吨）	211.503	443.180	0.060	2356.020	300
劳动力（万人）	0.560	0.501	0.030	2.944	300
外商直接投资（亿元）	79.652	51.744	7.517	262.440	300

注：全要素生产率指数由 DEA-MALQUIST 方法测算得到，行业出口竞争力指数按 RRCA 计算得到。

(3) 实证结果分析。

其一，行业出口竞争力和全要素生产率的测算。

纺织服装行业的出口竞争力和行业效率均处于上升调整阶段，技术进步对行业效率起决定作用。第一，出口额倒 U 形态初现［如图 4-3（a）所示］。以 2014 年为拐点，2007—2014 年出口额呈上升趋势，年均增长率为 6.35%；但 2014—2016 年出口额呈轻微下降趋势，年均出口额均值维持在 11574.23 百万美元。第二，出口竞争力指数 V 型调整［如图 4-3（b）所示］。以 2009 年为转折点，2007—2009 年出口竞争力指数呈现下降走势；2009—2016 年总体为上升走势，年均增长率为 1.26%。尽管 2014—2016 年出口竞争力指数略微下降，但仍在 1 值上方。第三，全要素生产率指数为震荡上升走势［图 4-4（a）所示］。虽然多数跨年份的值在标准线（STA）下方，但是整体均值在标准线上方，为 1.042。第四，技术变化对全要素生产率影响明显［图 4-4（b）所示］。2006—2016 年技术变化的值围绕 1 上下波动，均值 1.042，而技术效率变化的均值为 1，反映在全要素生产率影响上技术进步的作用大于技术效率改变。

四、时尚创意产业政策评价和风险分析：政府满意度

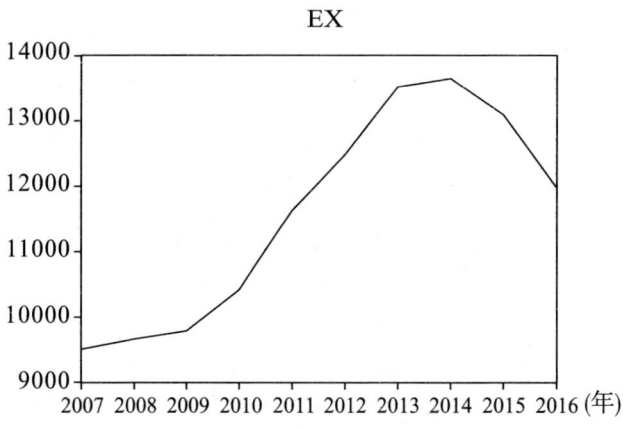

（a）纺织服装行业出口额均值（百万美元）

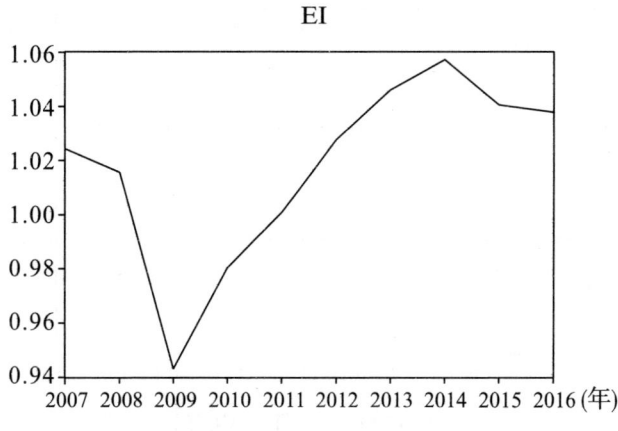

（b）纺织服装行业出口竞争力指数

图 4—3　2007—2016 年全国纺织服装行业出口额均值和出口竞争力指数

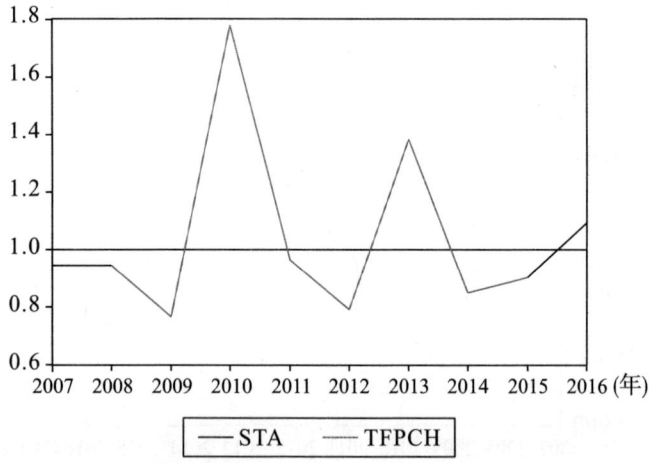

(a) 纺织服装行业全要素生产率指数

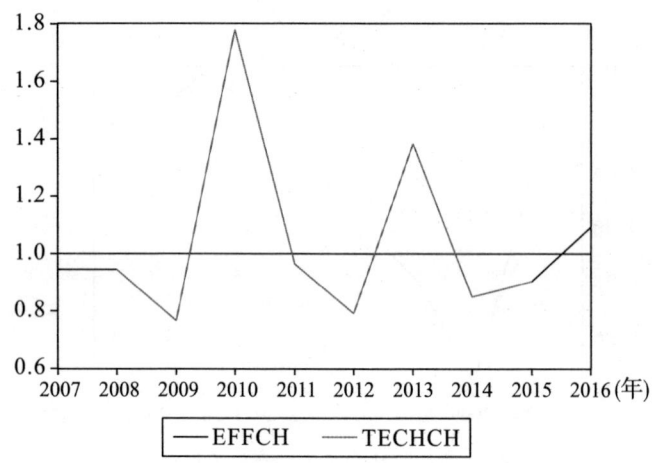

(b) 纺织服装行业全要素生产率分解指数

图 4-4 2006—2016 年全国纺织服装行业全要素生产率指数和分解指数

其二，行业出口竞争力影响因素的实证分析。

第一，行业出口额的影响因素分析。

静态模型分析显示（见表 4-13），无论考虑国际贸易政策与否，全要素生产率对行业出口额影响均不显著。首先，考虑国际贸易政策影响，面板数据模型更适应随机效应估计，OLS 和 RE 估计的全要素生产率指数系数均没有通过显著性水平检验。同时，OLS 和 RE 估计的汇率、原料和劳动力对出口额均存在显著正向影响。其次，不考虑国际贸易政策影响，

四、时尚创意产业政策评价和风险分析：政府满意度

面板数据模型更适应固定效应估计，OLS 和 RE 估计的全要素生产率指数系数均没有通过显著性水平检验。同时，OLS 和 RE 估计的原料和劳动力依然对出口额存在一致性显著正向影响。因此，静态模型估计中全要素生产率对出口额影响不显著，原料和劳动力始终对出口额存在显著正向影响。

动态模型分析显示（见表 4-13），无论考虑国际贸易政策与否，全要素生产率对行业出口额的负向影响存在但不够明显。首先，考虑国际贸易政策影响，面板数据模型更适应固定效应估计，Hansen 检验、AR(1) 检验和 AR(2) 检验支持了系统 GMM 方法。FE 和系统 GMM 估计的全要素生产率指数系数中，前者没有通过显著性检验，后者通过了 1% 水平的显著性检验。同时，FE 和系统 GMM 估计的滞后一期出口额、价格指数对出口额均存在显著正向影响。其次，不考虑贸易政策影响，面板数据模型更适应固定效应估计，Hansen 检验、AR(1) 检验和 AR(2) 检验支持了系统 GMM 方法。FE 和系统 GMM 估计的全要素生产率指数系数中，前者没有通过显著性检验，后者通过 1% 显著性水平检验。同时，FE和系统 GMM 估计的滞后一期出口额、价格指数对即期出口额均存在显著正向影响。所以，动态模型估计中全要素生产率对出口额影响不是特别明显，前期出口额、价格指数对即期出口额的正向影响较为明显。

表 4-13 出口额模型的估计

变量	静态模型				动态模型			
	OLS	RE	OLS	FE	FE	SYS-GMM	FE	SYS-GMM
$\ln(ex\_1)$					0.733***	0.960***	0.737***	0.974***
$\ln TFPCH$	0.013	−0.013	−0.020	−0.015	−0.013	−0.013***	−0.012	−0.013***
D	0.781***	0.047			−0.025	0.017		
$\ln price$	0.328	1.960	−6.178*	3.083***	5.038***	5.148**	5.076***	5.000***
$\ln excha$	2.847***	1.034**	4.701***	0.354	0.631	1.864***	0.636	1.819***
$\ln raw$	0.212***	0.208***	0.248***	0.128**	0.043	0.023**	0.040	0.020***
$\ln labor$	0.760***	0.437***	1.637***	0.310***	−0.047	−0.019	−0.052	−0.022*
$\ln fdi$	0.107	0.444***	−0.625***	0.466***	0.029	0.011	0.062	0.005
$\_CON$	0.204	−2.192	13.576***	−3.871*	−9.856***		−9.948***	
Hausman		−105.90		16.49 [0.011]	34.300 [0.000]		35.500 [0.000]	

续表4-13

变量	静态模型				动态模型			
	OLS	RE	OLS	FE	FE	SYS-GMM	FE	SYS-GMM
AR(1)						−2.42 [0.015]		−2.39 [0.017]
AR(2)						−0.64 [0.521]		−0.60 [0.552]
Hansen						23.79 [0.941]		29.16 [0.745]
N	300	300	300	300	270	270	270	270

注：OLS、FE、RE和SYS-GMM分别表示混合回归、固定效应回归、随机效应回归、系统矩估计；***、**和*分别代表1%、5%和10%显著性水平。

第二，行业出口竞争力指数的影响因素分析。

静态模型分析显示（见表4-14），无论考虑国际贸易政策与否，行业全要素生产率对出口竞争力指数不存在显著影响。首先，考虑国际贸易政策影响，面板数据模型更适应固定效应估计，OLS和FE估计的全要素生产率指数系数均没有通过显著性水平检验。同时，OLS和FE估计的原料对出口竞争力指数均存在显著正向影响。其次，不考虑国际贸易政策影响，面板数据模型更适应固定效应估计，OLS和FE估计的全要素生产率指数系数均没有通过显著性水平检验。OLS和FE估计的原料对出口竞争力指数均存在显著正向影响。所以，静态模型估计中全要素生产率对出口竞争力指数影响不显著，原料对出口竞争力指数存在显著正向影响。

动态模型分析显示（见表4-14），无论考虑国际贸易政策与否，行业全要素生产率对出口竞争力指数的负向影响存在但不明显。首先，考虑国际贸易政策影响，面板数据模型更适应固定效应估计，Hansen检验、AR(1)检验和AR(2)检验支持了系统GMM估计方法。FE和系统GMM估计的全要素生产率指数系数中，前者没有通过显著性水平检验，后者通过了1%显著性水平检验。FE和系统GMM估计的滞后一期出口竞争力指数、价格指数均对出口竞争力指数存在显著正向影响。其次，不考虑贸易政策影响，面板数据模型更适应固定效应估计，Hansen检验、AR(1)检验和AR(2)检验支持了系统GMM估计方法。FE和系统GMM估计的全要素生产率指数系数中，前者没有通过显著性检验，后者通过了1%显著性水平检验。FE和系统GMM估计的滞后一期出口竞争力指数、价格指数均对即期出口竞争力指数存在显著正向影响。所以，动态模型估计中全要素生产率对出口竞争力指数存在一定负向影响，但不明显，前期出口竞争力指数、价格指数对即期出口竞争力指数的正向影响较为明显。

表 4-14 出口竞争力指数模型的估计

变量	静态模型				动态模型			
	OLS	FE	OLS	FE	FE	SYS-GMM	FE	SYS-GMM
$\ln(index\_1)$					0.668***	0.903***	0.671***	0.937***
$\ln TFPCH$	0.011	−0.0002	0.014	0.0004	−0.002	−0.002***	−0.001	−0.003***
D	−0.069***	−0.018			−0.012	−0.001		
$\ln price$	1.442	0.314	2.017*	0.341	1.455***	1.354***	1.472***	1.506***
$\ln excha$	−0.157	0.867***	−0.321	0.884***	0.371	0.204**	0.371	0.288***
$\ln raw$	0.082***	0.107***	0.079***	0.106***	0.015	0.001	0.014	−0.003
$\ln labor$	−0.085	0.089**	−0.163***	0.088**	−0.002	−0.016*	−0.003	−0.016***
$\ln fdi$	0.003	0.151***	0.062	0.152***	0.063	0.021	0.062	0.026***
_CON	−2.933	−1.751	2.633	−1.823	−3.382***		−3.416***	
Hausman		17.92 [0.012]		14.60 [0.024]	26.99 [0.001]		23.17 [0.002]	
AR(1)						−2.73 [0.006]		−2.83 [0.005]
AR(2)						0.90 [0.366]		0.92 [0.359]
Hansen						22.75 [0.958]		23.77 [0.955]
N	300	300	300	300	270	270	270	270

注：OLS、FE、RE 和 SYS-GMM 分别表示混合回归、固定效应回归、随机效应回归、系统矩估计；***、**和*分别代表1%、5%和10%显著性水平。

第三，稳健性检验。

利用中国东部12个省、市和自治区 2007—2016 年面板数据对模型式（1）进行检验。综合运用 OLS、FE、RE 和 SYS-GMM 估计法，发现不论国际贸易政策干扰与否，静态模型估计中全要素生产率对出口额和出口竞争力指数均不存在显著影响；劳动力、原材料和汇率均对出口额与出口竞争力指数产生显著正向影响。动态模型估计中，全要素生产率对出口额和竞争力指数的负向影响存在但不甚明显；前期出口额、前期出口竞争力指数、原料对即期出口及竞争力存在显著正向影响。另外，利用全国30个省级数据，将行业增加值作为技术进步变量替代全要素生产率指数对式（1）进行检验，最终结果与上述结论一致。

（4）结论与对策。

本部分利用2007—2016年中国大陆30个省级纺织服装行业面板数据，采用DEA-MALQUIST指数分解法、静态面板数据模型和动态面板数据模型，测算并分析了行业效率及技术进步对出口竞争力的影响，得出中国纺织服装行业仅轻微适用新新贸易悖论这一基本结论，即行业效率与技术进步对出口竞争力存在负向影响，但不甚明显，同时中国时尚贸易受国际贸易干扰政策的影响相对有限。本研究为时尚贸易可持续发展提供了基本参考，具体结论如下：

第一，纺织服装行业的出口额和出口竞争力指数总体处于上升阶段，近年来轻微下调；全要素生产率指数波动中上升；技术进步对全要素生产率改善起决定作用。

第二，纺织服装行业的全要素生产率及技术进步对出口额和出口竞争力指数在短期内不存在影响，在长期内存在负面影响，但不甚明显；原料、汇率对出口额及价格、汇率对出口竞争力指数均存在较为一致的显著性正向影响。

第三，研究表明，国际贸易政策干扰对纺织服装行业的出口额和出口竞争力指数影响效果不显著；就中国整体行业而言，新新贸易理论的指导作用略显轻微，中国纺织服装贸易依然受原料、价格、汇率等传统比较优势及H-O理论的显著影响。

基于此，本部分提出进一步促进纺织服装时尚贸易可持续发展的措施。

首先，以出口额提升带动出口竞争力提升。应该坚持内需和外贸市场两手抓，有效消耗掉过剩产能；以中国香港、澳门和台湾为外贸支点，实施高端转口贸易；利用沿海自贸区优势实现国际存货周转率大幅提高；以省为单元实行国际贸易城市间的互联互通以便利贸易。同时，减少产值创造中的原料、劳动力和能源投入，加大固定资产更新投入，以综合提高全要素生产率；以绿色低碳理念节约原料和能源，进行清洁生产；进行智能设计和生产制造；加大缝纫制造业革命实现行业机器设备的自主装备制造。

四、时尚创意产业政策评价和风险分析：政府满意度

其次，短期内从依靠原料和价格等外贸优势转型到依靠设计、品牌和营销渠道优势。应引进国内外著名设计师，对设计专利实行最严格的知识产权保护；自主研发原创品牌，进行国际品牌营销；利用线上线下双渠道开拓国际市场，建立实体零售网络。长期内，从依靠劳动力、原材料等要素投入转型到依靠创意、设计和技术进步等创新要素促进行业发展。须对产品、工艺、流程、功能全方位升级；对行业企业进行互联网＋、物联网＋和人工智能改造；对产业链进行"政产学研"创新生态链构建；对微笑曲线高端的附加值研发和设计部分加大政府扶持力度；加大行业企业与科技、文化、金融等的跨界融合。

最后，积极开拓"一带一路"沿线市场，积极建立区域贸易伙伴关系，积极开展国与国之间贸易谈判，按国际产品技术标准和环境标准规范企业生产、运输和销售等行为，遵循国际法律和规则维护本国及企业外贸权益；实现更加优惠的产品进出口关税和退税，制定纺织服装贸易发展长远规划。另外，还应深挖传统优势，精耕细作：对本土原料和外来原料进行深加工提高附加值，开发石墨烯等新型面料，完善国储棉制度，设置国有纺织服装企业进出口棉花等战略资源资质；致力于设计中国国际品牌，最终实现自主定价，维持产品价格与性能和审美的比较优势，提升产品国际竞争力，对外向型企业实行更加优惠的用房用地政策，降低产品出口成本；继续推行人民币国际化，实行更加便利的结售汇制度，谨防人民币大幅升值制约出口。

（二）纺织服装行业经济社会贡献

1. 市场绩效分析

市场绩效简单而言就是市场配置资源的效率，产业组织理论衡量产业企业市场配置资源效率的指标包含收益率、勒纳指数和贝恩指数以及托宾 q 值。

（1）收益率。

收益率是衡量单位投资盈利几何的方法，一般表示为：

$$R = (\pi - T)/E \tag{1}$$

式中，R 表示企业税后资本收益率，π 表示税前利润，T 表示税收总额，E 表示自有资本。产业组织理论认为，所有企业获得市场利润趋于一致，即自身利润趋于行业平均利润时，社会资源配置效率达到了最优。

(2) 勒纳指数和贝恩指数。

勒纳指数是衡量价格与边际成本的偏离方法，在现实操作中由于边际成本较难衡量，采用平均成本进行替代，这就成了贝恩指数，即：

$$L = (P - MC)/P \qquad (2)$$

式中，L 表示勒纳指数，P 表示企业产品的市场价格，MC 表示企业生产产品的边际成本。完全竞争市场时，产品价格等于边际成本，$L=0$，此时市场绩效最高；存在市场垄断时，$P \neq MC$，此时 L 值在 0 和 1 之间，若 P 与 MC 差额越大，此时市场绩效越差。

$$BI = \pi_e / V \qquad (3)$$

式中，BI 表示贝恩指数，π_e 表示行业企业价格超过平均成本的超额利润，V 表示投资总额。同理，若 π_e 值越大，则说明市场绩效越差。

(3) 托宾 q 值。

托宾 q 值反映企业资产市场价值与它的重置价值的比率，即：

$$q = V/V_r \qquad (4)$$

式中，q 值可以大于、等于或小于 1 值。但当 q 值大于 1 时，企业获得垄断利润越多，社会福利损失将越大，因此市场绩效越低。

纺织服装行业企业的市场绩效可以得到有效评价。上述三个指标衡量市场绩效时均有优劣，基于数据可获得性和微观企业反映行业发展的真实性，本部分选用第一个利润率指标，以我国 20 家典型纺织服装上市企业为样本，比较分析不同企业的利润率，以期反映纺织服装领域市场配置资源的效率水平。具体选用企业会计上的总资本收益率和总资产净利润率来综合反映行业企业经济上的资本收益率水平（见表 4-15）。

2012 年企业市场绩效水平普遍较高，2018 年市场绩效水平普遍偏低。表 4-15 显示，2018 年与 2012 年相比，总资产利润率和总资产净利润率增加的企业分别有 5 家，另外 11 家企业的总资产利润率和总资产净利润率均减少。说明市场行业企业的平均利润普遍下降，总体市场绩效已经下降一个层次。造成这一现象的原因是，近年来全球经济减速，国内外市场

四、时尚创意产业政策评价和风险分析：政府满意度

需求相对萎缩，使市场效率运行在潜在效率之下。

表 4—15 纺织服装企业利润率

指标	总资产利润率（%）		总资产净利润率（%）	
时间	2012 年 12 月（或上市日）	2018 年 12 月	2012 年 12 月（或上市日）	2018 年 12 月
美邦服饰	12.1259	0.5603	10.6941	0.5826
歌力思	18.3193	8.703	20.7657	8.8573
浪莎股份	1.6824	3.5283	1.6184	3.4286
红豆股份	0.3236	3.2824	0.3423	3.2429
杉杉股份	2.4987	3.9199	4.6202	5.0491
希努尔	5.3635	2.3369	5.7814	2.849
海澜之家	3.6399	9.1581	3.8325	9.771
森马	8.2061	8.309	8.2828	8.7595
九牧王	13.082	6.0579	13.5483	5.723
报喜鸟	9.8323	1.5806	10.591	1.5811
七匹狼	10.2154	2.5986	12.96	2.5723
朗姿	8.7894	2.8644	9.2158	3.0898
太平鸟	4.9501	4.5253	5.4459	4.4817
拉夏贝尔	11.0263	2.8124	11.0263	2.8898
维格娜丝	19.7655	2.4389	22.5534	2.4132
雅戈尔	3.3251	3.1227	3.3563	3.3008

企业实质上的利润率水平虽然降低，但企业内部利润率差异在缩小。采用标准差衡量不同企业间的总资产利润率和总资产净利润率，以期反映企业内部之间利润率的偏离程度。表 4—16 显示，2018 年与 2012 年相比，16 家企业的总资产利润率标准差由 5.718 减至 2.591，总资产净利润率标准差由 6.318 减至 2.701。这说明企业内部之间的利润差距在缩小，此时所有企业效率更逼近市场平均效率。这从侧面反映出市场效率的底部已经形成，未来行业较难出现比 2018 年市场效率更低的局面。

表4—16 纺织服装企业收益率标准差

指标	总资产利润率（%）		总资产净利润率（%）	
时期	2012年12月（或上市日）	2018年12月	2012年12月（或上市日）	2018年12月
标准差	5.718	2.591	6.318	2.701

2. 经济贡献分析

贡献率经常用于分析经济增长中各因素作用大小的程度，具体公式如下：

$$贡献率(\%) = 某因素增加量 / 总增加量 \times 100\% \qquad (1)$$

依据该式分析纺织服装行业产值贡献率、出口贡献率、成本贡献率、税收贡献率，以期综合反映该行业的经济贡献水平。

(1) 产值。

纺织服装企业为我国经济增长做出了较突出的贡献。2013—2016年，规模以上纺织业产值占全部规模以上企业产值比重的均值为3.499%；规模以上纺织服装服饰业产值占全部规模以上企业产值比重的均值为1.976%；规模以上皮革毛皮羽毛制鞋业产值占全部规模以上企业产值比重的均值为1.287%。总体上，规模以上企业中，纺织服装企业产值占全部产值的比重维持在6.762%。相比2013年，2016年的行业产值贡献率由6.607%增加到6.870%，行业产值贡献率呈扩大趋势。

表4—17 规模以上纺织服装企业产值贡献率（%）

年份	2013	2014	2015	2016	均值
纺织业	3.477	3.452	3.568	3.497	3.499
纺织服装服饰业	1.901	1.928	2.021	2.054	1.976
皮革毛皮羽毛制鞋业	1.229	1.269	1.331	1.319	1.287
总占比	6.607	6.649	6.920	6.870	6.762

(2) 出口交货值。

纺织服装企业为我国出口做出了突出贡献。2013—2016年，规模以上纺织业出口交货值占全部规模以上企业出口交货值比重的均值为3.308%；规模以上纺织服装服饰业出口交货值占全部规模以上企业出口

四、时尚创意产业政策评价和风险分析：政府满意度

交货值比重的均值为4.127%；规模以上皮革毛皮羽毛制鞋业出口交货值占全部规模以上企业出口交货值比重的均值为2.872%。其中，纺织服装业出口交货值占全部出口交货值的比重维持在10.307%。2016年与2013年相比，纺织服装业出口交货值占全部出口交货值的比重由10.441%下降到10.229%。

表4-18 规模以上纺织服装企业出口交货值贡献率（%）

年份	2013	2014	2015	2016	均值
纺织业	3.477	3.249	3.176	3.329	3.308
纺织服装服饰业	4.191	4.135	4.155	4.029	4.127
皮革毛皮羽毛制鞋业	2.774	2.877	2.966	2.870	2.872
总占比	10.441	10.261	10.297	10.229	10.307

（3）主营业务成本。

纺织服装企业主营业务成本占据我国规模以上行业企业发展成本较大一部分。2013—2017年，规模以上纺织业主营业务成本占全部规模以上企业主营业务成本比重的均值为3.609%；规模以上纺织服装服饰业主营业务成本占全部规模以上企业主营业务成本比重的均值为1.943%；规模以上皮革毛皮羽毛制鞋业主营业务成本占全部规模以上企业主营业务成本比重的均值为1.283%。总体上对规模以上企业而言，纺织服装业主营业务成本占全行业总成本的比重维持在6.917%。因此，我国纺织服装业主营业务成本占据全行业主营业务成本的较大一部分。

表4-19 规模以上纺织服装企业主营业务成本贡献率（%）

年份	2013	2014	2015	2016	2017	均值
纺织业	3.610	3.603	3.766	3.696	3.369	3.609
纺织服装服饰业	1.864	1.901	2.013	2.069	1.869	1.943
皮革毛皮羽毛制鞋业	1.225	1.263	1.332	1.327	1.269	1.283
总占比	6.699	6.767	7.111	7.092	6.917	6.917

（4）缴纳税收。

纺织服装行业纳税额占据我国纳税总额较大份额。以2013—2014年为例，第一，行业应交所得税份额较大。纺织业、纺织服装服饰业、皮革

毛皮羽毛制鞋业的纳税额分别占总纳税额的 2.979%、1.983%、0.921%。三个分支行业所得税总额占全部规模以上企业应交所得税的 5.883%。第二，行业应交增值税较大。纺织业、纺织服装服饰业、皮革毛皮羽毛制鞋业的增值税分别占总增值税额的 2.868%、1.767%、1.109%，三个分支行业增值税总额占全部规模以上企业应交增值税额的 5.745%。第三，纺织服装行业总纳税额可观。总体上，纺织服装行业应交所得税和应交增值税占总税收的比重维持在 6% 以内，为国家税收做出了较大贡献。

表 4-20　规模以上纺织服装企业纳税额贡献率

指标	应交所得税（%）			本年应交增值税（%）		
年份	2013	2014	均值	2013	2014	均值
纺织业	3.045	2.914	2.979	2.831	2.906	2.868
纺织服装服饰业	1.958	2.009	1.983	1.736	1.798	1.767
皮革毛皮羽毛制鞋业	0.916	0.925	0.921	1.081	1.137	1.109
总占比	5.919	5.848	5.883	5.648	5.842	5.745

综合以上分析，近年来纺织服装行业对我国经济发展贡献较为突出，表现在税收可观、产值较高、出口突出、摊销较大。因此，可以看出政府对我国纺织服装行业的经济发展贡献水平评价相对较高。

3. 社会贡献分析

广东省纺织服装行业全社会固定资产投资额呈上升趋势（如图 4-5 所示）。以纺织服装行业为例，2006—2017 年，全社会固定资产投资由 200 亿元左右增加到 900 亿元左右，固定资产投资额总增长率为 313.68%，年均增长率为 26.14%，反映纺织服装行业全社会固定资产投资额呈较快增长形势。但相比全省固定资产投资总额，纺织服装行业固定资产投资额仅占很小一部分，2017 年仅约占 1/40000。由此看出，纺织服装行业固定资产投资额为社会总固定资产投资额做了一定贡献，未来固定资产更新、改造和升级仍有巨大投资空间。

四、时尚创意产业政策评价和风险分析：政府满意度

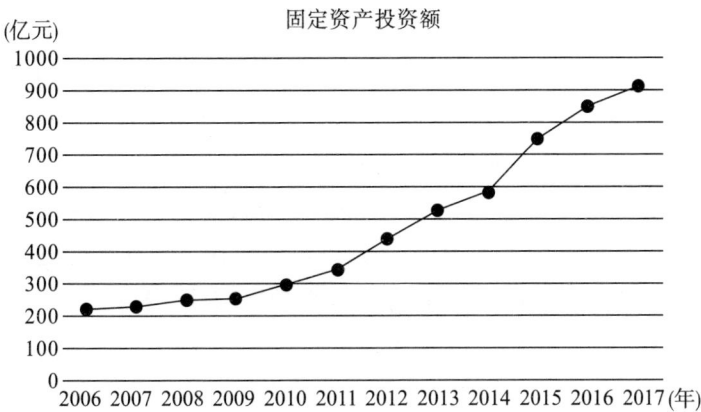

图 4-5 广东省纺织服装行业全社会固定资产投资额趋势

广深莞地区纺织服装行业就业分化相对明显，总就业人数呈下降趋势。图 4-6 显示了规模以上纺织服装行业年末就业人数情况。总体上，分支行业和总行业的就业人数均下降。以 2010 年为峰值拐点，总行业、纺织业、纺织服装服饰业、皮革毛皮羽毛制鞋业的就业人数分别为 87.73 万人、23.08 万人、22.06 万人、42.59 万人。截至 2016 年，以上四者人数分别下降到 45.04 万人、7.23 万人、18.70 万人、19.10 万人，相比高峰期人数分别下降了 48.66%、68.67%、15.21%、55.15%。由此可见，纺织业下降幅度最大，其次是皮革毛皮羽毛制鞋业。此外，广深莞地区规模以上纺织服装行业总就业人数占三地总就业人数的 1.86%，规模以上企业对劳动力的吸纳能力不够强。可能的原因是，近年来行业不景气，对就业人口吸纳能力下降。

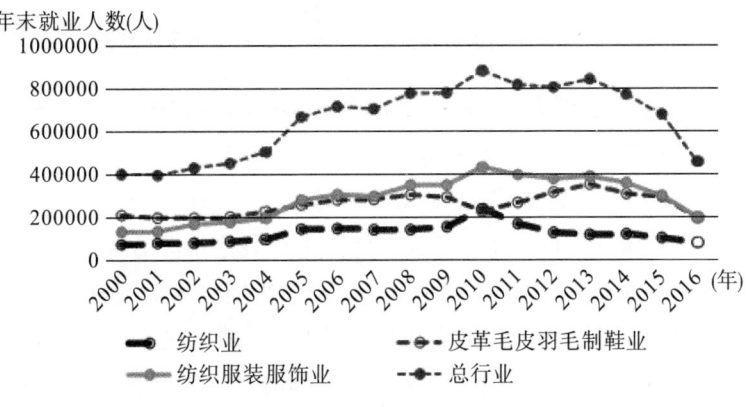

图 4-6 广深莞地区纺织服装行业年末就业人数趋势

广深莞地区纺织服装行业人均工资水平总体呈上升趋势(如图4-7所示)。第一,按照细分行业比较,纺织业年人均工资水平最高,其次是纺织服装服饰业,工资水平最低的是皮革毛皮羽毛制鞋业。2000—2016年,三者的年人均工资平均值分别为40230.81元、30281.45元、24152.94元。第二,以2011年为拐点,细分行业的工资水平出现明显分异。其中,纺织业年人均工资水平增速最快,其次是皮革毛皮羽毛制鞋业,年人均工资水平增速最慢的是纺织服装服饰业。相比2011年,2016年其年人均工资上涨幅度分别为156.63%、44.49%、26.25%。第三,从全行业角度而言,总工资水平仍然持续增长。2000—2016年,纺织服装行业年人均工资水平由14460.44元增加为58817.44元,行业总工资水平约增长4.07倍,未来行业工资水平仍然看涨。相比较发达的广深莞地区其他行业,未来纺织服装行业工资水平仍然存在较大上涨空间。

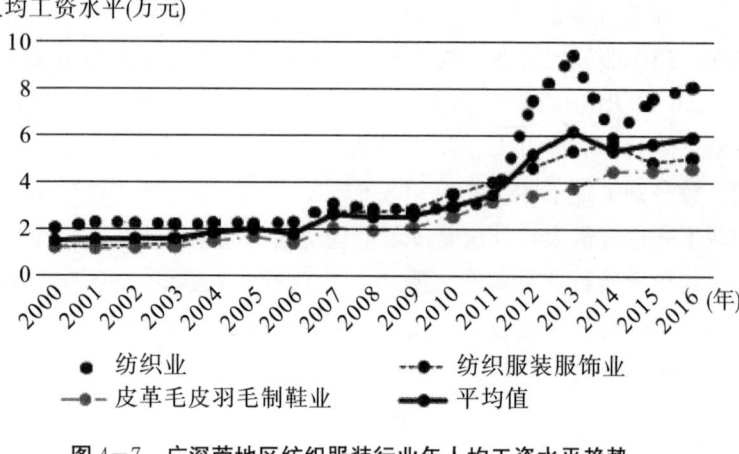

图4-7 广深莞地区纺织服装行业年人均工资水平趋势

广深莞地区纺织服装行业工资水平虽然在涨,但在全国工资水平中并不具备比较优势。图4-8显示,中国加入WTO之前,纺织服装行业人员平均工资高于全国在岗职工平均工资;2012—2013年该行业人员平均工资略高于全国在岗职工平均工资;除此之外,其他年份的行业人员平均工资均低于全国在岗职工平均工资。这说明,在经济相对发达的广深莞地区,纺织服装行业发达,但依靠的是相对低廉的人工成本。因工资水平是行业劳动生产率的集中体现,工资水平高则劳动生产率高,反之则相反。按照刘易斯二元结构理论,劳动力会从生产率较低部门撤离,流向生产率

四、时尚创意产业政策评价和风险分析:政府满意度

较高部门,广深莞地区纺织服装行业人员流失现象不可避免。该行业亟待扭转低端发展模式,由劳动密集型产业转型为资本、知识、技术和创意型产业,提高劳动生产率。

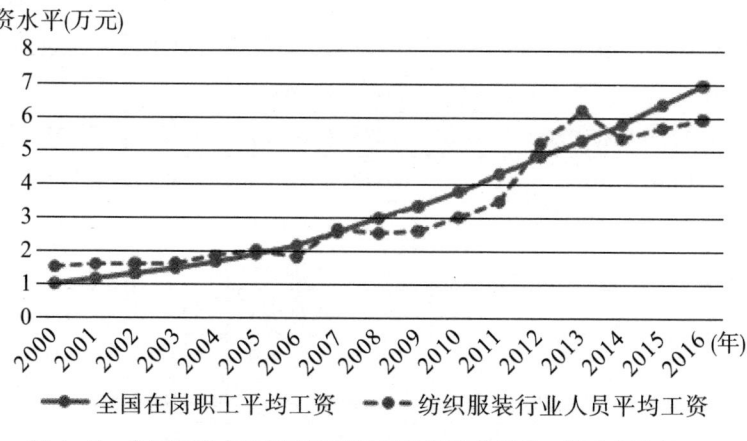

图4-8 全国工资水平与广深莞地区纺织服装行业工资水平比较

行业社会贡献度稍显不足,相比其他行业不具有生产率比较优势。表4-21显示,2017年全国人均工资水平最高的行业是信息传输、计算机服务和软件业,近三年年人均工资为12.26万元;其次是金融业、科学研究技术服务和地质勘查业,年人均工资分别为11.83万元、9.80万元。广深莞地区纺织服装行业与全国行业工资比较,排名相对落后,名次为15名,年人均工资为5.75万元。该地区行业工资水平仅高于全国建筑业、水利环境公共设施管理业、居民服务及其他服务业、住宿和餐饮业及农林牧渔业。由此可见,广深莞地区纺织服装行业总体工资水平不具有竞争优势,利用低端劳动力进行加工生产及贸易的成分依然较大,行业沦为底层产业的风险较大。

表4-21 2015—2017年全国各行业与广深莞地区纺织服装行业年人均工资比较

单位:元

行业	2017	2016	2015	人均工资均值	排名
信息传输、计算机服务和软件业	133150	122478	112042	122557	1
金融业	122851	117418	114777	118349	2
科学研究技术服务和地质勘查	107815	96638	89410	97954.33	3
电力、燃气及水的生产和供应业	90348	83863	78886	84365.67	4

续表 4-21

行业	2017	2016	2015	人均工资均值	排名
卫生、社会保障和社会福利业	89648	80026	71624	80432.67	5
文化、体育和娱乐业	87803	79875	72764	80147.33	6
租赁和商务服务业	81393	76782	72489	76888	7
教育	83412	74498	66592	74834	8
交通运输、仓储和邮政业	80225	73650	68822	74232.33	9
公共管理和社会组织	80372	70959	62323	71218	10
批发和零售业	71201	65061	60328	65530	11
房地产业	69277	65497	60244	65006	12
采矿业	69500	60544	59404	63149.33	13
制造业	64452	59470	55324	59748.67	14
纺织服装业（广深莞地区）	57491	58817	56164	57490.67	15
建筑业	55568	52082	48886	52178.67	16
水利、环境和公共设施管理业	52229	47750	43528	47835.67	17
居民服务和其他服务业	50552	47577	44802	47643.67	18
住宿和餐饮业	45751	43382	40806	43313	19
农林牧渔业	36504	33612	31947	34021	20

资料来源：国家统计局网站、各市统计年鉴。

综上所述，纺织服装行业对全社会的贡献能力在持续减弱，尤其在发达地区对拉动就业、平抑工资差距、拉动地方固定资产投资等方面的动能不足。较大一部分原因在于，广深莞地区以科技、金融和战略新兴产业及高技术产业为主导发展方向，纺织服装行业相比新业态新行业而言，在行业发展、人才吸引、技术研究、资本进入等方面均不具有相对优势，该行业如不进行深刻的自我革新，生存空间将被高端产业进一步挤压。这也间接解释了近几年来传统制造业由深圳向惠州、东莞等地区梯度转移和外迁的原因。

4. 环境贡献分析

目前，我国对于工业污染防治仍然面临较大压力。第一，全国工业废水排放总量高位企稳，排放总量已见顶（如图 4-9 所示）。1980—2010 年，工业废水排放总量为 M 头肩底走势，1988 年和 2008 年，工业废水

四、时尚创意产业政策评价和风险分析：政府满意度

排放总量峰值分别为 270 亿吨和 250 亿吨。近年来，特别是党的十八大以来，工业废水排放总量得到控制，废水排放总量呈现持续下降走势。第二，全国工业废气排放总量持续上升（如图 4-10 所示）。1980—2010 年，工业废气排放总量增长超过 5 倍。近几年，我国实施"蓝天保卫战"和雾霾治理政策，工业废气排放总量有望持续下降。第三，全国工业固体废物排放总量持续上升（如图 4-11 所示）。1980—2010 年，工业固体废物排放总量翻了近 6 倍。近几年，固体废物处理利用量的持续上升，能较好弥补因工业增多造成的环境负担。

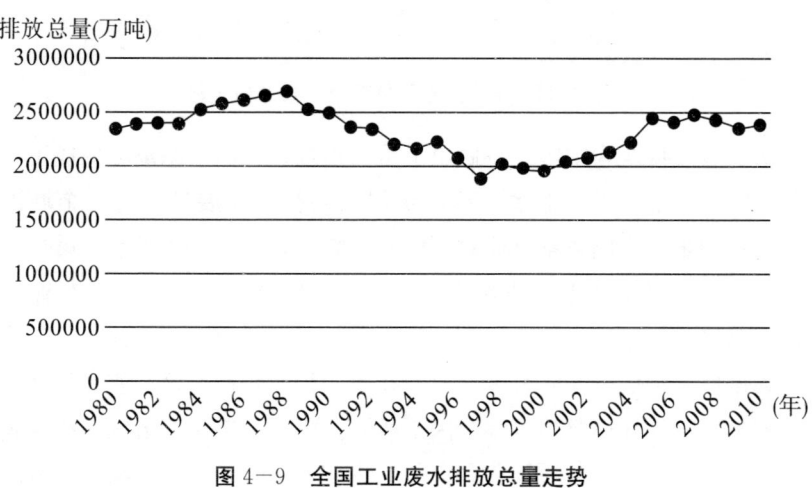

图 4-9 全国工业废水排放总量走势

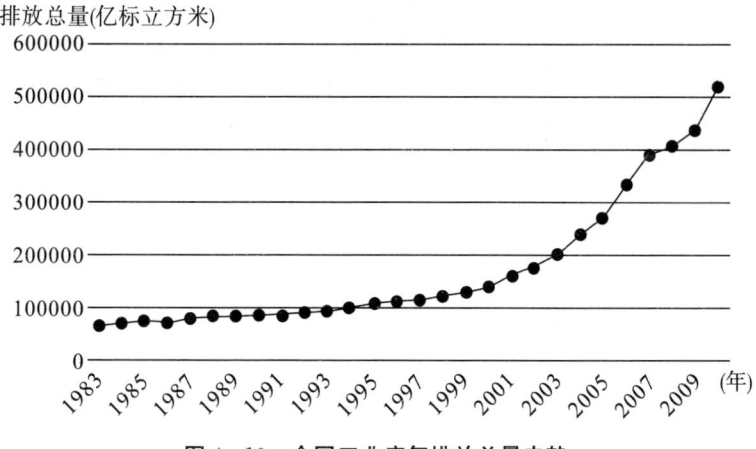

图 4-10 全国工业废气排放总量走势

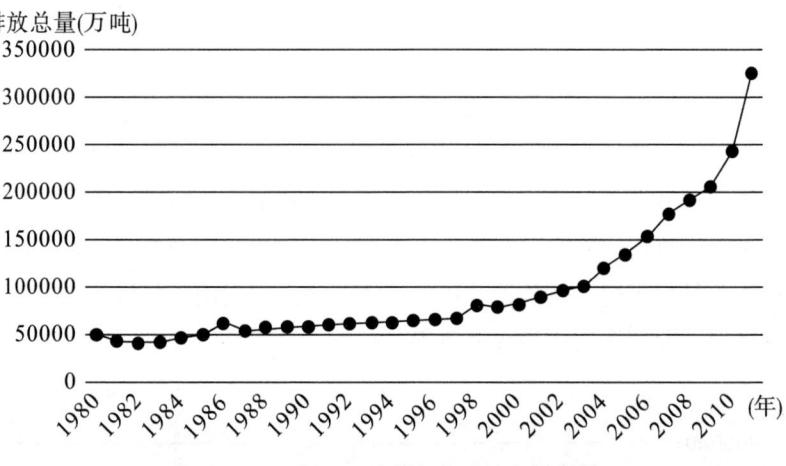

图 4-11　全国工业固体废物排放总量走势

纺织服装行业为中国经济做出了重大贡献，也给生态环境造成了一定的负向影响。笔者以粤港澳大湾区纺织服装行业发展较好的三个城市广州、深圳和东莞为例考察行业对环境的影响。如图 4-12 所示，第一，广深莞地区纺织服装行业碳排放总量呈现先升后降趋势，2013 年行业达到碳排放总量峰值，为 0.275 亿吨。近年来，该行业碳排放总量持续下降，年均碳排放总量低于 500 万吨。原因在于，行业转型升级、实体经济稍微下滑和国家重视环境整治等综合因素所致。第二，广深莞地区纺织业碳排放总量远高于纺织服装服饰业和皮革毛皮羽毛制鞋业。近年来后两者碳排放总量均值分别在 50~80 万吨，碳排放总量下降相对明显。第三，不管是分支行业还是总行业的碳排放总量均呈下降趋势。尤其在 2013—2016 年，总行业碳排放总量、各分支行业碳排放总量呈现稳健下降趋势。由此可以预见，行业给环境造成的压力在逐步减轻。

四、时尚创意产业政策评价和风险分析：政府满意度

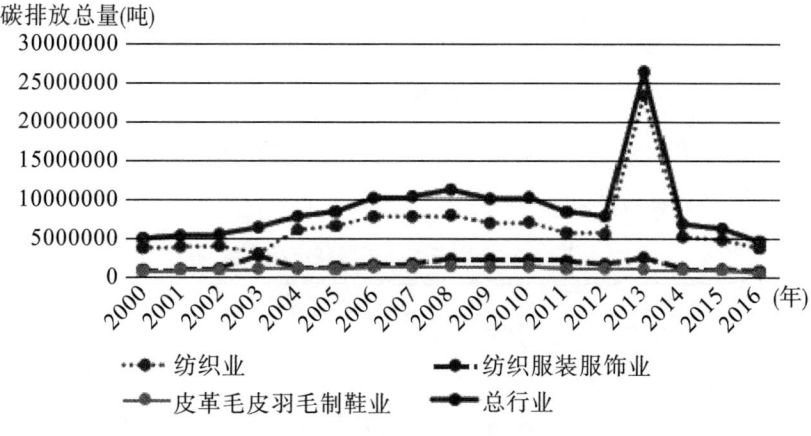

图 4-12 广深莞地区纺织服装行业历年碳排放量

广深莞地区创新走廊纺织服装行业单位产值的污染排放量呈下降态势。图 4-13 显示，无论是纺织业、纺织服装服饰业、皮革毛皮羽毛制鞋业，还是总行业，它们的万元产值碳排放量走势趋同性明显，即单位产值能耗量总体呈下降走势，在 2013 年达到最大值后均冲高回落。其中，2000—2016 年，单位产值碳排放量在纺织业下降 65.07%、纺织服装服饰业下降 79.79%、皮革毛皮羽毛制鞋业下降 80.73%、总行业下降 70.91%。由此可见，广深莞地区走廊的纺织服装行业产值在提升，同时碳排放量在减少。

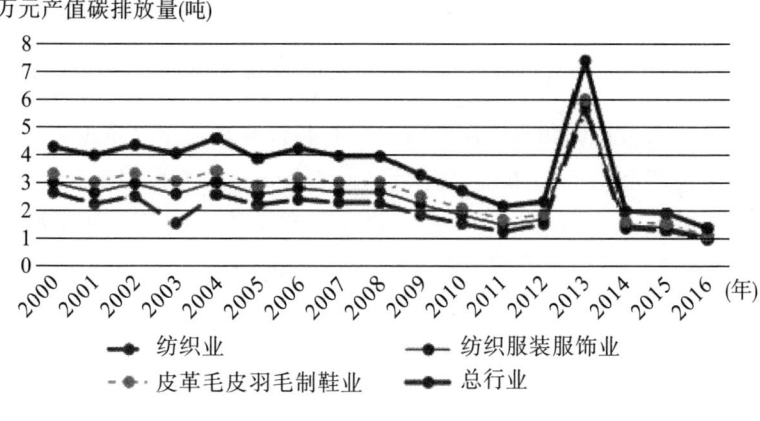

图 4-13 广深莞地区纺织服装行业万元产值碳排放量走势

广东省纺织服装生产量回落必然使水耗量下降。纱、布、化学纤维、印染布和衣服生产需要消耗大量的水，造成废水污染，给环境也造成一定

危害。表4-22显示，2006—2017年，广东省的纱、布、化学纤维、印染布和衣服产量均呈现高位回落态势，它们的年均产量依次为39.36万吨、33.24亿米、50.26万吨、47.81亿米、533238.19万件。近三年来，各项产量均值明显低于高峰期值，这说明广东省纺织服装产品产能略微收缩，必然影响该行业的水耗量。

表4-22 广东省纺织服装产品产量

年份	纱产量（万吨）	布产量（亿米）	化学纤维产量（万吨）	印染布产量（亿米）	衣服产量（万件）
2006	35.22	46.19	41.21	31.94	554503.84
2007	41.06	44.87	49.16	42.16	489388.71
2008	37.34	29.94	41.6	43.03	484910.65
2009	36.08	36.12	43.87	49.64	587884.44
2010	45.16	35.5	44.54	62.30	695673.9
2011	43.59	24.5	41.96	54.04	602796.11
2012	42.10	23.5	57.11	49.25	544150.45
2013	36.86	36.3	56.00	45.13	483110.74
2014	41.08	37.72	59.13	86.17	548070.45
2015	38.43	28.65	58.32	39.61	446389.2
2016	33.42	27.1	58.98	33.78	492523.46
2017	42.04	28.47	51.29	36.70	469456.33
均值	39.36	33.24	50.26	47.81	533238.19

利用耗水量指标测算广东省的纺织服装行业水耗量。依据万融[①]等对各纺织服装产品生产的单位水耗量（见表4-23）分析，来计算2006—2017年广东省纺织服装产品生产水耗总量和年均水耗量。研究发现（如图4-14所示），广东省纺织服装产品生产的水耗总量呈下降趋势，尤其近三年来，各年水耗量均在6.154亿立方米这一均值以下，这也印证了上述关于纺织服装产品水耗总量持续下降的结论。

---

① 万融，陈颖. 纺织服装产业可持续发展的生态思考［J］. 环境保护，2003（07）：52—56.

四、时尚创意产业政策评价和风险分析：政府满意度

表4-23 纺织服装产品的单位水耗量

纺纱	织布	棉纺印染	毛纺染整	人造纤维	合成纤维	服装
200 立方米/吨	3 立方米/百米	5.5 立方米/百米	44 立方米/百米	300 立方米/吨	270 立方米/吨	210 立方米/万件

数据来源：万融，陈颖. 纺织服装产业可持续发展的生态思考［J］. 环境保护，2003（07）：52-56.

广东省纺织服装行业的单位产值水耗量持续下降，对环境贡献突出。2011—2017年，对广东省纺纱、织布、印染、化学纤维和服装生产的产值与水耗量进行比较，发现纺织服装产品单位产值水耗量持续下降，2017年相比2011年单位产值水耗量下降87.48%。近三年，广东省纺织服装行业单位产值水耗量均值维持在54.84立方米/万元。纺织服装行业水耗量下降使污水排放量大大减少，已为工业污染防治做出表率。

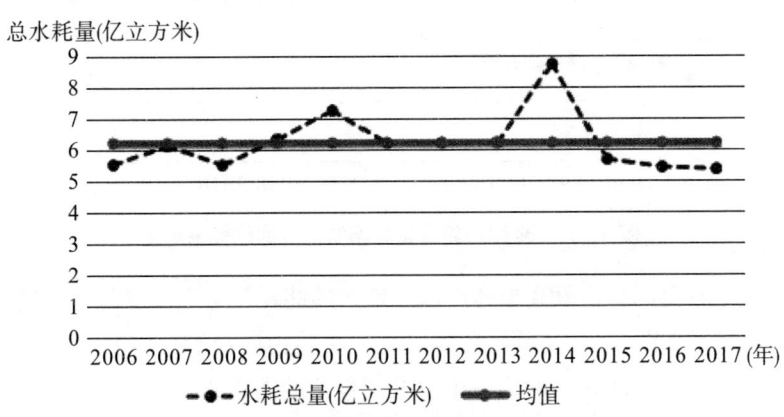

图4-14 广东省纺织服装产品生产的水耗总量

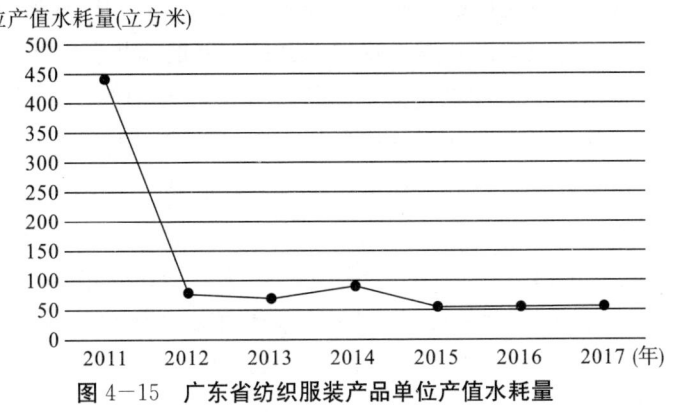

图4-15 广东省纺织服装产品单位产值水耗量

纺织服装行业能耗对环境的污染不容小觑。一方面，全国纺织服装鞋帽制造业能耗量仍然持续增长。图 4-16 显示，1994—2016 年，全国纺织服装鞋帽业生产的能耗量由 276.23 万吨标准煤，上升到 935.84 万吨标准煤，总涨幅 238.97%，年均增幅 9.95%，反映出行业能耗的强烈增长趋势。不置可否，我国纺织服装鞋帽制造业依然为以煤炭为主的多元能源利用结构，能耗越多，对空气污染越严重。

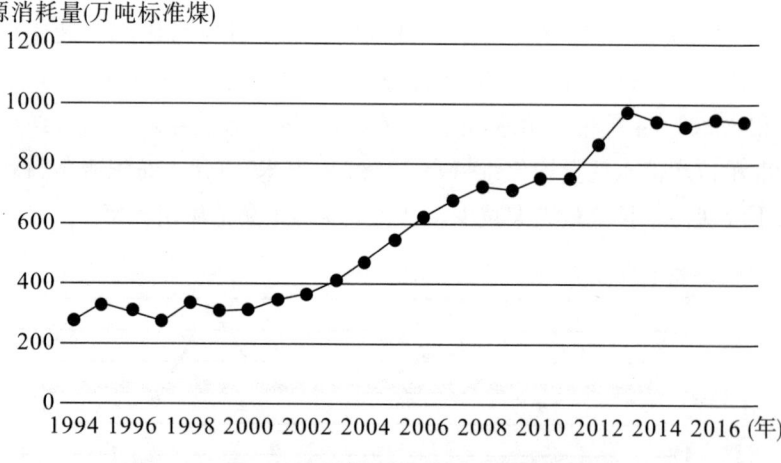

图 4-16　全国纺织服装鞋帽制造业的能耗量趋势

另一方面，纺织服装重地广深莞地区的能耗量呈下降趋势，节能减排力度明显（如图 4-17 所示）。第一，广深莞地区纺织业能耗量最大，远高于纺织服装服饰业和皮革毛皮羽毛制鞋业的能耗水平。2000—2016 年，纺织业年均能耗量为 2426788.70 吨标准煤，而纺织服装服饰业、皮革毛皮羽毛制鞋业年均能耗量分别为 534650.01 吨、290001.51 吨标准煤。第二，纺织服装行业总能耗量呈现先上升后下降的趋势。2008 年，广深莞地区纺织服装行业总能耗量达到阶段性峰值，为 4162155.26 吨标准煤，之后逐年下降，2013 年爆发性增长到 9888126.96 吨标准煤。第三，无论总能耗量还是分支行业的能耗量，均呈下降走势。2016 年相比 2000 年，纺织业、纺织服装服装业、皮革毛皮羽毛制鞋业能耗量和总能耗量分别下降了 0.09%、24.18%、25.39%和 5.90%。其中，皮革毛皮羽毛制鞋业的碳排放量降幅最大，其他分支行业的能耗量下降依然存在较大空间。以上分析表明，广深莞地区纺织服装行业能耗量持续下降趋势已成为定势。

四、时尚创意产业政策评价和风险分析：政府满意度

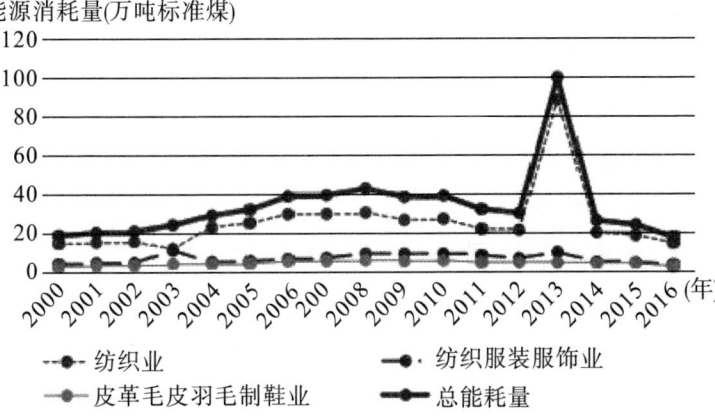

图 4-17 广深莞地区纺织服装行业能耗量趋势

事实上，广深莞地区纺织服装行业单位产值能耗量在持续走低。图 4-18 显示，第一，纺织业单位产值能耗量低于纺织服装服饰业和皮革毛皮羽毛制鞋业单位产值的能耗量。前者年均能耗量为 0.096 吨标准煤/万元，后两者年均能耗量分别为 0.134 吨标准煤/万元、0.773 吨标准煤/万元。第二，总行业和分支行业单位产值能耗量趋同性下降走势较为一致。以上说明广深莞地区纺织服装行业环境绩效改善明显，越低的能耗量创造了越高的行业产值。

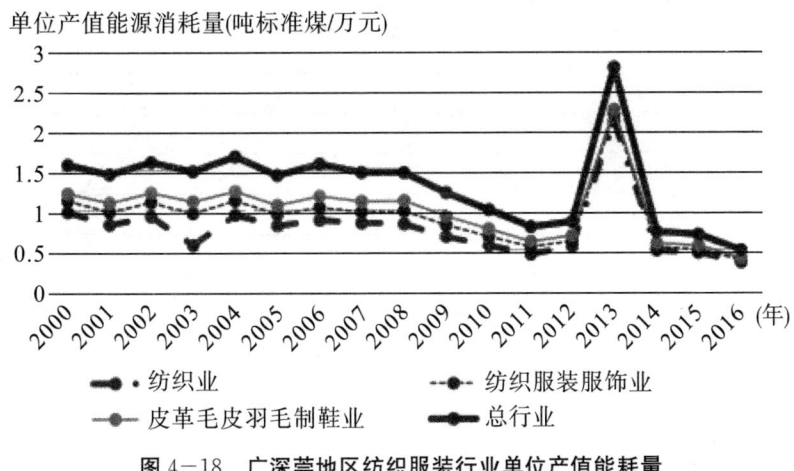

图 4-18 广深莞地区纺织服装行业单位产值能耗量

综上所述，尽管全国污染防治承压较重，区域纺织服装行业对改善环境的贡献仍在不断加大，这表现在区域性纺织服装行业的能耗、水耗和碳

排放总量不断降低,行业单位产值的能耗量、水耗量和碳排放量亦呈现明显下降走势。这是国际经济需求量相对放缓、国内污染防治攻坚战和供给侧改革促使行业转型升级等多方因素作用的结果。未来随着新技术、新体制机制和人力资本创新优势的进一步发挥,纺织服装行业步入高质量发展阶段且对生态环境破坏影响愈发变小。

5. 纺织服装行业财务风险评价

行业总体风险依然可控。企业金融财务风险越小政府满意度越高。原因是:其一,产生系统性金融风险,企业负债增加,银行贷款的风险增加,银行坏账增多,不利于整个金融系统的稳定;其二,企业经营困难,企业面临倒闭,产业工人面临大规模失业,不利于家庭和社会的稳定;其三,财务风险小,反映企业盈利能力依然强劲。因此,政府期望企业财务风险较小,对税收、就业、稳定等产生多赢影响。

最近三年,我国 GDP 增速出现一定波动,预示经济风险不确定性加大(如图 4-19 所示)。经济波动给企业经营带来较大不确定性。以季度 GDP 增速为例,经济增速经历了企稳、波动上升、波动下降、企稳四个阶段。目前季度 GDP 增速在 6.7%~6.9%之间波动,经济韧性和风险可控力依然较强。

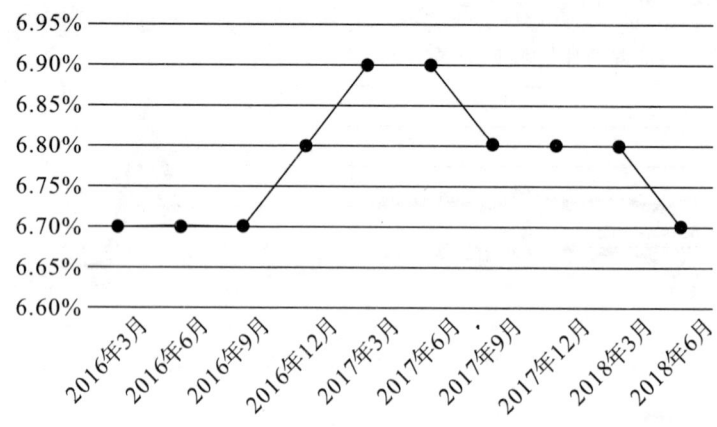

图 4-19 我国季度 GDP 增速趋势

受经济波动影响,纺织服装行业经历高速发展后,因企业前期积累实力较为雄厚,行业在下行阶段总体风险依然可控。以典型服装上市公司为例(见表 4-24),虽然行业竞争较为激烈,在行业发展最为严峻的 2016

四、时尚创意产业政策评价和风险分析：政府满意度

年，所有企业均实现了盈利，平均每股收益 0.315 元，主要受前期行业内外贸易持续盈利翘尾因素影响。2017 年开始，行业发展出现明显分化，不同上市企业的盈利均出现明显下滑，如希努尔每股收益甚至出现负值。2017 至 2018 年上半年，这种分化及下行趋势一直持续到 2018 年上半年，所有企业扭亏为盈，但依然与 2016 年盈利水平存在一定差距。所以，纺织服装企业在近几年波动发展后，风险依然可控。

表 4-24 典型上市公司每股收益季报（元）

季度	2018 年 6 月	2018 年 3 月	2017 年 9 月	2017 年 6 月	2017 年 3 月	2016 年 12 月
美邦服饰	0.02	0.02	−0.05	−0.018	0.01	0.01
歌力思	0.48	0.24	0.61	0.49	0.24	0.818
浪莎股份	0.11	0.046	0.212	0.103	0.036	0.138
红豆股份	0.04	0.03	0.31	0.28	0.02	0.11
杉杉股份	0.415	0.133	0.417	0.302	0.074	0.404
希努尔	0.047	−0.0279	0.0075	−0.073	−0.039	0.023
海澜之家	0.46	0.25	0.56	0.42	0.22	0.7

沪深上市的纺织服装企业超过 120 家，本部分所选 20 家考察企业均为大家熟悉的品牌企业（包括 4 家香港上市企业），涵盖纺织、鞋服、鞋帽领域，包含男装、女装企业，所选企业覆盖了北京、浙江、广东等地区。参照吴照云等[1]对纺织服装生存状态的分析，本书从规模状况、盈利能力、偿债能力、投资回报能力方面分别对 20 家上市企业进行比较分析，以期评估纺织服装企业的抗风险及健康发展的能力。

（1）纺织服装企业规模比较。

纺织服装企业股价普遍下降，市值普遍上升，纺织服装企业市场间接融资能力依然较强。纺织服装企业发展呈现较大差异，但具有一定的规律性。从表 4-25 可以看出：第一，市值规模扩大的企业仍然占多数。市值上升的企业含 11 家，市值下降的企业 9 家。其中，港股企业市值全部扩大，且扩大幅度较大，市值至少翻 5 倍以上。第二，股价上升企业占少数，

---

[1] 吴照云，胡世平. 我国纺织服装业上市公司生存状态描述性统计分析[J]. 求是，2011(S1)：164-167.

股价相对下跌企业占多数。相对于2012年12月（或上市日），仅4家企业股价出现小幅上涨，港股价格上涨企业占多数（3家），其余26家企业股价下跌。第三，股价普遍下跌，但市值普遍上涨，说明企业增股融资能力加强。纺织服装企业的总市值规模呈扩大趋势，市值上涨超1.5倍，目前股票相对低价，实质上是在扩股融资基础上对前期较高价格进行了稀释。

表4-25 纺织服装企业规模

指标	市值		收盘价（元）	
时间	2012年12月	2018年12月	2012年12月	2018年12月
美邦服饰	70.06（亿元）	60.8（亿元）	14.7（元）	5.09（元）
歌力思	83.81（亿元）	52.3（亿元）	19.16（元）	15.53（元）
浪莎股份	6.16（亿元）	13.13（亿元）	31.6（元）	13.51（元）
红豆股份	182.51（亿元）	96.26（亿元）	3.81（元）	3.8（元）
杉杉股份	4.11（亿元）	109.29（亿元）	15.5（元）	13.3（元）
希努尔	26.07（亿元）	31.4（亿元）	12（元）	7.06（元）
海澜之家	71.5（亿元）	391.77（亿元）	14.37（元）	8.75（元）
森马	322.61（亿元）	229.76（亿元）	21.84（元）	8.36（元）
九牧王	70.31（亿元）	75.39（亿元）	23.6（元）	13.12（元）
报喜鸟	50（亿元）	39.26（亿元）	12（元）	3.13（元）
七匹狼	54.86（亿元）	48.51（亿元）	6.33（元）	6.38（元）
朗姿	42（亿元）	36.6（亿元）	20.53（元）	9.03（元）
太平鸟	8.78（亿元）	85.72（亿元）	20.2（元）	17.72（元）
拉夏贝尔	530（亿元）	48.2（亿元）	13（元）	8.67（元）
维格娜丝	50（亿元）	27.01（亿元）	13.13（元）	14.89（元）
雅戈尔	223（亿元）	266.46（亿元）	7.7（元）	7.38（元）
李宁	19.79（港元）	213.12（港元）	4.161（港元）	9.7（港元）
安踏	13.59（港元）	994.76（港元）	9.23（港元）	37.05（港元）
都市丽人	10（港元）	58.89（港元）	2.5（港元）	2.63（港元）
江南布衣	18（港元）	62.25（港元）	12（港元）	11.42（港元）

注：因部分企业在2012年12月还未上市，所以统计市值时按其上市市值和股价计算。2012年12月已经上市的按当月市值计算。

四、时尚创意产业政策评价和风险分析：政府满意度

(2) 纺织服装企业盈利能力比较。

基于数据可得性，选择净资产收益率和每股收益指标，分析判断纺织服装企业盈利能力。据表4-26，比较2018年12月与2012年12月（或上市日）指标，可以看出：第一，沪深上市的企业每股收益普遍下降，香港上市的企业每股收益普遍上升。除海澜之家、杉杉股份、浪莎股份每股收益上升外，其他13家沪深上市企业每股收益均下降。除技术上增发股票稀释每股收益外，企业盈利能力下降也是普遍存在的原因。而在香港，纺织服装企业每股收益普遍上升，反映港资服装企业相对于内地服装企业更具竞争力。第二，沪深上市企业和香港上市企业的净资产收益率均出现分化。沪深企业，除浪莎股份、红豆股份、杉杉股份、希努尔、海澜之家和森马6家企业外，其他8家净资产收益率出现下降；香港上市企业中，李宁、江南布衣两家企业净资产收益率呈上升态势，其他两家净资产收益率呈下降态势。第三，纺织服装企业盈利能力总体呈下降态势。综合考虑净资产收益率和每股收益，香港上市企业中，仅都市丽人1家企业净资产收益率和每股收益值双降；而沪深上市企业中，10家上市企业值双降。因此，纺织服装企业虽然保持正盈利，但盈利能力普遍呈下降态势。

表4-26 纺织服装企业盈利能力

指标	净资产收益率		每股收益	
时间	2012年12月	2018年12月	2012年12月	2018年12月
美邦服饰	21%	1.39%	0.85（元）	0.016（元）
歌力思	13.07%	11.29%	1.08（元）	0.8（元）
浪莎股份	1.67%	4.41%	0.11（元）	0.22（元）
红豆股份	3.48%	4.34%	0.09（元）	0.069（元）
杉杉股份	5.16%	9.77%	0.848（元）	0.939（元）
希努尔	3.59%	3.65%	0.22（元）	0.146（元）
海澜之家	5.19%	22.61%	0.16（元）	0.585（元）
森马	9.82%	11.88%	1.14（元）	0.471（元）
九牧王	15.81%	7.71%	1.16（元）	0.609（元）
报喜鸟	6.04%	2.63%	0.27（元）	0.056（元）
七匹狼	18.06%	3.84%	1.21（元）	0.284（元）

续表4—26

指标	净资产收益率		每股收益	
朗姿	10.59%	6.57%	1.16（元）	0.462（元）
太平鸟	23.29%	8.59%	1.02（元）	0.587（元）
拉夏贝尔	23.60%	5.96%	1.27（元）	0.437（元）
维格娜丝	27.63%	6.01%	0.85（元）	0.759（元）
雅戈尔	13.26%	9.04%	0.72（元）	0.654（元）
李宁	−53.30%	5.13%	−1.88（港元）	0.11（港元）
安踏	72%	13.81%	0.054（港元）	0.72（港元）
都市丽人	33%	4.83%	0.14（港元）	0.08（港元）
江南布衣	−100%	32.25%	0.54（港元）	0.8（港元）

注：因部分企业在2012年12月还未上市，所以统计市值时按其上市市值和股价计算。2012年12月已经上市的按当月市值计算。

（3）纺织服装企业偿债能力分析。

企业偿债能力指标一般分为流动比率、速动比率、负债比率。流动比率是指流动资产对流动负债的比率，反映短期债务偿还能力；速动比率是指速动资产对流动负债的比率，反映即刻偿付流动负债能力。速动比率与流动比率的比值在1∶2左右最为合适。表4—27显示，按照速动比率接近1值为优原则，2018年与2012年相比，更加接近1值的企业有13家，远高于其余不接近1值的7家企业，说明即刻偿付能力强的企业数量增多。按照流动比率接近2值为优原则，2018年与2012年相比，更接近2值的企业有11家，也高于其余不接近2值的9家企业。综合以上分析，上市企业中短期偿债能力较强的企业仍然占多数。

表4—27 纺织服装企业偿债能力

指标	速动比率		流动比率	
时间	2012年12月	2018年12月	2012年12月	2018年12月
美邦服饰	0.96	0.52	1.7	1.21
歌力思	0.92	1.37	1.75	1.83
浪莎股份	1.1	2.98	2.1	3.96
红豆股份	0.265	1.97	1.53	2.19

四、时尚创意产业政策评价和风险分析：政府满意度

续表4—27

指标	速动比率		流动比率	
杉杉股份	1.03	1.03	1.505	1.36
希努尔	3	0.72	3.84	0.89
海澜之家	1.66	0.85	2.19	1.61
森马	4.4	1.58	5.24	2.72
九牧王	0.06	1.33	0.13	2.17
报喜鸟	1.36	0.54	2.66	1.24
七匹狼	2.23	1.64	2.49	2.08
朗姿	1.5	1.08	2.2	1.36
太平鸟	0.72	0.99	1.37	1.96
拉夏贝尔	0	0.24	0	1.25
维格娜丝	2.7	0.97	4.73	1.71
雅戈尔	1.81	0.21	2.08	0.93
李宁	0.92	1.38	1.2	1.74
安踏	2.56	2.72	2.8	3.15
都市丽人	0.98	0.61	1.65	0.74
江南布衣	0	1.56	0	2.38

注：因部分企业在2012年12月还未上市，所以统计市值时按其上市市值和股价计算。2012年12月已经上市的按当月市值计算。

(4) 纺织服装企业投资回报能力分析。

每股净资产、每股资本公积是反映公司对投资者的价值回报能力指标。每股净资产越高，股东拥有每股的资产价值越多；每股资本公积越多，说明用于弥补公司亏损、扩大公司经营资本或股本的资本就越多。表4—28显示：第一，每股净资产增加的企业占多数。2018年与2012年相比，每股净资产增加的企业包括11家，其中大陆上市企业每股净资产分化相对分明，香港上市的4家企业每股净资产均增加，说明整体上纺织服装企业投资回报能力可观，尤其港资纺织服装企业的投资回报能力更强。第二，每股资本公积增加的企业占相对少数。2018年相比2012年，12家企业每股资本公积减少，8家每股资本公积增加。其中，港资4家企业每股资本公积全部增加，说明整体上除港资企业外，大陆上市纺织服装企业

弥补企业亏损或增强自身能力的资本减少。第三，纺织服装企业投资回报存在一定差异。综合每股净资产和每股资本公积发现，大陆纺织服装企业投资回报能力参差不齐，回报能力较差；4家港资上市企业每股净资产和每股资本公积都呈增加趋势，港资纺织服装企业投资回报能力相对较强。

表4-28 纺织服装企业投资回报能力

指标	每股净资产		每股资本公积	
时间	2012年12月	2018年12月	2012年12月	2018年12月
美邦服饰	1.71（元）	1.1453（元）	1.0703（元）	0.064（元）
歌力思	4.12（元）	7.05（元）	1.831（元）	3.182（元）
浪莎股份	4.64（元）	−0.39（元）	0.16（元）	3.516（元）
红豆股份	2.4268（元）	1.6049（元）	0.4518（元）	0.297（元）
杉杉股份	2.2312（元）	2.2592（元）	4.278（元）	2.6354（元）
希努尔	6.24（元）	3.9942（元）	3.9438（元）	1.9085（元）
海澜之家	3.1693（元）	10.5898（元）	0.6686（元）	0.4524（元）
森马	11.7141（元）	3.9649（元）	6.6652（元）	0.939（元）
九牧王	7.59（元）	7.8929（元）	4.5064（元）	4.4825（元）
报喜鸟	4.4（元）	2.1359（元）	1.1775（元）	0.2421（元）
七匹狼	8.47（元）	7.4065（元）	4.2564（元）	2.4879（元）
朗姿	11.4043（元）	7.0243（元）	8.2587（元）	3.7178（元）
太平鸟	2.06（元）	6.8356（元）	0.7323（元）	3.0407（元）
拉夏贝尔	2.7067（元）	7.3205（元）	3.4585（元）	3.4597（元）
维格娜丝	3.5645（元）	12.6202（元）	5.0043（元）	7.1139（元）
雅戈尔	6.29（元）	7.2323（元）	0.8409（元）	1.1574（元）
李宁	1.53（港元）	2.47（港元）	1.42（港元）	2.38（港元）
安踏	2.71（港元）	5.38（港元）	2.61（港元）	5.29（港元）
都市丽人	0.4（港元）	1.72（港元）	0.34（港元）	1.66（港元）
江南布衣	1.33（港元）	2.53（港元）	1.33（港元）	2.52（港元）

注：因部分企业在2012年12月还未上市，所以统计市值时按其上市市值和股价计算。2012年12月已经上市的按当月市值计算。

综上所述，我国纺织服装企业具有一定的抗风险能力，但面临多重两难境地：一是企业市值呈不断扩大趋势，但市值进一步扩张的能力下降；二是企业能维持较好的短期偿债能力，但创造利润的能力下降；三是港资企业发展普遍较好，沪深企业发展分化较明显。造成这种两难境地的原因，既与企业自身的转型发展有关，又与大陆与港澳不同资本环境对企业约束激励的差异相关。总体上，更加国际化的企业更稳健、更适应于时代变化，各项指标都呈平稳增长态势。

（三）小结

中国时尚创意产业政策发展脉络契合了时尚创意产业由小到大到强的发展历程，产业政策对标国际化的水平进一步提高，产业政策不断优化。同时，中国加入WTO对促进时尚贸易发展具有显著影响。国际贸易配额制实行与否对纺织业和皮革羽毛制鞋业的影响较大，但对纺织服装服饰业的影响较小。国际贸易干扰政策对时尚创意产业出口及竞争力影响相对较小。风险方面，近年来纺织服装行业绩效水平偏低、财务风险增加，但行业的经济、社会、生态环境贡献显著增强，因此总体风险处于可控状态。

五、时尚创意产业生态环境影响评价：社会满意度

社会公众作为经济活动参与和评价的主体，较为关注健康、生态和环境等，因此社会公众对一个行业是否满意，也是评价行业高质量发展的重要参照。本章以时尚创意产业生态环境效率评价作为社会公众对行业发展的总体满意度评价，以此代替社会公众对行业发展质量的客观评价。

绿色设计和生态服装的思想及实践活动是学界研究热点。相关研究为我们认识纺织服装行业的绿色发展和健康安全环境提供依据，具体研究如下：

第一，早期阶段。周凤飞列出了纺织品生态标志所禁用的化学试剂、杀虫剂和重金属等参数及限值，指出生态标志是产品进入国际市场的通行证[1]。李雷等指出环保是企业未来竞争的新武器[2]。我国纺织服装行业在环保方面存在的问题是：我国环保行动起步较晚，对 ISO14000 认证和"环保标志"重视不够；大部分纺织企业主要依靠外延扩大再生产，忽略从内涵上扩大再生产，造成环境污染严重，经济效益、环境效益、社会效益不能最佳组合；发达国家利用关税、配额等来限制我国纺织品出口，由环保而引发出一种新的非关税贸易壁垒——绿色贸易壁垒。加入 WTO 将会促进我国纺织行业的发展。施用海认为纺织服装企业应该提高产品的环境竞争力[3]。李超德阐述了服装的绿色生态设计观和倡导绿色生态时尚理念对我国服装业发展的重要性。重视绿色生态保护、促使服装企业和个人把保护环境作为自觉行为；确立服装的绿色生态设计观，给予服装生产过

---

[1] 周凤飞，周秀会. 纺织品的生态参数与生态标志 [J]. 印染，1998（07）：43—46.

[2] 李雷，王守茂，赵宏. 关于 ISO14000 的思考——浅谈我国纺织服装行业在环保生态上的问题和对策 [J]. 天津工业大学学报，2001，20 (6)：49—51.

[3] 施用海. "绿色壁垒"与纺织品贸易——纺织企业如何提高产品的环境竞争力 [J]. 宏观经济研究，2002 (1)：49—54.

程以"美"的设计;倡导绿色生态服饰的时尚理念,提高国内消费者的绿色消费意识和生活品质①。万融等测算发现我国工业用水量每万元工业增加值取水量为330立方米,是日本的18倍,美国的22倍。其中,单位产品取水量,纺纱为每吨200立方米、织布为每百米3立方米、棉纺印染为每百米5.5立方米、毛纺染整为每百米44立方米、人造纤维为每吨300立方米、合成纤维为每吨270立方米、服装为每万件210立方米②。

第二,我国加入WTO后的阶段。陈建伟等分析了绿色服装研究的战略意义,阐述了服装绿色性的概念。服装绿色性是指服装综合环境属性、能源属性、资源属性、人类安全和健康性、经济性及技术安全性的综合属性,是服装对环境和人体绿色程度的体现③。江文研究了纺织服装企业突破绿色壁垒的策略④。继ATC协议后,配额已不再成为我国纺织服装贸易出口的主要障碍,但受制于越来越多的非关税壁垒,绿色壁垒问题最为突出。技术壁垒的作用是:影响市场准入、出口成本增加和产品竞争力下降、影响出口市场、引发贸易争端等。

第三,2008年全球金融危机后的阶段。吴蓉等对生态服装应从服装审美的自然环境和文化环境进行论证。对什么是服装的生态美应从服装的设计方法和面料制作两方面论证,从简约和谐设计角度及健康环保要求,创建全方位生态服装设计体系⑤。陈国强等认为提高服装产品附加值是服装设计发展的新要求。一是面料生态设计,二是款式工艺的舒适设计,三是色彩的情感化设计,四是装饰材质的环保化,五是服装后整理的生态标准(后整理,包括产品熨烫、整理、检验、包装、储存等环节,是服装成品消除瑕疵、保证质量的最终环节)⑥。

第四,新时代阶段。张技术认为服装生态设计贯穿服装的整个生命周

---

① 李超德. 中国加入"WTO"与服装业的绿色生态设计[J]. 东华大学学报(自然科学版), 2002(01):135-138.

② 万融,陈颖. 纺织服装产业可持续发展的生态思考[J]. 环境保护, 2003(07):52-56.

③ 陈建伟,王珏,徐晓春,等. 服装绿色性概念的建立及服装绿色浪潮对策的研究[C]. 现代服装纺织高科技发展研讨会, 2005.

④ 江文. 纺织服装企业突破绿色壁垒之策[J]. 上海对外经贸大学学报, 2006(4):30-36.

⑤ 吴蓉,陆小彪. 服装的生态设计与审美[J]. 安徽农业大学学报(社会科学版), 2009(2):137-140.

⑥ 陈国强,信玉峰. 国内外生态服装设计[J]. 纺织科技进展, 2011(5):72-74.

期，服装材料的选择是生态设计的第一步。色彩上，掌握不同色相特点和它们在服装上的表达效果；图案上，满足不同人群的个性需求，适应各种生活方式；材质上，选择有绿色认证标志的生态材料[①]。梁龙对浙江海宁打造生态产业链的实践进行了介绍[②]。

上述研究表明，纺织服装行业绿色设计和生态服装的理念是逐步深入发展的，不同时期其内涵也存在些微差别。值得肯定的是，未来国际上纺织服装行业发展的流行趋势必然是绿色设计和生态服装占主导。

（一）全国纺织服装行业生态环境分析

1. 基于碳排放量的生态环境效率分析

纺织服装行业能耗和碳排放量增大。能耗是造成二氧化碳、碳氧化物等排放的关键。从1994—2018年全国纺织服装能耗和宏观经济增长数据看，纺织服装行业能耗与宏观经济增长呈同步上升趋势。以此可预测，未来伴随经济增长，纺织服装行业能耗依然呈增长趋势，且碳排放量也随之增大。

从图5-1可以看出，纺织服装行业能耗生产率逐年提高。以单位能耗产值衡量，2012—2016年，能耗生产率呈上升趋势。2016年相比2012年，纺织服装行业单位能耗生产率提高20.03%。

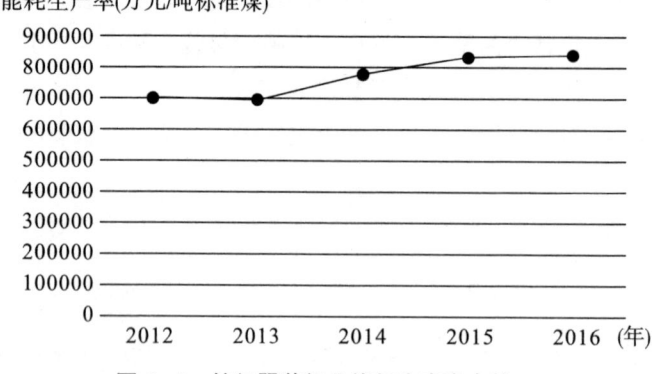

图5-1 纺织服装行业能耗生产率走势

[①] 张技术. 服装生态设计中材料的选择及应用[J]. 针织工业, 2012 (04): 64-66.
[②] 梁龙. 打造设计生态产业链——2018中国国际时尚设计论坛在海宁举行[J]. 中国纺织, 2018 (07): 137.

五、时尚创意产业生态环境影响评价：社会满意度

从图 5-2 可以看出，纺织服装业单位产值的碳排放量逐年降低。以单位产值碳排放量衡量，2012—2016 年纺织服装业单位产值的碳排放量呈下降趋势。2016 年相比 2012 年，纺织服装业单位产值碳排放量降低了 16.69%。

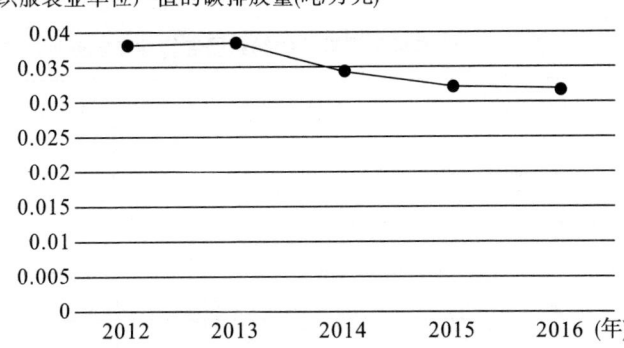

图 5-2 纺织服装业单位产值碳排放量走势

采用 DEA 效率方法测度全国纺织服装行业生态环境效率。其中，环境效率测度投入要素为全国行业固定资产投资总额、劳动力总数、能耗总量，产出要素为碳排放量的倒数。生态效率投入要素与环境效率投入要素一致，产出要素为碳排放量倒数和行业总产值。具体分析如下：

纺织服装行业环境效率稳中趋降（见表 5-1）。按综合技术效率论，2012 年环境效率为有效值 1，2012—2016 年环境效率均值为 0.864。其中，纯技术效率值大于规模效率值，反映技术进步对环境效率的提升具有决定作用，综合技术效率为规模报酬递增，环境效率呈增长趋势。

表 5-1 全国基于碳排放的纺织服装行业环境效率

年份	综合技术效率	纯技术效率	规模效率	规模报酬
2012	1	1	1	—
2013	0.786	0.887	0.886	irs
2014	0.834	0.918	0.909	irs
2015	0.872	0.936	0.932	irs
2016	0.829	0.912	0.909	irs
均值	0.864	0.930	0.927	—

注：irs 代表规模报酬递增，反映效率呈向有效值 1 靠拢态势。

纺织服装行业生态效率较为稳固（见表5-2）。同理，综合技术效率显示，除2013年生态效率为无效值外，其他几年生态效率均为有效值1。2012—2016年纺织服装行业生态效率均值为0.993。其中，纯技术效率值大于规模效率值，反映技术进步对生态效率提升起决定作用。此外，2013年综合技术效率为规模报酬递减，对全局生态效率影响不大。

表5-2 全国基于碳排放的纺织服装行业生态效率

年份	综合技术效率	纯技术效率	规模效率	规模报酬
2012	1	1	1	—
2013	0.964	1	0.964	drs
2014	1	1	1	—
2015	1	1	1	—
2016	1	1	1	—
均值	0.993	1	0.993	—

注：drs代表规模报酬递减，反映效率呈向有效值1远离态势。

2. 基于水耗的生态环境效率分析

纺织服装行业水耗直接系数较难得到，水耗越大，对环境损害越大。采用纺织、服装及皮革产品制造业提供给电力、热力及水的生产和供应业的中间使用费用（万元）进行替代，其值越大代表水耗量越大，则环境效率的产出值为该值倒数，生态效率的产值为该值倒数和行业产值，投入要素与上文相同。具体分析如下：

纺织服装行业水耗效率较为一般（见表5-3）。尽管2012年综合技术效率为有效值1，但近几年均为无效值。不过环境效率处于上升趋势，最终综合技术效率均值为0.569。其中，对环境效率影响起主要作用的是技术效率，说明行业水耗效率改善源于技术进步，这也与该效率值一直为规模报酬递增的内涵一致。

表5-3 全国基于水耗的纺织服装行业环境效率

年份	综合技术效率	纯技术效率	规模效率	规模报酬
2012	1	1	1	—
2013	0.463	0.887	0.522	irs

续表5-3

年份	综合技术效率	纯技术效率	规模效率	规模报酬
2014	0.466	0.918	0.507	irs
2015	0.462	0.936	0.494	irs
2016	0.456	0.912	0.500	irs
均值	0.569	0.930	0.605	irs

注：irs代表规模报酬递增，反映效率呈向有效值1靠拢态势。

同理，纺织服装行业基于水耗的生态效率相对较高（见表5-4）。与基于碳排放的行业生态效率值保持一致，最终行业综合技术效率均值为0.993，除2013年外，其他年份值均为有效值1，这反映出该行业水耗的生态效率颇为可观。

表5-4 全国基于水耗的纺织服装行业生态效率

年份	综合技术效率	纯技术效率	规模效率	规模报酬
2012	1	1	1	—
2013	0.964	1	0.964	drs
2014	1	1	1	—
2015	1	1	1	—
2016	1	1	1	—
均值	0.993	1	0.993	—

注：drs代表规模报酬递减，反映效率呈向有效值1远离态势。

3. 基于碳排放和水耗的生态环境综合效率分析

依据上述步骤，以碳排放和水耗为环境负产出，通过倒数化处理后，将两者负产出变为环境正产出，而行业产值一直为行业正产出值，其他变量资本、劳动和能源依然与上文相一致。具体分析如下：

综合考虑水耗和碳排放后发现（见表5-5），除2012年纺织服装行业环境效率为有效值外，其他年份环境效率为小于1的无效值，但近几年行业环境效率有改善趋势，最终环境效率均值为0.867，且各年环境效率均呈现规模报酬递增态势，且最终环境效率值改善，技术效率和规模效率具有同等作用，原因在于技术效率和规模效率值均为0.93。

表 5-5　全国基于水耗和碳排放的纺织服装行业环境效率

年份	综合技术效率	纯技术效率	规模效率	规模报酬
2012	1	1	1	—
2013	0.786	0.887	0.887	irs
2014	0.843	0.918	0.918	irs
2015	0.876	0.936	0.936	irs
2016	0.831	0.912	0.912	irs
均值	0.867	0.930	0.930	—

注：irs 代表规模报酬递增，反映效率呈向有效值 1 靠拢态势。

与前文基于水耗、碳排放的生态效率相一致，综合考虑水耗和碳排放后，纺织服装行业的生态效率依然保持相对较高态势（见表 5-6）。除 2013 年行业综合技术效率为无效值外，该行业其他年份综合技术效率均为有效值 1，最终历年综合技术效率均值为 0.993，且技术进步起到拉升行业生态效率的主导作用。

表 5-6　全国基于水耗和碳排放的纺织服装行业生态效率

年份	综合技术效率	纯技术效率	规模效率	规模报酬
2012	1	1	1	—
2013	0.964	1	0.964	drs
2014	1	1	1	—
2015	1	1	1	—
2016	1	1	1	—
均值	0.993	1	0.993	—

注：irs 代表规模报酬递增，反映效率呈向有效值 1 靠拢态势。

综上所述，全国纺织服装行业能源生产率逐年提高，能源强度逐年下降；DEA 综合技术效率显示，考虑碳排放量后，行业生态效率较优于环境效率；考虑水耗量后，行业生态效率远高于环境效率；综合考虑能耗、水耗后，行业生态效率依然不变，而环境效率略微提升。以上说明，全国纺织服装行业的资源生产率、资源环境效率均出现不同程度的改善。

（二）粤港澳大湾区时尚生态环境分析

1. 基于碳排放的生态环境效率分析

以粤港澳大湾区9市纺织服装行业发展为例，行业发展时投入要素为资本、劳动、能源等，产出方面除创造产值外，还存在环境负产出的问题，如废水、废气、废固的排放。依据此思想，采用前文的DEA模型进行纺织服装行业生态环境效率测量。其中，测量环境效率时，定义投入要素为行业固定资产投资、年末从业人员、以标准煤计量的能耗量、行业年平均工资水平；产出要素为能耗的碳排放量倒数，即倒数值越高，表示碳排放量越小，污染越小。测量生态效率时，定义投入要素依然为固定资产投资、从业人员、能耗量、行业平均工资；产出要素分为正产出和污染负产出，将负产出进行正产出转化，则最终产出为行业产值和碳排放量倒数。

纺织业环境方面（见表5-7），第一，纺织业环境有效城市为珠海。2000—2016年，粤港澳大湾区9市纺织业环境效率有效的城市仅有珠海，其综合技术效率为有效值为1，而其他城市综合技术效率值均为小于1的无效值。第二，各市纺织业的环境效率差异较大。按照环境效率排名，纺织业环境效率的前三名依次为珠海、惠州、深圳，值依次为1、0.698、0.438，而广州纺织业环境效率最低，值为0.027。第三，各市纺织业环境效率中起主要作用的是技术效率。各市纯技术效率均值为0.859，大于规模效率均值0.335，这说明技术效率对环境效率起决定作用。第四，各城市环境效率呈规模报酬递增趋势。其他环境效率小于1的城市，其环境效率均为irs，即环境效率有进一步向好的趋势。

表5-7 粤港澳大湾区9市2000—2016年纺织业环境效率

城市	综合技术效率	纯技术效率	规模效率	规模报酬
珠海	1	1	1	—
惠州	0.698	1	0.698	irs
深圳	0.483	1	0.483	irs
肇庆	0.254	1	0.254	irs

续表5-7

城市	综合技术效率	纯技术效率	规模效率	规模报酬
江门	0.138	0.704	0.196	irs
中山	0.102	0.726	0.141	irs
佛山	0.067	1	0.067	irs
东莞	0.05	0.614	0.082	irs
广州	0.027	0.689	0.093	irs
均值	0.313	0.859	0.335	—

注：irs代表规模报酬递增，反映效率呈向有效值1靠拢态势。

以2016年纺织业为考察年份发现（见表5-8），珠海依然为环境效率有效城市，环境效率排名前三名的城市中，深圳上升至第二位，所有城市环境效率的技术效率依然起决定作用，所有城市（除珠海外）环境效率均呈规模报酬递增态势。

表5-8 2016年纺织业环境效率

城市	综合技术效率	纯技术效率	规模效率	规模报酬
珠海	1	1	1	—
深圳	0.627	1	0.627	irs
惠州	0.481	1	0.481	irs
东莞	0.072	1	0.072	irs
肇庆	0.056	0.798	0.07	irs
中山	0.036	0.625	0.057	irs
江门	0.024	0.588	0.041	irs
佛山	0.016	0.961	0.016	irs
广州	0.009	0.461	0.019	irs
均值	0.258	0.826	0.265	—

注：irs代表规模报酬递增，反映效率呈向有效值1靠拢态势。

以上说明粤港澳大湾区9市纺织业环境效率内部差距相对较大，环境效率完全有效的仅珠海一市，深圳的环境效率上升较快，广州的环境效率一直处于落后状态，所有城市环境效率有改进趋势，且依靠技术效率变化

五、时尚创意产业生态环境影响评价：社会满意度

拉动环境效率改进起主导作用。

纺织业生态效率方面，以2000—2016年为考察年份（见表5-9）发现：第一，粤港澳大湾区9市整体生态效率相对较高。例如，9市的DEA综合技术效率为0.968，技术效率均值和规模效率均值分别为1和0.968，说明技术效率变化决定综合技术效率变化。第二，纺织业生态效率完全有效的城市为深圳、广州、惠州、珠海、江门和佛山。以上城市的DEA综合技术效率值均为有效值1。第三，纺织业生态效率无效的城市仅为少数城市，但其生态效率呈规模报酬递增趋势。例如，中山、东莞、肇庆生态效率均小于1，但它们的效率显示为规模报酬递增状态。

表5-9 2000—2016年纺织业生态效率

城市	综合技术效率	纯技术效率	规模效率	规模报酬
深圳	1	1	1	—
广州	1	1	1	—
惠州	1	1	1	—
珠海	1	1	1	—
江门	1	1	1	—
佛山	1	1	1	—
中山	0.971	1	0.971	irs
东莞	0.907	1	0.907	irs
肇庆	0.836	1	0.836	irs
均值	0.968	1	0.968	—

注：irs代表规模报酬递增，反映效率呈向有效值1靠拢态势。

同理，考察最近年份2016年时发现（见表5-10）：第一，粤港澳大湾区9市纺织业的生态效率出现下降。各市的DEA综合技术效率值为0.903，低于2000—2016年的平均效率值0.968。第二，近年来，中山和东莞生态效率上升，珠海和江门生态效率下降。相比2000—2016年的效率值，2016年中山和东莞生态效率由无效值上升到有效值1；而江门和珠海生态效率值从有效值1下降到无效值。第三，近年来，各市纺织业生态效率的改善仍由技术效率变化决定。各市综合技术效率分解中，技术效率变化值均为1，大于或等于规模效率变化值。同时，即使粤港澳大湾区9市总的生态效率在下降，但生态效率呈现规模报酬递增态势。

表 5-10　2016 年纺织业生态效率

城市	综合技术效率	纯技术效率	规模效率	规模报酬
深圳	1	1	1	—
广州	1	1	1	—
惠州	1	1	1	—
中山	1	1	1	—
佛山	1	1	1	—
东莞	1	1	1	—
肇庆	0.822	1	0.822	irs
江门	0.754	1	0.754	irs
珠海	0.552	1	0.552	irs
均值	0.903	1	0.903	—

注：irs 代表规模报酬递增，反映效率呈向有效值 1 靠拢态势。

综合纺织业环境效率和生态效率的分析可以看出，无论是 2000—2016 年还是最近的 2016 年，环境效率和生态效率相对有效的为珠海；生态效率一直处于优势的为深圳、东莞、惠州，但其环境效率一般。

纺织服装服饰业方面，分析 2000—2016 年行业的环境效率发现（见表 5-11）：第一，粤港澳大湾区 9 市纺织服装服饰业的总体环境效率较低，其 DEA 综合技术效率为 0.239，低于纺织业环境效率值 0.313。第二，仅肇庆的纺织服装服饰业环境效率有效，其综合技术效率为有效值 1，而其他城市该值均低于 1。第三，总体看来，对环境效率起主导作用的仍是技术效率。各市纯技术效率均值为 0.909，大于规模效率均值 0.261。第四，各市环境效率呈现规模效率递增趋势。尽管绝大多数城市综合技术效率较小，但仍在改善中。

表 5-11　2000—2016 年纺织服装服饰业环境效率

城市	综合技术效率	纯技术效率	规模效率	规模报酬
肇庆	1	1	1	—
珠海	0.400	0.730	0.548	irs
惠州	0.327	1	0.327	irs
江门	0.123	0.873	0.142	irs

五、时尚创意产业生态环境影响评价：社会满意度

续表5-11

城市	综合技术效率	纯技术效率	规模效率	规模报酬
深圳	0.103	0.963	0.107	irs
中山	0.073	0.85	0.086	irs
东莞	0.062	0.763	0.081	irs
佛山	0.033	0.999	0.033	irs
广东	0.028	1	0.028	irs
均值	0.239	0.909	0.261	—

注：irs代表规模报酬递增，反映效率呈向有效值1靠拢态势。

同理，分析2000—2016年行业的生态效率发现（见表5-12）：第一，粤港澳大湾区9市纺织服装服饰业的生态效率相对较高，其生态综合技术效率值为0.935，大于环境效率值0.239。第二，生态效率有效的城市较多，其中，深圳、广州、江门、中山、肇庆的生态效率均为有效值1。第三，即使生态效率较低城市，其生态效率值也呈现出规模报酬递增趋势，且生态效率改善取决于规模效率变化。如综合技术效率均值分解中，规模效率均值为0.980，大于技术效率均值0.954；同时，测算结果显示这些城市的生态效率均为规模报酬递增趋势。

表5-12 2000—2016年纺织服装服饰业生态效率

城市	综合技术效率	纯技术效率	规模效率	规模报酬
深圳	1	1	1	—
广州	1	1	1	—
江门	1	1	1	—
中山	1	1	1	—
肇庆	1	1	1	—
惠州	0.946	1	0.946	irs
佛山	0.903	0.999	0.904	irs
东莞	0.833	0.849	0.982	irs
珠海	0.730	0.737	0.990	irs
均值	0.935	0.954	0.980	—

注：irs代表规模报酬递增，反映效率呈向有效值1靠拢态势。

以新近2016年为例，比较纺织服装服饰业环境效率和生态效率（见

表5-13、表5-14），分析表明：第一，各市环境效率和生态效率改善明显。与2000—2016年总体情况比较，环境效率有效的城市增加至3个，包括肇庆、珠海和东莞；生态效率有效城市由5个增加到7个。同时，环境效率均值由0.239上升为0.427；生态效率均值由0.935上升为0.956。第二，深圳和中山生态效率出现下降。它们的综合技术效率值为0.894和0.713，均低于2000—2016年的有效值1。第三，环境效率贡献最大的依然是技术效率改善，生态效率贡献最大的依然是规模效率改善。与2000—2016年相比，虽然环境效率改善，但技术效率改善的作用在收窄，生态效率改善时规模效率改善的作用也在收缩。

表5-13 2016年纺织服装服饰业环境效率

城市	综合技术效率	纯技术效率	规模效率	规模报酬
珠海	1	1	1	—
肇庆	1	1	1	—
东莞	1	1	1	—
惠州	0.451	0.888	0.508	irs
江门	0.130	0.758	0.171	irs
中山	0.106	0.758	0.14	irs
深圳	0.098	0.804	0.122	irs
广州	0.041	0.888	0.046	irs
佛山	0.014	0.828	0.017	irs
均值	0.427	0.880	0.445	—

注：irs代表规模报酬递增，反映效率呈向有效值1靠拢态势。

表5-14 2016年纺织服装服饰业生态效率

城市	综合技术效率	纯技术效率	规模效率	规模报酬
广州	1	1	1	—
惠州	1	1	1	—
珠海	1	1	1	—
江门	1	1	1	—
佛山	1	1	1	—
肇庆	1	1	1	—
东莞	1	1	1	—

五、时尚创意产业生态环境影响评价：社会满意度

续表5-14

城市	综合技术效率	纯技术效率	规模效率	规模报酬
深圳	0.894	0.926	0.966	irs
中山	0.713	0.808	0.833	irs
均值	0.956	0.970	0.978	—

注：irs代表规模报酬递增，反映效率呈向有效值1靠拢态势。

综合各市纺织服装服饰业环境效率和生态效率，发现肇庆生态效率和环境效率始终处于有效水平，广州生态效率始终有效而环境效率无效，深圳近年来的生态效率、环境效率均出现微下滑。反映出纺织服装服饰业方面的生态环境效率出现地区分化，落后地区不必然效率落后，发达地区不必然效率领先。

皮革毛皮羽毛制鞋业方面，分析2000—2016年环境效率发现（见表5-15）：第一，环境效率有效的仅有珠海。其他城市环境效率为无效值，综合技术效率均低于1。第二，各城市总的环境效率值较低，其综合技术效率均值为0.377。第三，技术变化对总环境效率提升起决定作用。总综合技术效率分解中，总技术效率值为0.946，大于总规模效率值0.388，说明技术变化对环境效率起决定作用。第四，环境效率较低的城市，其效率值表现为规模报酬递增。除珠海外，其他城市环境效率值均低于1，但环境效率均表现为规模报酬递增态势。

表5-15 2000—2016年皮革毛皮羽毛制鞋业环境效率

城市	综合技术效率	纯技术效率	规模效率	规模报酬
珠海	1	1	1	—
肇庆	0.941	1	0.941	irs
惠州	0.317	0.885	0.359	irs
江门	0.313	1	0.313	irs
深圳	0.287	1	0.287	irs
中山	0.213	0.889	0.24	irs
佛山	0.161	0.934	0.172	irs
广州	0.089	0.949	0.093	irs
东莞	0.073	0.856	0.086	irs
均值	0.377	0.946	0.388	—

注：irs代表规模报酬递增，反映效率呈向有效值1靠拢态势。

考察最近的 2016 年皮革毛皮羽毛制鞋业环境效率发现（见表 5-16）：第一，珠海、惠州的环境效率为有效值 1，其他城市为无效值。第二，总的环境效率提升。2016 年环境效率值为 0.405，大于 2000—2016 年的值 0.377。第三，技术效率依然是环境效率改善的决定因素。2016 年纯技术效率变化均值为 0.972，大于规模效率均值 0.409。第四，除珠海、惠州外，粤港澳大湾区其他 7 市环境效率依然呈现为规模报酬递增。

表 5-16　2016 年皮革毛皮羽毛制鞋业环境效率

城市	综合技术效率	纯技术效率	规模效率	规模报酬
惠州	1	1	1	—
珠海	1	1	1	—
东莞	0.889	0.983	0.905	irs
肇庆	0.256	1	0.256	irs
深圳	0.164	1	0.164	irs
江门	0.131	1	0.131	irs
中山	0.112	0.952	0.118	irs
佛山	0.054	0.813	0.067	irs
广州	0.040	1	0.040	irs
均值	0.405	0.972	0.409	—

注：irs 代表规模报酬递增，反映效率呈向有效值 1 靠拢态势。

同理，分析 2000—2016 年皮革毛皮羽毛制鞋业生态效率（见表 5-17）发现：第一，生态效率有效的城市为广州、珠海、佛山、肇庆，其综合技术效率值均为有效值 1。第二，总体生态效率较高，技术进步起决定作用。生态效率均值为 0.925，且该值贡献中技术效率起主导作用，纯技术效率值为 0.969，大于规模效率值 0.952。第三，生态效率呈现规模报酬递增态势。综合技术效率小于 1 值的城市，其效率值均表现为规模报酬递增态势。

五、时尚创意产业生态环境影响评价：社会满意度

表5-17 2000—2016年皮革毛皮羽毛制鞋业生态效率

城市	综合技术效率	纯技术效率	规模效率	规模报酬
广州	1	1	1	—
珠海	1	1	1	—
佛山	1	1	1	—
肇庆	1	1	1	—
江门	0.960	1	0.960	irs
深圳	0.956	1	0.956	irs
惠州	0.905	0.921	0.982	irs
中山	0.881	0.927	0.951	irs
东莞	0.625	0.869	0.719	irs
均值	0.925	0.969	0.952	—

注：irs代表规模报酬递增，反映效率呈向有效值1靠拢态势。

分析2016年皮革毛皮羽毛制鞋业生态效率（见表5-18）发现：第一，生态效率有效的城市为广州、惠州、珠海和佛山，其他城市生态效率为小于1的无效值。第二，2016年生态效率些微下降，但技术效率变化依然起主导作用，综合技术效率值为0.897，低于2000—2016年均值0.925；在该值变化中，技术进步起决定性作用，表现为2016年的纯技术效率值大于规模效率值。第三，与2000—2016年分析相同，生态效率无效的城市，其效率值均表现为规模报酬递增态势。

表5-18 2016年皮革毛皮羽毛制鞋业生态效率

城市	综合技术效率	纯技术效率	规模效率	规模报酬
广州	1	1	1	—
惠州	1	1	1	—
珠海	1	1	1	—
佛山	1	1	1	—

续表5-18

城市	综合技术效率	纯技术效率	规模效率	规模报酬
江门	0.947	1	0.947	irs
肇庆	0.881	1	0.881	irs
东莞	0.867	0.983	0.882	irs
深圳	0.697	1	0.697	irs
中山	0.685	0.951	0.720	irs
均值	0.897	0.993	0.903	—

注：irs代表规模报酬递增，反映效率呈向有效值1靠拢态势。

综合以上分析，皮革毛皮羽毛制鞋业环境效率始终有效的城市为珠海，生态效率始终有效的城市为广州、珠海和佛山，总体上，9市的生态效率始终高于环境效率。

2. 基于水耗的生态环境效率分析

广东省工业废水排放量呈现上升趋势（如图5-3所示）。广东省工业废水排放量由20世纪90年代初的15亿吨，上升到2010年左右的20亿吨，但以2008年金融危机为转折点，工业废水排放量呈下降趋势，反映广东省水环境有实质性改善。

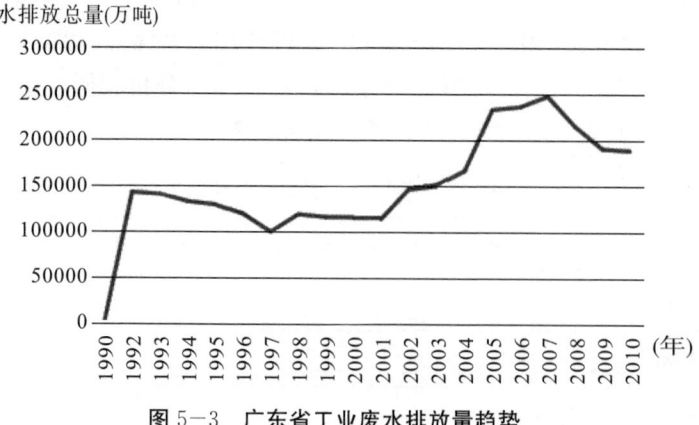

图5-3 广东省工业废水排放量趋势

运用DEA效率测算方法，投入要素为全社会固定资产投资、全社会电耗量、城镇总就业人数，正产出要素为GDP，负产出要素为污水排放

五、时尚创意产业生态环境影响评价：社会满意度

量。依然采用污水排放量倒数衡量环境正产出效应。

表5-19显示，广东省工业生产的环境效率相对不高。2012—2017年，综合技术效率从有效值1持续下降到0.736，最终综合技术效率均值为0.838。且综合技术效率均值分解后，规模效率值大于纯技术效率值，这说明广东省工业环境效率改善中行业规模效率起决定性作用。

表5-19 广东省基于工业污水排放的环境效率

年份	综合技术效率	纯技术效率	规模效率	规模报酬
2012	1	1	1	—
2013	0.932	0.957	0.975	irs
2014	0.815	0.882	0.924	irs
2015	0.804	0.870	0.924	irs
2016	0.740	0.824	0.899	irs
2017	0.736	0.775	0.950	irs
均值	0.838	0.884	0.945	—

注：irs代表规模报酬递增，反映效率呈向有效值1靠拢态势。

表5-20显示，广东省工业生产的生态效率相对较高。2012—2017年，综合技术效率由2012年的有效值1先下降，后于2017年重新上升至1，且综合技术效率均值为0.986。与此同时，综合技术效率均值分解后，纯技术效率值大于规模效率值，这反映了广东省生态效率的改善主要源于行业技术进步。

表5-20 广东省基于工业污水排放的生态效率

年份	综合技术效率	纯技术效率	规模效率	规模报酬
2012	1	1	1	—
2013	0.995	1	0.995	irs
2014	0.960	0.965	0.994	irs
2015	0.971	0.990	0.981	irs
2016	0.989	0.997	0.992	irs
2017	1	1	1	—
均值	0.986	0.992	0.994	—

注：irs代表规模报酬递增，反映效率呈向有效值1靠拢态势。

综合以上分析，广东省生态环境基本面相对较好。工业生产的生态效率优于环境效率，主要原因在于工业产值可观，未来改善工业环境污染方面仍需加大力度。

3. 基于能耗和水耗的生态环境效率分析

广东省工业生产的污水排放量呈下降趋势，而工业废气排放量相对处于上升趋势。图5-4显示，广东省工业废气排放量由20世纪90年代初的约5000亿标立方米上升到2010年的约25000亿标立方米，且未来工业废气排放量有增长趋势。

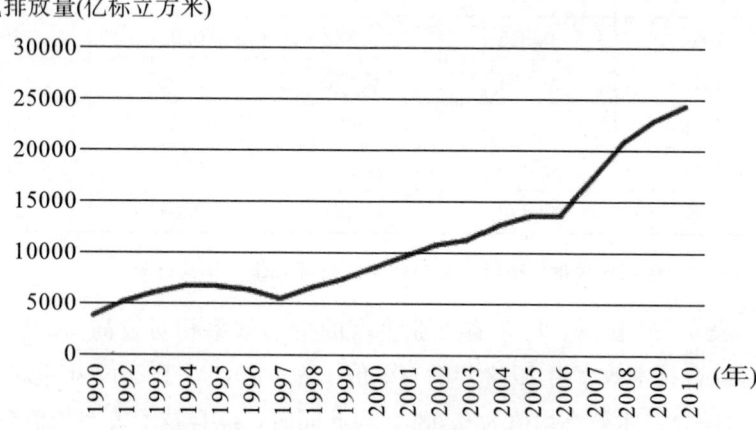

图5-4 广东省工业废气排放趋势

采用DEA效率方法，以电耗碳排放量和废水排放量为负产出，GDP为正产出；投入要素依然为固定资产投资、电耗量、劳动力投入。具体测算效率及分解如下：

综合考虑碳排放和水污染后，广东省工业生产的环境效率依然表现一般。表5-21显示，广东省工业生产综合技术效率均值仍不高，为0.838，且综合技术效率变化主要取决于工业规模效率。

表5-21 广东省基于工业碳排放和水污染的环境效率

年份	综合技术效率	纯技术效率	规模效率	规模报酬
2012	1	1	1	—
2013	0.932	0.957	0.975	irs
2014	0.815	0.882	0.924	irs

续表5-21

年份	综合技术效率	纯技术效率	规模效率	规模报酬
2015	0.804	0.870	0.924	irs
2016	0.740	0.824	0.899	irs
2017	0.736	0.775	0.950	irs
均值	0.838	0.884	0.945	—

注：irs代表规模报酬递增，反映效率呈向有效值1靠拢态势。

综合考虑碳排放和水污染后，广东省工业生产的生态效率较为可观。表5-22显示，广东省工业生产的综合技术效率均值较高，为0.987，且综合技术效率改善主要源自技术进步。

综上，考虑碳排放和水污染后，广东省生态环境效率相对较好。其中生态效率较高，得益于工业产值偏高，环境效率较低，因为污染排放总量较大，且废气仍在增加。

表5-22 广东省基于工业碳排放和水污染的生态效率

年份	综合技术效率	纯技术效率	规模效率	规模报酬
2012	1	1	1	—
2013	0.996	1	0.996	irs
2014	0.960	0.965	0.994	irs
2015	0.937	0.990	0.983	irs
2016	0.996	0.997	0.999	irs
2017	1	1	1	—
均值	0.987	0.992	0.995	—

注：irs代表规模报酬递增，反映效率呈向有效值1靠拢态势。

（三）行业生态环境效率比较分析

1. 行业能耗及碳排放比较

统计分析2013—2015年国民经济行业能耗情况（见表5-23），能耗量较多的前三个行业为制造业、交通运输仓储和邮政业、电力燃气和水生产供应业，它们2013—2015年这三年的能耗量均值分别为243008.12万吨标准煤、36491.05万吨标准煤、27953.27万吨标准煤。纺织业、纺织服装服饰业、皮革毛皮羽毛制鞋业的年均能耗量排名分别为第8、第10和第11名，但纺织服装全行业能耗总量较为可观，综合排名上升至第6名，排名居中。这说明纺织服装行业为国民经济中能耗居于中位的部门，若将标准煤能耗折算成碳排放量，则纺织服装行业依然是国民经济中碳排放量居于中位的行业。

表5-23 行业能耗量及排名比较　　单位：万吨标准煤

行业	2015年	2014年	2013年	均值	排名
制造业	244919.56	245051.39	239053.4	243008.12	1
交通运输仓储和邮政业	38317.66	36336.43	34819.02	36491.05	2
电力燃气水生产供应业	28097.96	27609.03	28152.81	27953.27	3
采矿业	19258.44	23026.02	23924.43	22069.63	4
批发零售业住宿餐饮业	11403.69	10873.01	10598.16	10958.29	5
农林牧渔业	8231.66	8094.27	8054.8	8126.91	6
建筑业	7696.41	7519.58	7016.97	7410.99	7
纺织业	7135.66	6960.2	7365.72	7153.86	8
信息传输计算机软件业	3143.34	2971.45	2801.59	2972.13	9
纺织服装服饰业	920	938.06	971.28	943.11	10
皮革毛皮羽毛制鞋业	629	618.83	652.33	633.39	11
文化体育和娱乐业	392	399.78	368.36	386.71	12

将以上12个行业和纺织服装全行业的均值进行K-means聚类分析：制造业为高能耗部门；交通运输仓储和邮政业、电力燃气水生产供应业、采矿业等为中能耗能源部门；包括纺织服装行业及其分支行业在内的8个行业为相对的低能耗部门（见表5-24）。同理，纺织服装行业总体上处于碳排放量相对较低的部门，但在8个低碳部门中排名也是靠前的部门，因此纺织服装行业相对属于低碳部门中的高碳耗行业（见表5-25）。

五、时尚创意产业生态环境影响评价：社会满意度

表5-24 行业能耗的K-means聚类分析

高能耗部门	中能耗部门	低能耗部门
制造业（排名1）	交通运输仓储和邮政业、电力燃气水生产供应业、采矿业（排名2~4）	批发零售业住宿餐饮业、纺织服装行业、农林牧渔业、建筑业、纺织业、信息传输计算机软件业、纺织服装服饰业、皮革毛皮羽毛制鞋业、文化体育和娱乐业（排名5~12）

表5-25 行业碳排放的K-means聚类分析

高碳耗部门	中碳耗部门	低碳耗部门
制造业（排名1）	交通运输仓储和邮政业、电力燃气水生产供应业、采矿业（排名2~4）	批发零售业住宿餐饮业、纺织服装行业、农林牧渔业、建筑业、纺织业、信息传输计算机软件业、纺织服装服饰业、皮革毛皮羽毛制鞋业、文化体育和娱乐业（排名5~12）

2. 行业能耗及碳排放对经济的影响比较

纺织业能耗与经济发展之间存在稳定相关性。其能耗与经济增长的关系（见表5-26）。分别对2001—2015年纺织业能耗和经济增长量时间序列取对数。利用Pearson相关性检验发现，纺织业能耗与经济增长间具有较大相关性，相关系数为0.891，且通过1‰显著性水平检验。据此可以初步建立两者间的回归模型，以进一步判断二者的相关程度。

表5-26 纺织业能耗 $E1$ 与GDP的相关性

		$E1$	gdp
$E1$	Pearson 相关性	1	0.891**
	显著性（双侧）		0.000
	N	15	15
gdp	Pearson 相关性	0.891**	1
	显著性（双侧）	0.000	
	N	15	15

注：**代表1‰显著性水平。

纺织业能耗与经济增速间存在相对稳固的正向作用关系，分别以 gdp 和 $E1$ 作为被解释变量和解释变量，构建两者间的回归模型。由此发

现，当 $E1$ 为被解释变量时，经济增长对纺织业能耗响应系数为 0.375，通过 1% 显著性水平检验，整个回归模型拟合优度为 77.9%（见表 5-27）。当 gdp 为被解释变量时，纺织业能耗对经济增长的响应系数为 2.116，且通过 1% 显著性水平检验，整个回归模型拟合优度为 77.9%（见表 5-28）。以上分析说明，纺织业能耗与经济增长之间存在相对稳固的正向影响关系，经济增长对纺织业能耗影响程度更大。

表 5-27 GDP 对纺织业能耗影响回归模型分析

模型		系数			t	Sig.
		非标准化系数		标准系数		
		B	标准误差	试用版		
1	（常量）	1.694	0.290		5.842	0.000
	gdp	0.375	0.053	0.891	7.088	0.000
a. 因变量：$E1$ $R^2=77.9\%$						

表 5-28 纺织业能耗对 GDP 影响回归模型分析

模型		系数			t	Sig.
		非标准化系数		标准系数		
		B	标准误差	试用版		
1	（常量）	-2.461	1.119		-2.199	0.047
	$E1$	2.116	0.299	0.891	7.088	0.000
a. 因变量：gdp $R^2=77.9\%$						

按以上分析方法对国民经济不同行业能耗与经济增长关系进行检验和比较，具体如下：

从行业角度看，不同行业能耗对经济增长起到不同效果。表 5-29 显示，农、林、牧、渔业能耗对经济产生的促进作用最大，影响系数为 2.839，通过 1% 显著性水平检验。而纺织业、纺织服装服饰业、皮革毛皮羽毛制鞋业的能耗对经济增长的贡献系数分别为 2.116、2.004、1.710，且均通过 1% 显著性水平检验，它们对经济增长贡献的排名分别为第 4、第 5 和第 8 名，说明总体纺织服装业能耗对促进经济增长的作用相对较大。

从行业角度看,经济增长对不同行业的能耗增长影响不同。表5-29显示,gdp为自变量时,信息传输计算机软件业能耗系数最大,经济每增长1个百分点,其能耗系数同步增长0.688个百分点。而纺织业、纺织服装服饰业、皮革毛皮羽毛制鞋业的能耗系数分别为0.375、0.469、0.520,均通过1%显著性水平检验,它们的能耗系数排名分别为第10、第7和第6名,说明经济增长对纺织服装行业能耗的影响效应较其他行业不是特别大。

表5-29 各行业能耗与经济发展的互作关系比较

行业	gdp为因变量	排名	gdp为自变量	排名
制造业	1.739***	7	0.552***	5
交通运输仓储和邮政业	1.627***	9	0.604***	4
电力燃气水生产供应业	2.332***	3	0.418***	9
采矿业	2.553***	2	0.368***	11
批发零售业住宿餐饮业	1.506***	11	0.643***	2
农、林、牧、渔业	2.839***	1	0.303***	12
建筑业	1.530***	10	0.639	3
纺织业	2.116***	4	0.375***	10
信息传输计算机软件业	1.388***	12	0.688***	1
纺织服装服饰业	2.004***	5	0.469***	7
皮革毛皮羽毛制鞋业	1.710***	8	0.520***	6
文化、体育和娱乐业	1.806***	6	0.455***	8

注:***表示1%显著性水平。

行业碳排放量与国民经济的关系与上文分析类似。按照标准能耗系数折算成标准煤,依然得出相似结论,即纺织服装行业碳排放量对经济增长作用相比其他行业更为明显,经济增长对纺织服装行业碳排放量影响相比其他行业而言不甚明显。

（四）小结

时尚创意产业生态环境效率总体提升，但也显示出较为明显的区域和产业特征。考虑能耗和水耗后，全国纺织服装行业的资源生产率、资源环境效率均出现不同程度的改善。粤港澳大湾区时尚创意产业生态环境发展不均衡的现象较为突出，考虑水污染和碳排放后，广东省生态环境效率相对较好。纺织服装行业相对属于低能耗部门，但纺织服装行业碳排放量与经济发展呈现正向关系，且相比其他行业相对明显，经济增长对纺织服装行业碳排放量不具有显著拉升作用。

六、时尚创意产业消费影响分析：消费者满意度

消费者对一个行业满不满意，是评价行业发展质量的重要指标之一。本章从时尚创意产业消费者效用分析和时尚消费影响因素尤其是价格因素角度看待时尚创意产业高质量发展状况，以此评价消费者对时尚创意产业高质量发展的认可程度。

（一）引言

消费者对行业发展投票，是用产品消费价格衡量的，消费者期望获得高品质产品的同时，也希望价格可承受。因此，消费者对纺织服装行业发展的满意度如何，较为简易的衡量方法是用消费者价格指数衡量。当价格较低时，可以认为消费者满意度较高；当价格较高时，可以认为消费者满意度较低。

衣着消费价格上涨，但涨幅低于全国物价涨幅。图6-1显示，中国衣着消费价格指数相比总体物价指数是偏低的。2009—2018年，衣着消费价格指数时常运行在总体物价指数之下，仅在2011—2012年、2014—2015年，衣着消费价格指数相对总体物价指数偏高。同时，衣着消费价格指数呈现先上升后平稳运行的趋势。2008—2011年，衣着消费价格指数同比处于上升趋势；2012—2018年，衣着消费价格指数同比处于小幅平缓波动走势。总体而言，衣着消费价格水平低于总体消费物价水平，衣着消费价格与2008年金融危机之前的价格相比已明显提升。

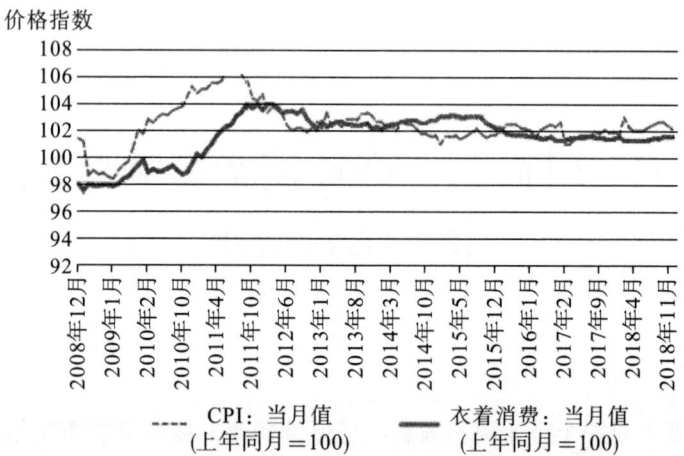

图 6-1 总体物价月度指数和衣着消费月度指数同比变动趋势

数据来源：前瞻数据库 http://d.qianzhan.com。

服装价格上涨幅度低于全国物价上涨幅度，衣着消费价格与服装价格走势较为一致。全国衣着消费价格指数与服装价格指数高度趋同。如图6-2所示，衣着消费价格指数与服装消费价格指数走势几乎重合，同时，2011年11月—2012年9月、2013年6—11月、2014年5月—2016年1月，服装价格和衣着消费价格指数高于总体物价指数，其他年中各月份的价格指数则低于总体物价指数，反映服装价格上涨幅度低于全国总体物价涨幅。同时，2011—2018年，我国服装价格波动幅度维持在102%~104%，尽管服装价格月度指数持续上涨，但上涨幅度不是特别大。

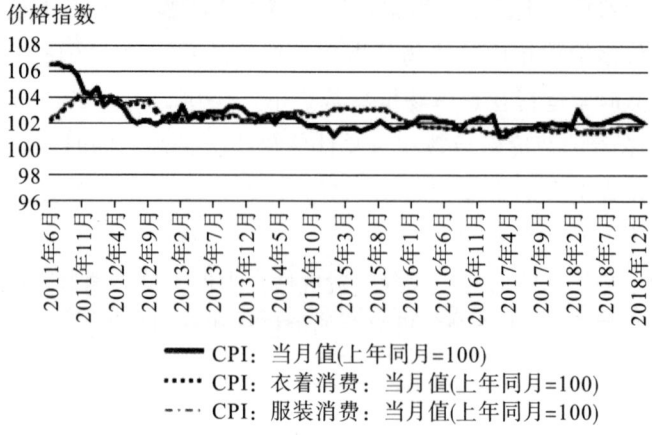

图 6-2 总体物价月度指数与衣着消费月度指数同比变动趋势

六、时尚创意产业消费影响分析：消费者满意度

鞋制品价格涨幅总体低于全国总体物价涨幅，鞋类价格涨幅低于衣着类价格涨幅。图6-3所示，2014年5月—2016年1月，鞋制品消费价格指数高于总体物价指数，其他时间均低于总体物价指数。2014年5月—2017年9月，鞋制品与衣着的消费价格指数高度拟合，说明两者价格涨幅是一致的。总体上，2011—2018年鞋制品消费价格指数处于总体物价指数和衣着消费价格指数的下方，说明鞋制品价格涨幅均小于衣着价格涨幅和全国物价涨幅。

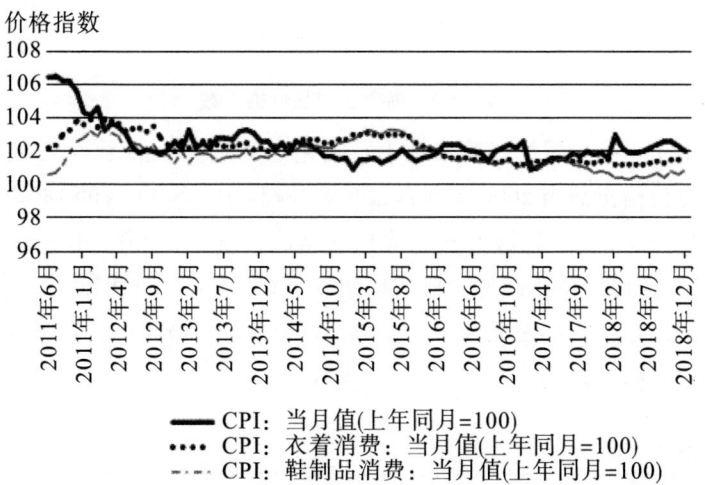

图6-3 总体物价月度指数与衣着和鞋制品月度消费指数同比变动趋势

纺织品价格处于平缓上升走势。柯桥纺织品指数是纺织业价格总指数，反映各类纺织产品价格波动的总趋势。图6-4显示，2008年12月—2010年12月，柯桥纺织品价格指数低于100；2010年12月—2018年12月，纺织品价格指数高于100，说明纺织业价格指数在前期上涨后，后期一直处于高位平稳态势，纺织品价格指数同比维持平稳增长。

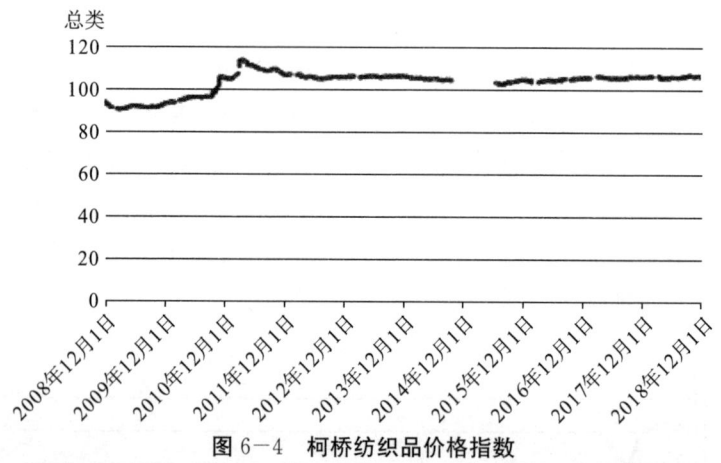

图 6-4　柯桥纺织品价格指数

柯桥纺织品外贸出口价格处于较陡峭上升走势。如图 6-5 所示，纺织品外贸价格指数由 2008 年 9 月 108 上升到 2018 年 11 月的 160，价格上涨幅度为 48.15%，且该上涨趋势仍在持续。其中，2011 年 4 月与 2018 年 10 月为阶段性价格峰值，峰值均超过 160。图 6-5 与图 6-4 相比，纺织品外贸出口价格涨幅远高于国内消费价格涨幅，这也间接说明国内消费者相比国外消费者具有一定价格优惠福利。

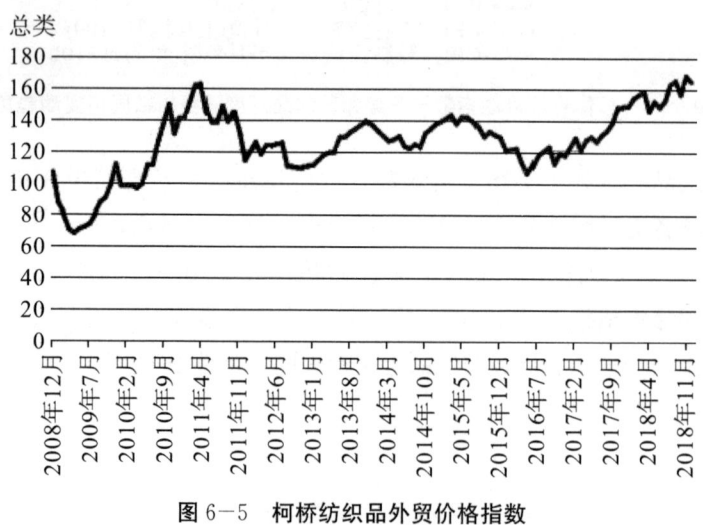

图 6-5　柯桥纺织品外贸价格指数

综上所述，依据价格增长趋势，消费者对纺织服装行业满意度存在差异，鞋制品满意度高于服装满意度，两者满意度均高于总体消费满意度。同时，国内消费者满意度高于国外消费者满意度。

（二）时尚产品消费者效用评价分析

假设消费者消费两种商品，时尚类商品 A 和普通类商品 B，消费 A 类商品数量为 X，消费 B 类商品数量为 Y，建立理性消费者效用函数：

$$U(X,Y) = X^{\frac{1}{2}}Y^{\frac{1}{2}}$$

依据消费者效用最大化原则，U 的取值依赖于 A、B 商品消费数量的有效组合。

以广州和深圳为例，具体时尚产品与非时尚产品消费数量较难量化，分别采用时尚产品消费额和非时尚产品消费额替代，依然沿用上述效用函数。图 6-6 显示：第一，随着收入水平的提高，广州、深圳人均衣着消费额不断上涨。深圳人均衣着消费由 2007 年 1 季度 500 多元，到截至 2012 年 4 季度上升到接近 1500 元；广州人均衣着消费由 2007 年 1 季度不足 500 元，同期上涨到超过 2200 元，且深圳和广州人均衣着消费量有逐年增加趋势。第二，人均衣着消费表征出明显的季节性。无论广州还是深圳，每年人均衣着消费额从 1 季度到 4 季度呈上涨趋势，春节翘尾因素明显影响衣着消费。第三，广州、深圳衣着消费出现一定变化。2008 年金融危机之前，深圳每季度人均衣着消费额高于广州，金融危机之后，深圳每季度人均衣着消费额低于广州。反映经济周期对城市时尚消费结构的重大扭转。

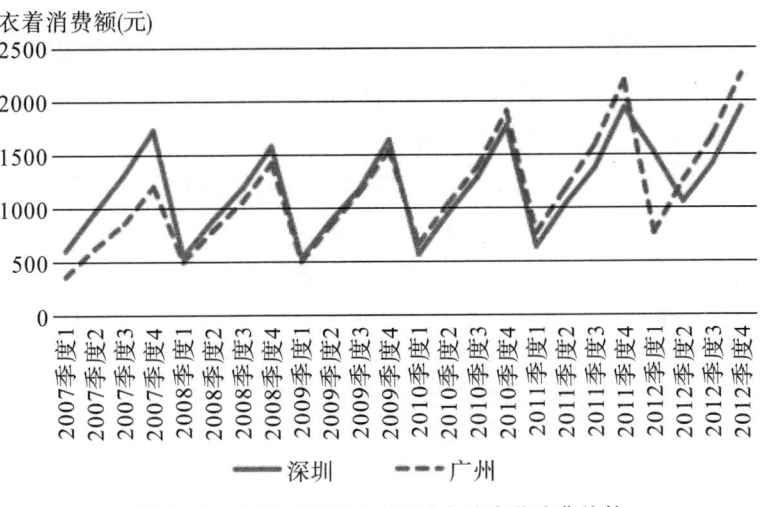

图 6-6　广州、深圳城镇居民人均衣着消费趋势

具体核算广州、深圳消费者效用时,分别计算广州、深圳衣着与非衣着的消费额(见表6-1)。第一,广州衣着消费额与非衣着消费额之比约为1∶5;深圳衣着消费额与非衣着消费额之比为1∶4。相比广州而言,深圳在衣着消费方面的花销更多。第二,广州衣着消费额小于深圳,非衣着消费额则大于深圳。衣着消费上,前者消费额均值为4498.65元,后者消费额均值为4670.03元;非衣着消费上,前者消费额为19888.01元,后者为17517.15元。第三,衣着消费额和非衣着消费额均呈现增长趋势。广州衣着与非衣着消费额增长率快于深圳。广州衣着与非衣着年均消费额增长率分别为16.21%、9.02%,深圳分别为4.83%、8.79%。

表6-1 广州、深圳衣着消费额与非衣着消费额

(单位:元)

年份	广州		深圳	
	衣着消费额	非衣着消费额	衣着消费额	非衣着消费额
2007	2968.13	15983.19	4527.68	13675.945
2008	3684.72	17151.23	4121.2	15657.89
2009	3933.21	18887.69	4143.05	17383.05
2010	4908.8	20102.81	4487.33	18319.21
2011	5642.02	22567.72	4900	19180.03
2012	5855.02	24635.42	5840.92	20886.76

广州、深圳时尚消费者效用分异明显。同时,依据消费者效用函数核算(如图6-7所示)。第一,广州、深圳消费者效用均呈增长态势。2012年相比2007年,广州消费者效用增长74.37%,同时期深圳消费者效用增长40.37%。第二,广州消费者效用总体上高于深圳。广州年均消费者效用值为9447.38,深圳为9032.45。第三,以金融危机为分界点,城市消费者效用逆转。2008年之前,深圳消费者效用值大于广州,但2008年开始,广州消费者效用值一直大于深圳。

六、时尚创意产业消费影响分析：消费者满意度

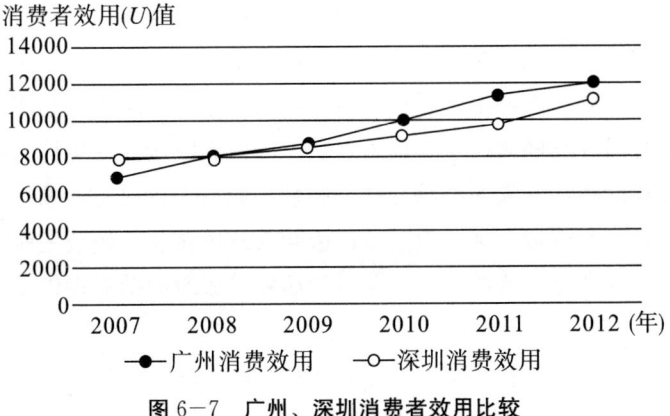

图 6-7　广州、深圳消费者效用比较

（三）时尚消费影响因素分析

消费拉动经济的背景下，时尚消费仍未完全发力。一方面，中国的时尚创意产业发展已经取得一定成就，典型表现即是拥有自主企业、自主设计、自主品牌、供给方面几乎不存在盲点；另一方面，中国的时尚消费发展一直比较薄弱，表现为居民时尚消费态度的相对冷淡。出现这一现象的原因是什么？笔者认为，除了需要企业进行供给侧改革外，需求侧改革则是影响时尚消费的最终决定因素。为此，本部分重点对影响时尚消费的因素进行分析，以期为提高中国时尚产品消费度水平提供有益政策建议。

通常时尚创意产业是从狭义上理解的仅对人体进行装饰和美化的行业，服装产业是时尚创意产业核心组成部分（颜莉等，2011；汪明峰，2013）[1][2]。全球时尚创意产业 2016 年遭遇严冬（麦肯锡，2017）[3]，2017 年已轻微复苏，中国时尚创意产业进入超白金历史发展机遇期（马光远，2017）[4]，党的十三届全国人大一次会议明确指出积极支持扩大有效消费

---

[1] 颜莉，高长春. 时尚创意产业国内外研究述评与展望 [J]. 经济问题探索，2011 (008)：54—59.

[2] 汪明峰，孙莹. 全球化与中国时尚消费城市的兴起 [J]. 地理研究，2013 (012)：2334—2345.

[3] 麦肯锡. 2017 年度全球时尚业态报告 [R/OL]. 中文互联网数字咨询网，http：//www. 199it. com/archives/547135. html，2016—12—26.

[4] 马光远. 中国时尚创意产业产值 2020 年超 5 万亿 [N]. 深圳商报，2017—12—11.

(2018，新华社)[①]。然而，中国服装时尚消费水平依然落后，人均衣着消费高峰值均约为欧洲和美国的 1/2，占日本则不足 1/3。新时代，如何抓住战略机遇期有效改善中国居民时尚消费水平这一难题亟待解决。通过服装消费及时尚度发展滞后事实提炼，实证分析影响居民消费行为共性因素并提出改善措施，不失为破题办法。服装行业系国计民生特殊行业，研究中国服装时尚及消费，利于为国家以服装为载体构建新丝绸之路经济带和本土时尚创意产业可持续发展以及城镇居民健康时尚消费提供一定的理论依据和实践指导。

近年来，品牌、企业管理和网络等因素对时尚及服装消费的影响日益引起学界关注。第一，品牌影响消费者行为。Bruce、Amatulli、胥琳佳、刘晶晶和郭惠玲等的研究表明，服装及化妆品的品牌信任度、品牌定位是否迎合消费者心理、品牌款式设计和质量影响消费者购买行为[②③④⑤⑥]。第二，服装企业管理水平和模式影响市场消费及公司绩效。MacCarthy 等、Cillo 等和 Taplin 等认为全球快速反应（GQR）包括市场信息及其管理对时尚创意产业产品创新和公司绩效极其重要[⑦⑧⑨]。Guercini（2010）认为意大利服装企业的快时尚产品迭代模式和全球供应链网络专业化，拉近了商

---

① 李克强. 李克强在第十三届全国人大一次会议上的政府工作报告［R］. 新华社，2018-3-22.

② Bruce M, Daly L. Buyer Behaviour for Fast Fashion［J］. Journal of Fashion Marketing & Management, 2006 (10): 329-344.

③ Amatulli C, Guido G. Determinants of Purchasing Intention for Fashion Luxury Goods in the Italian Market: A Laddering Approach［J］. Journal of Fashion Marketing & Management, 2011 (1): 123-136.

④ 胥琳佳. 品牌国际传播中消费者的态度和行为研究——基于理性行为理论模型的实证研究［J］. 现代传播，中国传媒大学学报，2015，037 (002): 123-128.

⑤ 刘晶晶. 中国设计原创品牌之服饰篇［J］. 装饰，2015 (04): 52-57.

⑥ 郭惠玲. 快时尚品牌顾客满意度影响因素实证研究——以快时尚服装为例［J］. 中国流通经济，2015 (2): 98-106.

⑦ MacCarthy B L, Jayarathne P G S A. Fast Fashion: Achieving Global Quick Response (GQR) in the Internationally Dispersed Clothing Industry［J］. Social Science Electronic Publishing, 2009: 37-60.

⑧ Cillo P, Luca L M D, Troilo G. Market Information Approaches, Product Innovativeness, and Firm Performance: An Empirical Study in the Fashion Industry［J］. Research Policy, 2010 (9): 1242-1252.

⑨ Taplin I M. Global Commodity Chains and Fast Fashion: How the Apparel Industry Continues to Re-Invent Itself［J］. Competition & Change, 2014 (3): 246-264.

六、时尚创意产业消费影响分析：消费者满意度

家与消费者之间的"物理距离"[①]。Raeve 等认为时尚创意产业需要从大众"制造时尚"商业模式向大众"消费时尚"商业模式转变[②]。第三，网络及社交媒介影响消费。Crewe 指出数字技术尤其网络，使得消费日益由基于消费者观点、评价和推荐决定[③]。Kim 和 Ko 研究表明网络社交媒介对品牌信誉度影响较大[④]。Salmeron 等和 Sen 等肯定了欧洲和全球服装网络销售的 B2B、B2C 模式[⑤⑥]。姜素芳、孔伟成和杨楠深入探讨了中国消费者网络服装购买行为心理[⑦⑧⑨]。另外，季节和节日消费翘尾因素[⑩]、企业生态社会责任对服装售卖及消费影响日趋明显[⑪⑫]。

针对时尚及服装消费影响因素研究，代表性研究方法是问卷调查获得数据，基于数据进行多元统计分析和建立模型进行回归分析。郭惠玲采用问卷星网站和门店问卷调查数据，运用层级回归模型对快时尚品牌 ZARA 男女顾客满意度影响因素进行了分析，研究表明女性对款式设计

[①] Guercini S, Runfola A. Business Networks and Retail Internationalization: A Case Analysis in the Fashion Industry [J]. Industrial Marketing Management, 2010 (6): 908−916.

[②] Raeve A D, Smedt M D, Bossaer H. Mass Customization, Business Model for the Future of Fashion Industry [B]. 3rd Global Fashion International Conference, Madrid, 15−17 November 2012.

[③] Crewe L. Ugly beautiful? Counting the Cost of the Global Fashion Industry [J]. Geography, 2008, 93 (1): 25−33.

[④] Kim A J, Ko E. Do Social Media Marketing Activities Enhance Customer Equity? An Empirical Study of Luxury Fashion Brand [J]. Journal of Business Research, 2012, 65 (10): 1480−1486.

[⑤] Salmeron J L, Hurtado J M. Modelling the Reasons to Establish B2C in the Fashion Industry [J]. Technovation, 2006, 26 (7): 865−872.

[⑥] Sen A. The US Fashion Industry: A Supply Chain Review [J]. International Journal of Production Economics, 2008, 114 (2): 571−593.

[⑦] 姜素芳. 服装网络消费者行为影响因素分析 [J]. 市场周刊, 2009 (7): 56−57.

[⑧] 孔伟成, 李琪, 姜素芳. 网络服装购买行为的影响因素分析 [J]. 财经论丛, 2011 (2): 105−109.

[⑨] 杨楠. 服装网络消费行为的影响因素研究 [J]. 中央财经大学学报, 2016 (6): 104−112.

[⑩] Liu N, Ren S, Choi T M, et al. Sales Forecasting for Fashion Retailing Service Industry: A Review [J]. Mathematical Problems in Engineering, 2013 (4): 1−9.

[⑪] Kozlowski A, Bardecki M, Searcy C. Environmental Impacts in the Fashion Industry [J]. Journal of Corporate Citizenship, 2012 (21): 16−36.

[⑫] Hvass K K. Post-Retail Responsibility of Garments: A Fashion Industry Perspective [J]. Journal of Fashion Marketing & Management, 2014 (4): 413−430.

满意度较高,男性对服装质量满意度较高[1]。刘博等基于问卷调查数据,利用结构方程模型,分别研究了快时尚品牌 H&M 全球化形象和环保形象对消费行为意向的影响、ZARA 品牌在广州地理升级影响因素与路径,结果显示品牌全球化感知、消费者全球文化身份、品牌认同和环保形象感知影响消费行为,地方维度在快时尚品牌跨地方升级中具有重要作用[2][3]。姚杰等通过线上线下问卷调查数据,采用结构方程模型实证分析表明网络社交媒体的感知价值、网络互动和品牌关系对消费行为意向产生积极影响[4]。另外,汪明峰等研究中国时尚消费城市发展影响因素时采用了因子分析和多元回归分析,研究表明市场因素、开放程度和产业氛围对时尚消费城市发展影响显著[5]。

上述关于时尚及服装消费影响因素和研究方法的文献对本部分进一步探讨中国服装消费具有重要指导意义。现有文献以静态研究、定性研究和微观案例研究为主,尚未发现对影响中国总体服装消费行为的一般性因素进行研究,缺乏服装消费影响因素动态研究。本部分利用省级静态面板数据模型和动态面板数据模型综合分析中国城镇居民服装消费行为的一般性短期影响因素和长期影响因素,对推进中国服装产业转型升级改革和实现可持续发展具有理论指导意义,对提高中国居民服装消费水平和支撑"一带一路"倡议具有现实意义。

1. 理论模型设定与变量选取

城镇居民在时尚消费上率先受到文化教育、收入、网络、区位和行业发展等一般性变量影响。新时期,服装行业以供给侧改革倾向于供给引导和创造需求,时尚创意产业发展程度始终是居民时尚消费的前提和重要因

---

[1] 郭惠玲. 快时尚品牌顾客满意度影响因素实证研究——以快时尚服装为例 [J]. 中国流通经济, 2015 (2): 98—106.

[2] 刘博, 朱竑. 全球化形象与环保形象对消费行为意向的影响——基于国际快时尚品牌 H&M 的案例 [J]. 地理学报, 2017, 72 (4): 699—710.

[3] 刘博, 朱竑. 跨地方品牌升级的影响因素与路径——ZARA 广州案例 [J]. 地理研究, 2017 (2): 281—293.

[4] 姚杰, 黄金凤. 品牌关系对消费者行为意向影响研究——基于我国服装品牌的实证分析 [J]. 管理世界, 2017 (2): 184—185.

[5] 汪明峰, 孙莹. 全球化与中国时尚消费城市的兴起 [J]. 地理研究, 2013, 32 (12): 2334—2345.

六、时尚创意产业消费影响分析：消费者满意度

素。时尚消费本质上是一种文化现象[①]，张晶等解释文化适应因素影响消费者购买行为[②]，邢乐揭示消费者全球消费文化接收程度直接影响对中式服装态度[③]，这表明文化水平与服装消费关联性较强。伴随网购和海淘兴起以及姜素芳和杨楠对服装网络消费者行为的研究[④][⑤]，证实社交网络越发达越影响时尚消费心理及行为[⑥][⑦]。理论上，凯恩斯认为消费是收入的增函数；工业区位理论强调地理远近影响交通运输成本，使物理成本构成供应链成本的一部分，最终必然作用产品价格和消费者行为。据此，本部分对城镇居民服装消费影响因素的模型设定为如下形式：

$$\ln consum_{it} = \beta_0 + \beta_1 \ln edu_{it} + \beta_2 \ln incom_{it} + \beta_3 \ln inter_{it} + \beta_4 \ln indus_{it} + \lambda \ln X_{it} + \alpha_i + \varepsilon_{it}$$

式中，被解释变量 $\ln consum$ 代表服装消费支出的对数值，解释变量 $\ln edu$、$\ln incom$、$\ln inter$ 和 $\ln indus$ 分别代表文化、收入、网络和产业水平的对数值，$\ln X_{it}$ 表示控制变量的对数值，α_i 代表不可观测的地区固定效应，i 和 t 分别代表地区和年份，ε_{it} 代表随机误差项。各变量的具体设定与选取情况见表 6—2。

[①] 汪新建，吕小康. 时尚消费的文化心理机制分析 [J]. 山东大学学报，2005（2）：155—160.

[②] 张晶，Ramu Govindasamy，张利库. "文化适应" 对消费者购买行为的影响 [J]. 经济理论与经济管理，2013（12）：43—54.

[③] 邢乐，梁惠娥，刘传兰. 中式服装消费意向的影响因素 [J]. 纺织学报，2017，38（3）：155—167.

[④] 姜素芳. 服装网络消费者行为影响因素分析 [J]. 市场周刊，2009（7）：56—57.

[⑤] 杨楠. 服装网络消费行为的影响因素研究 [J]. 中央财经大学学报，2016（6）：104—112.

[⑥] Kim A J, Ko E. Do Social Media Marketing Activities Enhance Customer Equity? An Empirical Study of Luxury Fashion Brand [J]. Journal of Business Research，2012，65（10）：1480—1486.

[⑦] Park, Kim. An Experimental on Bond Behavior of UHPC Using Pull-Out Test [J]. Proceedings of the Korea Concrete Institute，2014，26，543—544.

表 6—2　各变量的具体设定与选取情况

变量类别	研究变量	变量含义
被解释变量	服装消费支出（consum）	城镇居民人均衣着消费额
解释变量	文化程度（edu）	6 岁以上大专及以上教育人口占总人口比重
	收入水平（incom）	总体人均可支配收入平减值
	网络普及率（inter）	近 6 个月网民人数占总人口比重
	产业水平（indus）	纱、布和化学纤维总产量
控制变量	经济发展水平（gdp）	GDP 平减值
	产业结构水平（IS）	第三产业产值占 GDP 比重
	R&D 经费（RD）	规模以上工业企业 R&D 经费支出平减值
	外商直接投资（FDI）	外商投资全社会固定资产投资额的平减值替代

注：进行产业水平衡量时，采用莱卡布料算法，按布料宽幅约 60 英寸，1 公斤布料长约 3.7 米，将布料长度换算成布料重量。所有平减值，以 2007 年相应值为基期对应全国物价指数进行平减得到。

（二）研究方法、数据来源及处理

本节以 2007—2016 年中国大陆 31 个省市区样本变量数据为研究对象。首先对变量进行多元统计分析，接着以普通最小二乘法（OLS）和 Hausman 检验确定的固定效应模型（FE）或随机效应模型（RE），静态分析比较上述模型式变量系数，然后运用系统矩估计 GMM 方法和 Hausman 检验确定的固定效应模型（FE）或随机效应模型（RE），动态分析比较扩展模型式变量系数，最终确认时尚消费一般性影响因素及其可靠性。变量数据主要来源于中国统计年鉴、中国劳动统计年鉴、国泰安数据库和 CNNIC 数据平台。

变量统计性描述显示，研发投入、产量和消费之间存在显著地区非对称性。第一，研发和外商直接投资差距较大。控制变量 RD、FDI 的平均值分别为 2408529 万元、321.28 亿元；两者平均值均低于标准差，反映地区值差异较大，R&D 经费投入、外商直接投资最大省份分别为广东省和江苏省。第二，产业发展差距较大。解释变量中产业水平均值为 249.41 万吨；西藏几乎不生产纱、布和化学纤维，浙江省纱、布和化学纤维产量最大，值为 2805.81 万吨。第三，消费差异明显。省级城市人均衣着消费支出平均值为1541.71元，北京市人均衣着消费支出值最高，为2853.98元。各主要变量数据统计性描述见表6-3。

表6-3 各主要变量数据统计性描述

变量	平均值	标准差	最小值	最大值	样本量
衣着消费支出（元）	1541.71	447.48	452.85	2853.98	310
文化程度（百分数）	0.10	0.06	0.01	0.41	310
收入水平（元）	21215.54	8400.40	9946.44	55780.11	310
网络普及率（百分数）	0.39	0.17	0.06	0.78	310
产业水平（万吨）	249.41	535.34	0.01	2805.81	310
产业结构水平（百分数）	0.43	0.11	0.28	1.00	310
经济发展水平（亿元）	17559.77	15340.00	341.43	83050.67	310
研发经费投入（万元）	2408529.00	3276411.00	1627.37	17200000.00	310
外商直接投资（亿元）	321.28	427.99	0.03	2553.62	310

注：统计过程中，个别省份部分年份相关指标数据缺失，运用线性插值法进行数据填充。

3. 实证结果分析

（1）服装消费及时尚统计分析。

其一，服装消费结构分析。

中国城镇居民服装消费额度低、增速慢和受限于总消费支出影响。第一，衣着消费额度较低。2007—2016年城镇居民平均每人全年消费性支出的均值为15768.51元，其中居住支出占比为14.62%，交通和通信支出占比为13.45%，医疗保健支出占比为13.11%，衣着消费支出占比仅为9.78%，人均年衣着消费支出仅为1541.71元。第二，衣着消费增速较慢。2007—2016年人均衣着消费总增速为75.08%，年均增速为7.51%，远低于医疗保健支出增速（151.21%、15.12%）、交通和通信支出增速（153.99%、15.40%）、教育文化娱乐服务支出增速（109.56%、10.96%）和居住支出增速（432.65%、43.27%）。第三，衣着消费支出与总消费支出间存在显著正向线性关系（如图6-8所示）。两者散点图的拟合曲线截距项为694.826，系数项为0.054，说明中国城镇居民人均衣着开支最少约为700元/年，人均总消费支出每增加一个百分点，人均衣着支出则随之增加 0.054 个百分点。

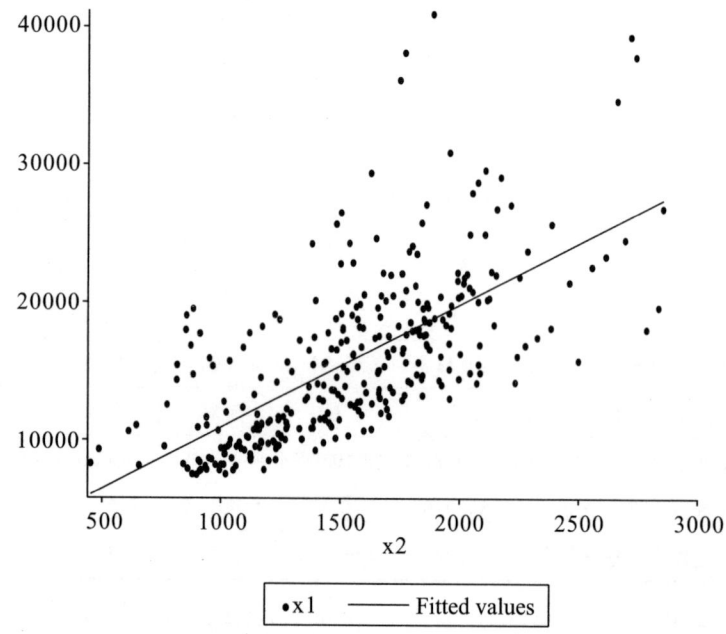

图 6-8 衣着消费与总消费支出的散点图及拟合曲线

其二，服装消费时尚指数分析。

国外利用人均衣着消费件数衡量衣着消费时尚情况，例如，Caro 等（2014）研究表明，全球人均购衣数量从 2000 年的 9 件上升至 2012 年的 13.9 件，英国从 18.7 件每人每年上升至 29.5 件每人每年。中国研发了柯桥时尚指数、上海时装周"凤凰时尚指数"、温州时尚指数和深圳全球时尚城市指数。基于数据可得性和统计路径一致性，本节采用人均衣着消费支出额度比率衡量衣着消费时尚度：衣着消费时尚度（$consume\hat{}$）=衣着消费支出额（$X1$）/总消费支出额（X）。

第一，衣着消费时尚指数普遍偏低且呈下降趋势。

中国衣着时尚消费度总体偏低且有下降走势。近 10 年来，全国包括东中西部衣着消费时尚指数大体分为两个阶段（如图 6-9 所示）：2007—2011 年为衣着消费时尚指数上升期，2012—2016 年为衣着消费时尚指数下降期，全国衣着消费时尚指数拐点为 2011 年，指数峰值为 0.116。其中，中西部地区与东部地区相比，于 2012 年进入衣着消费时尚指数拐点，滞后 1 年。东部地区的内在衣着消费时尚指数低于中西部地区（东部最高

六、时尚创意产业消费影响分析：消费者满意度

衣着消费时尚指数为 0.100，中西部最高衣着消费时尚指数分别约为 0.125），尽管东部发达地区居民收入水平较高，但住房、教育、医疗、养老等边际消费支出较多，挤占衣着消费，尤其中国居民易受节衣缩食传统观点影响，面临经济减速及消费不确定性增强时，即会首先在衣着消费上缩减开支。

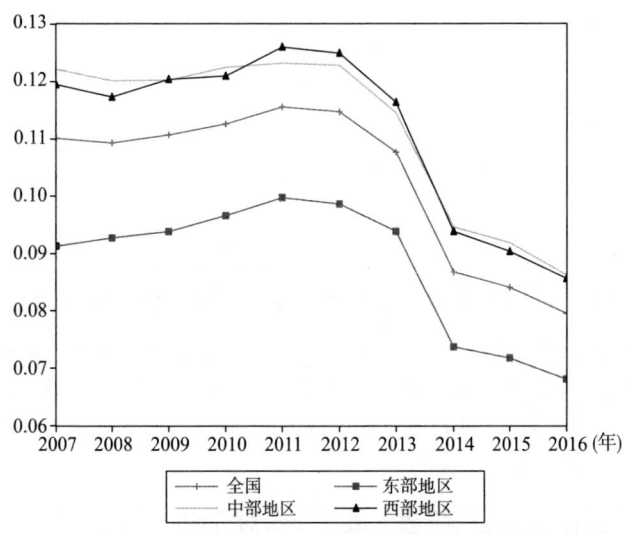

图 6-9　全国和东中西部地区衣着消费时尚指数的下降走势

注：东部地区指北京、天津、河北、辽宁、上海、江苏、浙江、福建、山东、广东和海南 11 个省市；中部地区指山西、内蒙古、吉林、黑龙江、安徽、江西、河南、湖北、湖南、广西 10 个省区；西部地区指四川、重庆、贵州、云南、西藏、陕西、甘肃、青海、宁夏、新疆 10 个省市区。

第二，衣着消费时尚指数趋同性走势较明显。

全国以及东中西部地区之间的衣着消费时尚指数总体上呈趋同走势。图 6-10 显示，省级标准差由 2007 年的 0.023 缩减至 2016 年的 0.0165，说明全国衣着消费时尚指数呈现趋同走势。同理，东中西部之间城镇居民衣着消费时尚指数标准差呈下降趋同走势，尤其中东部之间衣着消费时尚指数趋同性走势更为明显。

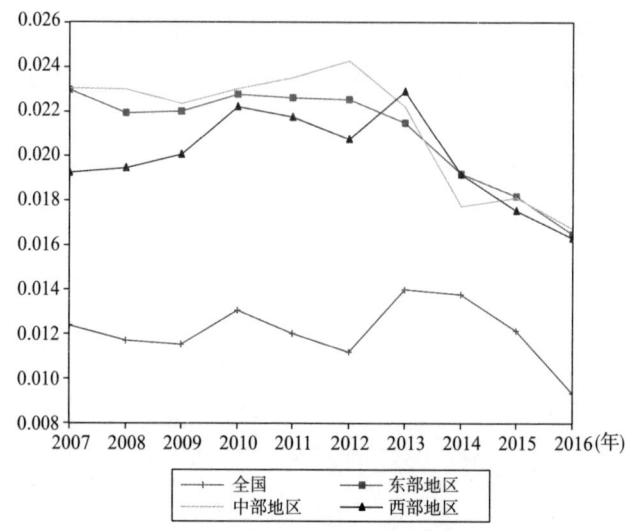

图 6-10　全国和东中西部地区衣着消费时尚指数的趋同走势

注：东部地区指北京、天津、河北、辽宁、上海、江苏、浙江、福建、山东、广东和海南 11 个省市；中部地区指山西、内蒙古、吉林、黑龙江、安徽、江西、河南、湖北、湖南、广西 10 个省区；西部地区指四川、重庆、贵州、云南、西藏、陕西、甘肃、青海、宁夏、新疆 10 个省市区。

第三，衣着消费时尚指数地域划分相对分明。

衣着消费时尚指数与经济区位几乎不存在关联。对 2016 年全国省级城镇居民衣着消费时尚指数进行 K-means 聚类分析（表 6-4）：第一类省份的聚类中心值为 0.782，包括 13 个地区，定义为高时尚区；第二类省份的聚类中心值为 0.095，包括 12 个地区，定义为中时尚区；第三类省份的聚类中心值为 0.055，包括 7 个地区，定义为低时尚区。其中，高时尚区主要分布在中国中高纬度、亚文化中心区域，该区经济发展水平参差不齐（如山东和内蒙古差异巨大），显然经济地理不是衣着消费时尚指数的主要影响因素。

表 6-4　中国城镇居民衣着消费时尚指数划分

分类	高时尚区	中时尚区	低时尚区
地区	四川、甘肃、山东、重庆、新疆、辽宁、西藏、青海、山西、吉林、河南、黑龙江、内蒙古	江苏、北京、天津、安徽、湖北、湖南、贵州、陕西、江西、河北、宁夏	海南、上海、广西、广东、福建、浙江、云南

六、时尚创意产业消费影响分析：消费者满意度

第四，衣着消费时尚指数与高消费支出存在非对称性。

高消费支出不必然对应高衣着消费时尚指数。利用省级人均消费支出（X1）和衣着消费时尚指数（X）进行三维核密度分析（如图6-11所示），发现人均消费支出处于5884.06~24225.77元且衣着消费时尚指数处于0.10~0.17时，核密度（density）处于波峰值概率较大，高消费支出地区衣着消费时尚指数普遍处于波谷。

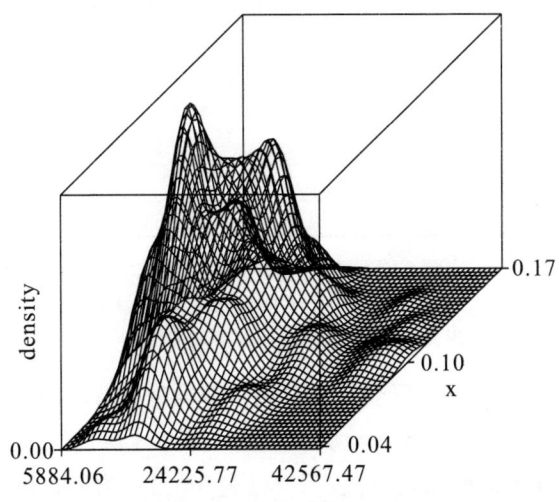

图6-11 消费支出与衣着消费时尚指数的核密度

(2) 服装消费及时尚实证分析。

其一，静态估计结果分析。

衣着消费方面，Hausman检验值37.42通过1%显著性水平检验，表明原模型更适用固定效应回归，据此比较OLS和FE估计（见表6-5）：第一，解释变量文化程度和网络普及率对衣着消费存在显著正向影响的结果一致，说明文化程度越高，人们对衣着消费的需求越大，地区网络普及率越高越有利于衣着消费，这正好解释了青年大学生偏好网上置衣的原因；第二，控制变量经济发展水平和外商直接投资对衣着消费分别存在显著正向和负向影响，其中FDI与衣着消费的负向关系与近年来中国纺织服装行业发展以内资为主、民营企业为主、外资企业纷纷撤离到劳动力成本更加低廉的东南亚国家的事实相吻合。

表 6-5　静态估计结果

变量	被解释变量 ln consum		被解释变量 ln consum~	
	OLS	FE	OLS	RE
ln edu	0.245**** (6.66)	0.073** (1.85)	0.300**** (7.80)	0.146**** (4.18)
ln incom	0.067 (0.91)	−0.163** (−1.72)	−0.126* (−1.64)	−0.298**** (−4.10)
ln inter	0.189**** (4.98)	0.101*** (2.30)	−0.276**** (−6.99)	−0.021 (−0.56)
ln indus	−0.011 (−1.37)	0.022**** (2.63)	0.016** (1.82)	0.040**** (5.29)
ln GDP	0.256**** (6.33)	0.435**** (8.28)	0.105*** (2.49)	−0.146**** (−3.88)
ln IS	−0.260*** (−2.16)	−0.051 (−0.65)	−0.378**** (−3.81)	−0.468**** (−5.99)
ln RD	−0.016 (−0.64)	−0.034** (−1.83)	−0.023 (−0.88)	−0.023 (−1.20)
ln FDI	−0.129**** (−8.05)	−0.012**** (−1.16)	−0.101**** (−6.08)	0.005 (0.50)
_CONS	2.492**** (6.88)	2.407**** (5.66)	−0.508 (−1.35)	0.990*** (3.13)
Hausman		37.42 [0.000]		
N	310	310	310	310

注：*、**、***、****分别代表15%、10%、5%、1%显著性水平。圆括号内数值是回归系数的 t 或 z 统计量，中括号内数值是相应统计量的 P 值。OLS、FE、RE 分别代表混合回归、固定效应回归和随机效应回归。

同理，将原模型被解释变量衣着消费替换为衣着消费时尚指数，其他变量不变，新模型 Hausman 检验表明随机效应回归优于固定效应回归，对新模型进行 OLS 和 RE 估计表明（见表6-5）：第一，被解释变量文化水平、收入水平、产业发展水平系数均通过显著性水平检验。其中文化水平和产业发展水平对衣着消费时尚指数是正向关系，收入水平对衣着消费时尚指数是负向关系。这说明文化程度愈高，人群衣着消费时尚指数愈高；纺织服装产业发展水平愈高，愈可提升衣着消费时尚指数。但是较高的人均收入水平，却对衣着消费时尚指数具有拉低效果，这与前文分析和姚兆余[①]问卷研究结论一致。第二，控制变量经济发展水平和产业结构系数均通过显著性水平检验，不同处是经济发展水平估计系数一正一负，因而最终难以确定经济发展水平对衣着消费时尚指数的影响方向；而产业结构估计系数较一致，反映出一个地区第三产业越发达，其衣着消费时尚指数越低，是时尚消费与服务业融合度较差的表现。

其二，动态估计结果分析。

居民本期衣着消费是否受到上一期衣着消费影响，即居民衣着消费是

---

① 姚兆余. 新生代农民工消费行为及其影响因素——基于南京市783份调查问卷[J]. 湖南农业大学学报（社会科学版），2014（1）：43−48.

六、时尚创意产业消费影响分析：消费者满意度

否具有粘性？在原模型解释变量基础上新加入滞后一期衣着消费变量进行动态面板数据模型分析。Hausman检验值为27.68且通过1%显著性水平检验，说明动态模型的固定效应回归优于随机效应回归，同时SYS-GMM过程表明，选择被解释变量滞后一期作为解释变量是合理的，因而仅需分析FE和SYS-GMM估计（见表6—6）：第一，解释变量衣着消费滞后项系数均为正且通过显著性水平检验，说明居民衣着消费额度当期受到上一期的影响，居民衣着消费存在粘性。第二，解释变量中加入滞后期衣着消费项后，网络普及率和产业发展水平依然表现出对衣着消费的显著正向影响，说明网络普及率和产业发展水平上升对居民长期衣着消费行为具有稳定器作用。第三，动态模型中，控制变量产业结构水平和外商直接投资对衣着消费具有显著负向影响，反映地区居民长期衣着消费行为与本区吸引外商投资和产业升级呈反向走势。

表6—6 动态估计结果

变量	被解释变量 ln consum		被解释变量 ln consum^	
	FE	SYS-GMM	FE	SYS-GMM
ln consum _1	0.715**** (12.54)	0.514**** (3.21)	0.758**** (12.42)	0.441**** (3.21)
ln edu	−0.028 (−0.81)	−0.264**** (−2.62)	−0.034 (−1.00)	−0.252*** (−2.55)
ln incom	0.188*** (2.33)	0.145 (1.10)	0.114 (1.29)	−0.004 (−0.03)
ln inter	0.156**** (3.33)	0.661**** (4.26)	0.161**** (3.48)	0.467**** (2.93)
ln indus	0.021**** (3.01)	0.050**** (4.06)	0.023**** (3.31)	0.048**** (3.96)
ln GDP	−0.012 (−0.22)	0.078 (0.54)	−0.259**** (−5.61)	−0.223** (−1.70)
ln IS	−0.217**** (−3.27)	−1.025**** (−5.13)	−0.270**** (−4.00)	−1.394**** (−6.40)
ln RD	−0.039** (−1.91)	−0.167**** (−3.49)	−0.009 (0.45)	−0.064*** (−1.29)
ln FDI	−0.011 (−1.24)	−0.005 (−0.24)	−0.002 (−0.19)	0.043** (1.71)
_CONS	0.350 (0.88)		0.167 (0.42)	
Hausman	27.68 [0.001]		51.27 [0.000]	
AR(1) Test		−2.33 [0.020]		−3.09 [0.002]
AR(2) Test		−1.29 [0.196]		0.02 [0.981]
Sargan Test		59.94 [0.000]		79.52 [0.000]
N	279	279	279	279

注：*、**、***、****分别代表15%、10%、5%、1%显著性水平显著。圆括号内数值是回归系数的t或z统计量，中括号内数值是相应统计量的P值。FE、RE、SYS-GMM分别代表固定效应回归、随机效应回归、系统广义矩两步估计法回归。

同理，将原模型中被解释变量替换为衣着消费时尚指数，在解释变量中加入衣着消费时尚指数滞后一期变量，检验地区衣着消费时尚指数是否也具有粘性？Hausman 检验表明新动态模型依然是固定效应回归优于随机效应回归，SYS-GMM 过程分析表明选择被解释变量滞后一期作为解释变量是合理的，因此仍然分析 FE 和 SYS-GMM 估计（见表 6-6）：第一，解释变量衣着消费时尚指数滞后一期的系数均为正且通过显著性水平检验，表明衣着消费时尚指数当期受到上一期的影响，居民衣着消费时尚指数存在粘性。第二，解释变量中加入滞后期衣着消费时尚指数项后，网络普及率和产业发展水平依然表现出对衣着消费时尚指数的显著正向影响，说明网络普及率、产业发展水平的上升也对居民长期衣着消费时尚指数具有稳定作用。第三，动态模型中，控制变量经济发展水平和产业结构水平对衣着消费时尚指数具有显著负向影响，反映地区长期衣着消费时尚指数与本地经济发展和产业升级呈反向走势。

综上所述，静态模型分析的相同之处在于，短期内文化水平对居民衣着消费及时尚指数的影响均是正向的，不同之处在于，网络普及率对居民衣着消费影响更大，而产业发展水平对居民衣着消费时尚指数的影响更大。动态模型分析以体现相同之处为主，长期内，无论居民衣着消费还是衣着消费时尚指数均具有粘性，网络普及率和产业发展水平对提高居民衣着消费及时尚指数的效果明显。另外，全国城乡人均收入的多寡，仅对短期内居民衣着消费时尚指数具有显著负向影响，但对短期内居民衣着消费和长期内居民衣着消费及时尚指数的影响不甚明显。

4. 结论与政策建议

利用 2007—2016 年中国大陆省级面板数据，运用多元统计分析、静态面板数据模型和动态面板数据模型实证分析中国城镇居民服装消费及时尚滞后原因，得出城镇居民服装消费及时尚指数普遍偏低且受到诸多宏观层面因素稳健性影响这一基本结论，对中国服装产业转型升级发展和国家以服装为载体布局"一带一路"倡议具有启示意义，具体研究结论如下：

第一，从消费结构看，城镇居民人均衣着消费支出占总消费支出的比重较小，且人均衣着消费支出的年均增速远落后于人均居住、医疗保健、通讯通信等的年均支出增速，衣着消费支出与总消费支出之间存在显著正向关系，关系系数为 0.054，截距项为 694.826。

第二，全国城镇居民整体的衣着消费时尚指数偏低且有下降趋势，但

六、时尚创意产业消费影响分析：消费者满意度

全国及东中西部地区之间的衣着消费时尚指数均为趋同走势，全国依据衣着消费时尚指数大小可以明显划分出高时尚区、中时尚区和低时尚区，地区高收入水平并不意味着居民是高衣着消费时尚指数。

第三，中国城镇居民衣着消费及时尚指数受到地区投－产－销发展不平衡现状的制约较明显。其中全国人均衣着消费支出最多的是北京市，纺织服装行业产量最高的是浙江省，产业研发投入最强的是广东省，外商直接投资最多的是江苏省。

第四，影响中国城镇居民衣着消费及时尚指数的短期因素和长期因素不尽相同。衣着消费上，短期内城镇居民人均衣着消费水平受文化水平和网络普及率影响明显；长期内其消费水平受网络普及率、产业发展水平和前一期消费水平影响最为明显。衣着消费时尚指数上，短期内城镇居民衣着消费时尚指数受教育文化水平、全国城乡人均收入水平和纺织产业发展水平影响明显；长期内其消费时尚指数受网络普及率、产业发展水平和前一期消费时尚指数影响最明显。

于此，本节提出以下几点改进中国城镇居民服装消费时尚的措施。

第一，提高社会保障措施，优化居民消费结构。目标是减少其他开支，增加时尚开支。一方面，需要落实多元化住房供给保障体系，实现租售同权，消除居民住房后顾之忧；实行更加完善的普惠医疗和养老保险制度，使居民健康快乐生活预期有一定保障；进一步降低交通、通信等日常资费，使居民生活连接渠道更趋人性化。另一方面，需要宣传时尚文化和消费行为，政府转移支付消费适当向家庭居民日常消费倾斜，扩大居民消费总能量，引导居民消费价值观转变。

第二，研判时尚发展规律，布局时尚消费城市和网络空间。实体店方面，建议高端时尚品牌选择一线城市推广，中低端品牌选择二线城市推广，考虑地区时尚度，首选高时尚度城市；网上销售方面，建议品牌采用年轻化、亲民化、多元化和平等化的时尚风格及营销渠道，以契合当前核心群体消费心理。

第三，强优势补短板，提高时尚行业有效供给能力，以供给侧改革创新带动有效时尚市场需求。广东应打造高端时尚创意产业链，利用数字科技优势，在新型面料研发、品牌设计创意、外贸销售渠道上着力，吸引全国乃至时尚总部企业集聚；北京应创新消费和销售渠道，运行品牌信任评级体系，努力成为品牌推广和展示的主阵地；浙江应实现自主原料供应和

智能化加工生产,将行业定位在中低端品牌发展上;江苏应重点提供化学纤维原料和招商引资三资服装企业,将行业定位在中高端品牌发展上。为形成"一带一路"产业合力,应建立时尚创意产业联盟和合作机制,整合利用时尚城市资金、技术、生产和市场优势,发挥区域服装产业协同创新及战略引领作用。

第四,重点改进影响要素,保证时尚消费可持续性。时尚消费与居民教育、互联网、收入和产业水平关联密切,为提升时尚消费水平,应扩大人力资本数量和质量,提高城乡居民整体可支配收入水平,提高个税起征点,实现工资收入增长率至少与经济增速同步,继续普及网络覆盖率和实施互联网+战略,继续对服装企业技术升级提供资金和政策扶持。大数据和互联网时代,企业可尝试建立个人和家庭消费APP,实时录入和提醒个人及家庭服装消费状况,培养消费者时尚消费行为习惯和忠诚度。

(四)湾区时尚科技金融融合创新分析

消费者对时尚与其他产业融合是否满意,可以从时尚与金融相融是否具有实质性意义判定。时尚创意产业日益依靠科技及创意设计,金融对科技的影响如何,服装行业能否借助科技取得突破式发展?现有研究或基于国家宏观层面,或从产业和区域的中观层面,或基于企业的微观层面,独立探讨金融对科技的促进作用,缺乏一个统一可信的最终结论。本部分试图探讨金融与科技的互作关系,以期科学回答金融与科技的最终关系,探索纺织服装行业与科技融合发展的各种可能。

1. 模型构建与变量选择

佩蕾丝[①](2007)发现了技术创新与金融资本的基本范式。她认为,新技术早期的崛起是一个爆炸性增长时期,会导致经济出现极大的动荡和不确定性。风险资本家为获取高额利润,迅速投资于新技术领域,继而产生金融资本与技术创新的高度耦合,从而出现技术创新的繁荣和金融资产的几何级数增长。基于蕾丝的观点,笔者试图建立金融作用科技的时间序列取对数回归模型:

---

① 卡萝塔·佩蕾丝. 技术革命与金融资本[M]. 北京:中国人民大学出版社,2007:1-40.

六、时尚创意产业消费影响分析：消费者满意度

$$\ln(S\&T)_t = \alpha_0 + \beta\ln F_t + \varepsilon_t \tag{1}$$

式中，$S\&T$、F 分别代表科技进步和金融发展，α_0、β 和 ε 分别表示常数项、系数项和残差项，t 代表考察期间。

2. 研究方法、数据来源及处理

Klaus Neusser 和 Maurice Kugler[①] 提出了一个很有价值的研究模型，区别于传统的金融发展理论，用 M_2 等总量指标作为金融发展的变量，运用金融各子行业 GDP 作为代表金融发展的变量，同时用制造业 GDP 作为科技进步变量，运用欧美发达国家数据建立时间序列的 VAR 模型，并研究其彼此间的相互关系。据此，为准确断定金融与科技互动关系，运用 VAR 模型方法分析金融发展与科技进步的相互影响，滞后期为 P 阶的 VAR（p）模型数学表达式为：

$$\begin{bmatrix} y_{1t} \\ y_{2t} \\ \vdots \\ y_{kt} \end{bmatrix} = A_1 \begin{bmatrix} y_{1t-1} \\ y_{2t-1} \\ \vdots \\ y_{kt-1} \end{bmatrix} + A_2 \begin{bmatrix} y_{1t-2} \\ y_{2t-2} \\ \vdots \\ y_{kt-2} \end{bmatrix} + \cdots + B \begin{bmatrix} x_{1t} \\ x_{2t} \\ \vdots \\ x_{dt} \end{bmatrix} + \begin{bmatrix} \varepsilon_{1t} \\ \varepsilon_{2t} \\ \vdots \\ \varepsilon_{kt} \end{bmatrix} \tag{2}$$

式中含有 k 个时间序列变量的 VAR（p）模型由 k 个方程组成。其中，y 代表取对数后的科技进步，x 代表取对数后的金融发展。

本研究所有数据均来自国家统计局网站。选取 2004—2017 年的 M_2 作为宏观金融发展变量；金融业产值（$FGDP$）作为中观金融发展变量；股票（SH）、债券（SE）、银行（BA）、保险（IN）、金融公司（CO）的资产状况作为微观金融发展变量。同期，高技术产品出口金额（EX）、进口金额（IM）、进出口总额（$EXIM$）分别作为被解释变量，代表科技进步水平。历年数据均利用人民币核算，进出口额及总额利用年均美元兑人民币汇率折算；以 2004 年为基期，所有资金数据进行物价指数平减；所有金额单位为亿元。相应变量数据的统计，M_2 表示货币和准货币供应量；$FGDP$ 代表金融业增加值；SH、SE、BA、IN、CO 分别利用股票

[①] Klaus Neusser, Maurice Kugler. Manufacturing Growth and Financial Development: Evidence from OECD Countries [J]. The Review of Economics and Statistics, 1998 (4): 638-646.

市值、债券总融资规模、外资银行总资产、保险业资产、其他金融公司资产表示。变量基本特征值描述性统计见表6-7。

表6-7 变量基本特征值描述性统计

指标	平均值	标准差	最小值	最大值	观察值
EX	3219713	1197453	1119021	4510508	14
IM	2737484	993720	1091161	3827516	14
$EXIM$	5957196	2189843	2210182	8323073	14
M_2	846182.90	479876	254107	1638625	14
$FGDP$	31524.67	20065.15	6586.80	63741.30	14
SH	268511.10	173431.50	31774.81	549770.50	14
SE	964573.90	772754	127849	2576615	14
BA	23779.46	7629.63	12498.03	41185.71	14
IN	68559.31	50731.62	11953.68	164205.50	14
CO	1483916	518694.9	653850.1	2420973	14

3. 实证结果分析

(1) 趋势分析。

首先,货币金融发展与科技进步具有同步性。2002—2017年,M_2年均供应量约为85万亿元,货币供应量总增长率为544.86%,年均增长率为38.92%。与此同时,高技术产品出口额、进口额、进出口总额均值分别为3219713亿元、2737484亿元、5957196亿元,总增长率分别为290.89%、250.77%、271.09%,年均增长率分别为20.78%、17.91%、19.36%。总体上,货币供应量与高技术产品进出口额及总额均呈上升态势。

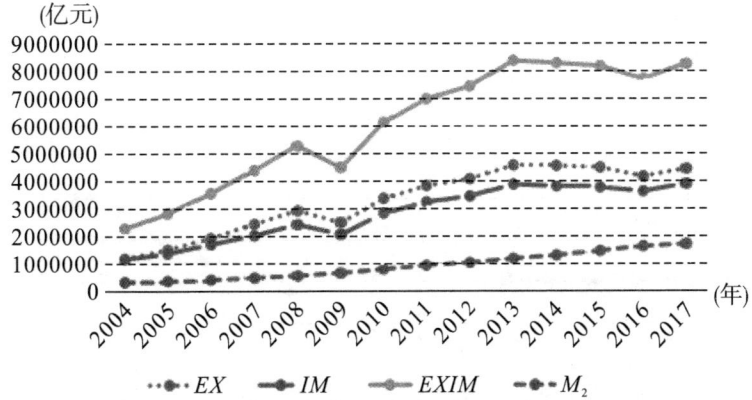

图6−12　宏观货币金融发展与高技术产品进出口额走势

其次，金融行业发展与科技进步具有同步性。2004—2017年，金融行业年增加值为31524.67亿元，总增长率和年均增长率分别为867.71%、61.98%。同时，高技术产品进出口额及总额的年均值、总增长率和年均增长率如上文所述，总体上，反金融行业增加值与高技术产品发展进度均呈向上走势（如图6−13所示）。

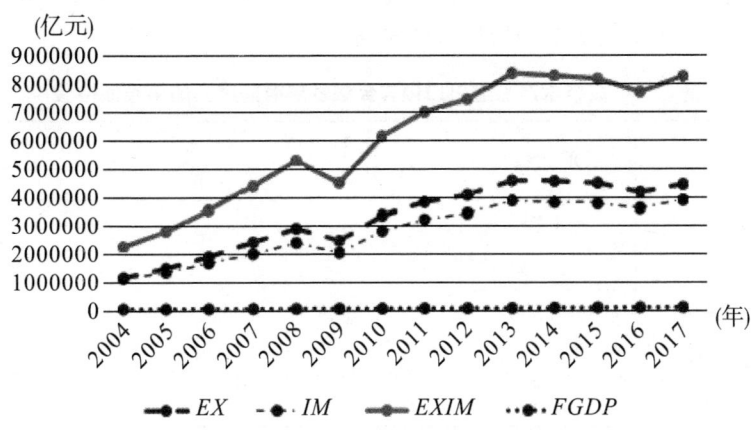

图6−13　中观金融业发展与高技术产品进出口额走势

最后，金融市场发展与科技进步具有一定同步性。2004—2017年，股票市值、债券总融资规模、外资银行总资产、保险业资产、其他金融公司资产的均值分别为268511.10亿元、964573.9亿元、23779.46亿元、68559.31亿元、1483916亿元；总增长率分别为1383.64%、1915.36%、72.10%、1273.68%、62.19%；年均增长率为98.83%、136.81%、

5.15%、90.98%、4.44%。金融市场资产状况总体保持上升趋势,与高技术产品进出口额的增长趋势一致(如图6-14所示)。

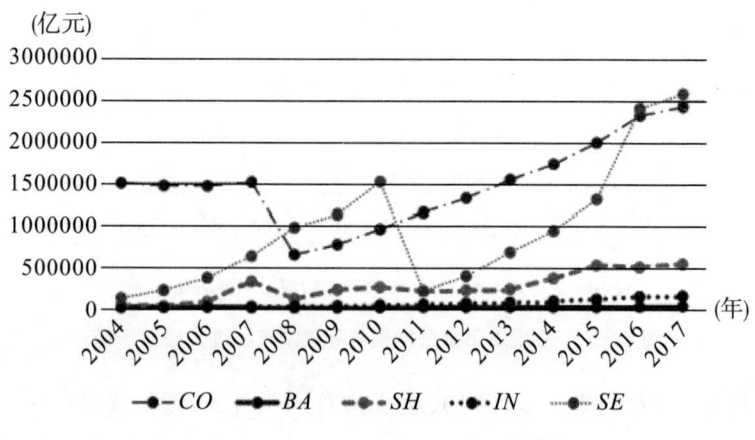

图6-14 微观金融市场发展指标走势

(2)平稳性检验。

首先,对原始时间序列取对数,进行单位根ADF检验(见表6-8),发现所有检验值均大于1%或5%的临界值,说明进出口额与货币发行量、金融行业增加值均为非平稳性时间序列。

表6-8 高技术产品进出口额与金融发展时间序列的平稳性检验

序列	ADF检验值	1%水平临界值	5%水平临界值	10%水平临界值
$\log EX$	-3.235			
$\log IM$	-2.439			
$\log EXIM$	-2.856	-3.750	-3.000	-2.630
$\log FGDP$	-2.200			
$\log M_2$	-2.656			

其次,对上述时间序列对数值进行一阶差分,对新的差分时间序列进行单位根平稳性检验(见表6-9)。ADF检验发现,一阶差分序列各检验值仍大于临界值,说明一阶差分时间序列仍然不平稳。

表 6−9　高技术产品进出口额与金融发展时间序列的一阶差分平稳性检验

序列	ADF 检验值	1%水平临界值	5%水平临界值	10%水平临界值
$\Delta\log EX$	−3.034	−3.750	−3.000	−2.630
$\Delta\log IM$	−3.540			
$\Delta\log EXIM$	−3.244			
$\Delta\log FGDP$	−2.228			
$\Delta\log M_2$	−0.838			

再次，对一阶差分时间序列进行再差分，同时进行单位根检验（见表6−10）。ADF 检验表明，二阶差分时间序列检验值均小于1%~10%水平临界值，说明二阶差分时间序列达到平稳。

表 6−10　高技术产品进出口额与金融发展时间序列的二阶差分平稳性检验

序列	ADF 检验值	1%水平临界值	5%水平临界值	10%水平临界值
$\Delta\Delta\log EX$	−5.775	−3.750	−3.000	−2.630
$\Delta\Delta\log IM$	−6.266			
$\Delta\Delta\log EXIM$	−5.998			
$\Delta\Delta\log FGDP$	−3.843			
$\Delta\Delta\log M_2$	−3.940			

（3）协整检验。

时间序列 $\log EX$、$\log IM$、$\log EXIM$、$\log FGDP$、$\log M_2$ 在二阶差分后均平稳，表现出金融发展与高技术产品进出口额、货币发展与高技术产品进出口额间可能存在协整关系。实证分析表明（证明过程略），金融发展对高技术产品发展存在长期稳定的正向作用。

4. 结论

通过以上科技进步与金融发展关系的实证分析表明，金融与科技之间具有相互稳定的影响关系，金融发展为科技企业及技术进步提供资金扶持；科技发展为金融企业智能化、绿色化、数字化发展提供技术支撑。

七、国外经验与时尚创意产业高质量发展指标体系构建

(一) 国外时尚创意产业高质量发展经验借鉴

1. 发达国家纺织服装行业发展的经验

(1) 日本。

日本纺织服装产业逐步从价值链底端到价值链高端跃迁。在经历纺织服装行业的低端和贸易摩擦之殇后,日本从20世纪六七十年代开始,对纺织服装业尤其是纤维技术进行调整和升级,研制纤维材料和纺织机械,注重高端产品的加工和自主品牌的打造。例如,日本政府针对纺织业等低端生产部门实施"改造特定纤维工业结构临时法",对行业企业提供暂时资助,以支持其结构调整,表现为采用出口导向和重点产业扶持政策,调整设备投资政策,对钢铁、合成纤维、石油炼制、石油化工等产业的设备投资进行干预,规定了起点规模等设备投资政策。随后,政府将产业结构政策转向知识密集型工业结构,经济增长方式由出口导向型向内需型主导转变,与此同时,政府也强调积极的对外开放政策,以配合产业结构调整升级需求。经过近30年的发展,日本日益形成以纤维技术为主的高科技企业和以国际设计师及品牌为主的纺织服装产业,该优势一直延续至今。日本产业服装升级以技术创新为导向,路径为OEM-ODM-OBM,日本产业升级路径的成功主要源于技术创新模式选择和政府产业政策。纵观日本100多年纺织服装发展历程,一个明显的规律就是,纺织服装贸易依存度呈现倒U型走势,即早期行业对外贸易程度较低,约2%,随着时间推移,该值一直上升,20世纪30年代达最高值达29%,之后该值一直下降,目前对外依存度低于8%。这也是许多发达国家纺织服装行业对外依

存度发展趋势的一个真实写照,虽然其他新兴行业出口比重更大,传统行业出口比重下降,但出口的附加值反而上升,原因在于,该传统行业低附加值状态已迈向高技术、高附加值状态。

(2) 美国。

美国实现纺织服装产业全球布局战略。由于成本原因,20世纪50年代开始,美国国内经历了纺织服装企业的空间转移及市场集中度的提高过程。20世纪60年代时,美国将组装和加工环节向亚洲和墨西哥转移;之后,美国通过兼并、收购形成了一批名牌纺织和服装集团。美国产业升级特点是直接从加工贸易阶段跳转到品牌自主阶段,中间没有经历模仿和贴牌生产。在全球生产网络中,包括营销渠道、外包网络、品牌、研发设计等高端环节,几乎都掌握在美国企业及资本手上。同时,在历史进程中,美国利用其主导的贸易政策体系优势,如关贸总协定、TPP以及区域性规则等,为美国纺织服装企业全球布局发展及获利奠定良好基础。目前,美国提倡的减税及重整制造业计划,让美国转向以机器设备制造业为依托的发展布局,制造这一发展定位进一步促进了美国制造业的企业向美国回流。总体而言,美国形成了以高科技纺织品、服装生产和纯棉生产为主(美国拥有人少地多和棉麻织品等生产优势)的比较优势。具体到美国的时尚城市纽约,一方面纺织服装行业发展较好,另一方面城市文化创意产业发展较好,二者相互带动和促进,如城市利用媒体和宣传,利用商业区、博物馆、美术馆、画展长廊等展现城市时尚文化和服装服饰审美及潮流。

(3) 意大利。

意大利为成衣圣地、时尚之都和时尚强国。目前纺织服装行业为意大利的第三大产业,至少有三条时尚创意产业转型升级经验值得学习:一是注重守成创新。意大利兼收并蓄巴黎时尚创意产业精华,在此基础上融合本民族高雅、简洁、实用性强的设计特质到时尚创意产业中。意大利早期模仿巴黎风格,加工生产手工时尚产品,时尚创意产业崛起后,慢慢融入本民族设计风格,形成独特品牌优势。二是政府和从业人员的精心扶持。意大利将时尚与艺术和工业相结合,注重行业与市场、环境社会协调发展。20世纪20年代,伴随着意大利手工业的发展和第一台缝纫机的诞生,意大利纺织服装产业逐渐复兴,得益于美国马歇尔援助计划,意大利依靠其资金、技术和自身地理外贸优势取得纺织服装业的快速发展。到

20世纪六七十年代，意大利已经从时尚创意产业追随者变为时尚创意产业引领者，各国设计师蜂拥而至。在八九十年代，国家开始走品牌扩展路线，造就了目前我们所熟知的各色奢侈品牌，如普拉达、古驰等。同时，意大利利用传统和现代媒介进行时尚行业及产品的广泛宣传，扩大品牌知名度和全球影响力。近些年，许多新兴发展中国家纷纷效仿意大利，以中意合作为例，浙江柯桥作为全球面料基地，已与意大利建立良好沟通关系，使中国和意大利建立品牌、产品研发、设计及渠道等多领域交流。三是主动出击全球布局。在2012年经济低迷时，意大利面临纺织服装进出口全面下滑态势，企业积极寻求海外市场，进行海外布局。意大利一直注重完善销售业态，依据市场需求调整全球产品、服务、门店，典型的是近年来的轻奢快时尚产品，符合现今年轻一代的消费结构与消费喜好。

（4）英国。

几百年前，英国工业革命依靠梭机纺纱织布，纺织服装行业发展已领先世界。目前纺织服装行业为英国第六大产业，其纺织机械、高档毛纺织品和服装在国际市场占有一席之地，原因在于，英国毛纺织品的后整理技术高超。新近英国规划的文化创意产业，第一扶持对象就是纺织服装设计行业。英国时尚创意产业发展经验概况为：一是伦敦在营造国际时尚之都中，注重对时装街的打造。因为时装街是时装发展水平的窗口，具有时尚引领和文化引领功能，包括伦敦在内的许多西方时尚城市，打造了知名的时尚创意产业区和时尚商业区。二是英国时尚设计师培养的独特机制。设计师引领英国时尚风潮，得益于培养人才的学徒制和院校制，以及二者融合，使学员理论与实践密切结合，并能推陈出新，培养出国际上众多知名的先锋设计师。三是毛纺织业历史悠久和时尚原料比较优势明显。早期爱尔兰以羊毛原料为依托，仅进行毛纺织原料生产，随着产量下降、时薪变高、人员流失、外包加强等因素的综合影响，毛纺行业以生产原料为主逐步转向设计为主。目前，英国高档针织和梭织服装广受国际消费者的喜爱。

（5）法国。

早在18世纪整个欧洲盛行法国风，法国已成为欧洲时尚中心。一是城市时尚文化浓厚。法国时尚作品中融入了本国悠久历史和灿烂文化，设计师工作生活在充满烂漫生活气息和富有灵感的咖啡屋街区，将文艺复兴时期延续至今的音乐、绘画、舞蹈、建筑、雕塑、文学等艺术元素融入服装设计中,展现深厚的文化底蕴和艺术审美,时尚作品及产品深受国际时尚消费者钟爱。二是品牌运作经验丰富。法国早在1858年就开始有了纺织服装品牌的雏形。现在每一个高端品牌都有其历史传承,保持相对稳定的品牌精髓风格,但不失创新。成功的国际品牌企业拥有管理者和创新设计者的完美结合,一方负责市场和公司业绩,一方负责创新和设计潮流,两者相互尊重,解决了时尚企业普遍面临的矛盾。此外,内外的时尚创意产业生态链较为齐全,既有品牌企业、品牌经销商、零售商,又有时尚传媒、时尚风投和稳定成熟的时尚消费者等,这说明产业生态链的完善是产业长期发展和沉淀的结果。

2. 发达国家纺织服装行业发展的启示

(1) 政府规划战略和政策引导。

本国政府或城市政府制定长远时尚规划。一是规划先行。如《伦敦:文化资本——市长文化战略草案》,规划伦敦为世界级时尚文化中心,并且在机构设置、设施建设、产业构建、资金扶持等方面提出具体政策措施。二是产业政策配套。如法国为大中小型企业提供相等服务,法国2008年由财经就业部门下设的纺织服装和皮件工业发展处专门负责整合产业链和生产资源。三是利用行业协会专业组织的力量。行业协会具有链接政府与企业的功能,拟定人才计划和为企业提供合作交流平台。许多国家依靠纺织服装行业发展协会推动行业生态良性发展。

(2) 时尚教育和培训。

国际经验表明,国际时尚之都均依托一流时尚学府,如米兰理工学院、伦敦时装学院、法兰西时尚学院、纽约帕森斯设计学院等。如美国200余所公立和私立学校设立时尚专业,为学生进入时尚各个领域做好准备。英国在创意计划中,列出26项创意承诺,促进了创意人才及产业的大力发展。同时,这些城市对应形成了米兰国际家具展、伦敦设计节、法国巴黎家居装饰展等,为城市发展注入新动能。此外,教育和培训的载体成为国内外游客的文化熏陶旅游胜地,间接为城市经济发展注入活力。

(3) 知识产权保护。

国外对盗版侵权行为的法律规定较为严密。例如,英国1998年颁布版权、设计和专利法案,认定时尚设计为艺术作品,进行原创性版权保护。美国2012年修订创新设计保护法案,主要针对外观设计,其中涉及对服装保护的方面为:图案纹饰、原创元素及组合等。法国知识产权法最为严格和完善，它强调保护原创作品，包括反映作者个性水平的原创作品，并指出作为季节性的服装也属于版权法保护对象等。对时尚及设计方面的产权保护，促进了企业和设计师们的大胆创新。近年来，欧盟尝试对知识产权保护法律领域的进一步细化，如利用原设计草图即可进行原创知识产权保护。

（4）人才和高端技术。

分析国际上纺织服装行业发达的国家，发现他们在自然资源上并不具有优势，劳动力成本也比较高，而这些恰是发展中国家的长处。发达国家在高端服装、高端面料材料、高端机械设备、高端设计师等方面占有绝对优势，即西方发达国家拥有高级生产要素，也即是西方发达国家在此领域的绝对比较优势。同时，由于欧盟、美国、日本等一些发达国家或地区实行较为严格的贸易技术壁垒，包括对服装生态标签的考核，以及对其他环保标准的较高要求，使得西方国家如意大利、英国、日本等从发展中国家进口原料，利用先进技术加工处理和利用先进机械生产制造后，再出口到欧美国家，进而赚取高额利润。另外，这些国家对时尚人才及设计师较为重视，例如，意大利对创新创意人才一律给予50%的高额资助。

（二）城市高质量发展的体系构建与分析

粤港澳大湾区城市群高质量发展为区域时尚行业高质量发展提供强大背景支持。粤港澳大湾区城市群中，由于各市反映高质量发展的数据存在量纲和值域差异，MIN-MAX最小最大值法对各变量数据进行标准化处理，则所有新数据将映射在[0,1]范围波动，MIN-MAX优点在于，标准化后的数据为正值，方便后续进行熵值法分析各指标应赋的权重。

以深圳本市高质量发展为例，2017年深圳颁布《深圳经济特区质量条例》，是国内首部全面推行质量发展的地方法规，涵盖经济、文化、社会、生态、城市管理和政府服务。据此，基于数据可得性，本部分定义高质量发展水平为一级评价指标，经济、社会、生态和文化四个维度为高质量发展二级评价指标，三级评价指标为各分项指标（见表7-1）。

七、国外经验与时尚创意产业高质量发展指标体系构建

表 7-1 城市高质量发展三级评价指标体系

一级评价指标	二级评价指标	三级评价指标
高质量发展水平（HD）	经济（EC）	国内生产总值（gdp）
		劳动生产率（lab）＝GDP/总就业人员数
		全要素生产率（eff）＝DEA综合效率
	社会（SO）	幼小师生比（edu）＝幼儿园小学总老师数/幼儿园小学总学生数
		千人住院床位数（hos）＝总床位数/住院人数（按千人数）
		基本养老参保人数（asu）
		新房成交面积（hou）
	生态（EG）	能耗系数（en）＝万元GDP/吨标准煤消耗量
		空气优良率（ai）＝优良天数/365天
		水耗系数（wa）＝万元GDP/总供水立方量
	文化（CT）	文化创意产业产值（cu）
		公共图书馆总藏书（bo1）
		图书出版数量（bo2）

注：DEA方法测算全要素生产率时，投入要素为全社会固定资产投资、总就业人员、总能耗和城市建成区面积，产出要素为GDP，以2013年物价水平进行价格数据的平减。

首先，运用MAX-MIN方法，对深圳2013—2017年反映城市高质量发展的13项指标进行数据标准化处理，所得值见表7-2。

表 7-2 深圳13项反映城市高质量发展的指标数据标准化处理结果

年份	2013	2014	2015	2016	2017
lab	0.000	0.400	0.796	0.929	1.000
gdp	0.000	0.188	0.376	0.698	1.000
eff	0.195	0.000	1.000	0.965	1.000
edu	0.000	0.077	0.105	0.679	1.000
hos	0.187	0.000	0.304	1.000	0.779
asu	0.449	0.354	1.000	0.390	0.000
hou	0.000	0.313	0.540	0.744	1.000

续表7-2

年份	2013	2014	2015	2016	2017
en	0.000	0.052	0.276	0.552	1.000
ai	0.000	0.793	0.519	1.000	0.622
wa	0.000	0.090	0.169	0.478	1.000
cu	0.341	0.000	1.000	0.804	0.961
bo1	0.000	0.171	0.350	0.614	1.000
bo2	0.091	0.019	0.000	0.585	1.000

其次，需求解信息熵值。根据信息论信息熵的定义，一组（或同一年）数据信息熵值：

$$E_j = -\log(n)^{-1} \sum_{i=1}^{n} p_{ij} \log p_{ij}$$

式中，$p_{ij} = Y_{ij} / \sum_{i=1}^{n} Y_{ij}$，即 p_{ij} 等于原始数据除以原始数据所在组纵向数列之和。计算中，若 p_{ij} 等于0，则定义 $p_{ij} \log p_{ij} = 1$。如此，可保证熵值 E_j 最终值可计算并且为正值。据此，计算深圳13项指标的信息熵，结果见表7-3。

表7-3 深圳13项指标的信息熵

lab	gdp	eff	edu	hos	asu	hou	en	ai	wa	cu	bo1	bo2
0.521	0.479	0.492	0.388	0.469	0.501	0.510	0.420	0.529	0.411	0.515	0.473	0.345

进一步计算13项指标的权重，依据权重公式：

$$W_j = \frac{1 - E_j}{13 - \sum E_j}$$

可得各项指标的权重，结果见表7-4。

表7-4 深圳13项指标的权重

lab	gdp	eff	edu	hos	asu	hou	en	ai	wa	cu	bo1	bo2
0.069	0.075	0.073	0.088	0.076	0.072	0.071	0.083	0.068	0.085	0.070	0.076	0.094

则最终分值为 $Z_l = \sum_{i=1}^{13} X_{li} W_i$，$l$ 为组数或时期，X_{li} 为标准化值，

则各组或各年份最终得分见表7-5。

表7-5 深圳高质量发展各年最终得分值

年份	2013	2014	2015	2016	2017
得分	9.3199	17.6859	46.7973	71.5932	88.2770

总体而言,深圳城市高质量发展成就显著。按照13项高质量发展指标,深圳高质量发展水平综合得分逐年提高(见表7-5)。2013年分值仅不到10分,2017年已超过88分,反映深圳城市发展的质量水平提升较快,整个城市向高质量发展加速迈进的势头迅猛。

同理,依据上述思想,可以横向比较粤港澳大湾区9市的高质量发展水平。以2017年为例,将9市看成9组,每组依然拥有高质量发展的13项指标。运用MAX-MIN方法对9个城市高质量发展的13项指标进行数据标准化处理,接着运用熵权法对各指标赋予权重,得到表7-6所列的结论。

表7-6 粤港澳大湾区9市全要素生产率测度

分类	城市	综合技术效率	技术效率	规模效率	规模报酬
第一梯队	深圳	1	1	1	—
	佛山	1	1	1	—
	中山	1	1	1	—
	广州	1	1	1	—
	东莞	1	1	1	—
第二梯队	珠海	0.999	1	0.999	irs
第三梯队	肇庆	0.631	1	0.631	irs
	惠州	0.567	0.792	0.716	irs
	江门	0.507	0.882	0.574	irs
	均值	0.856	0.964	0.88	—

注:irs代表规模报酬递增,反映效率呈向有效值1靠拢态势。

首先,城市间全要素生产率出现梯度分布。利用粤港澳大湾区9市2017年数据,采用DEA数据包络分析方法,测度9市全要素生产率及其分解值,发现:第一,TFP总体值较高,值由技术效率决定。粤港澳大湾区整体的全要素生产率为0.856,各市技术效率值均大于等于规模效率值,说明技术进步对效率起引导作用。第二,TFP呈现梯度分布。全要素生产率最高的城市为深圳、佛山、中山、广东和东莞,值全部为1;居中的是珠海，值为 0.999；较落后的是肇庆、惠州和江门，其值均低于平均值。第三，全要素生产率较低的城市，其效率依然在增长。珠海、肇庆、惠州、江门的各全要素生产率为规模报酬递增（IRS），说明它们的效率依然可提升。

其次，城市间劳动生产率出现两极分化。利用劳动生产率＝产业增加值÷全社会从业人员，得到 2017 年各市劳动生产率（如图 7-1 所示）。

劳动生产率排名前四位的城市为广州、珠海、佛山和深圳，值分别为 24.94 万元/人、23.81 万元/人、21.58 万元/人、20.14 万元/人，反映城市利用较少的人力创造较高社会价值；而其他城市的全社会劳动生产率都低于平均值 16.89 万元/人，反映各市劳动生产率近似以 20 万元/人/年为分界线，出现两极分化。

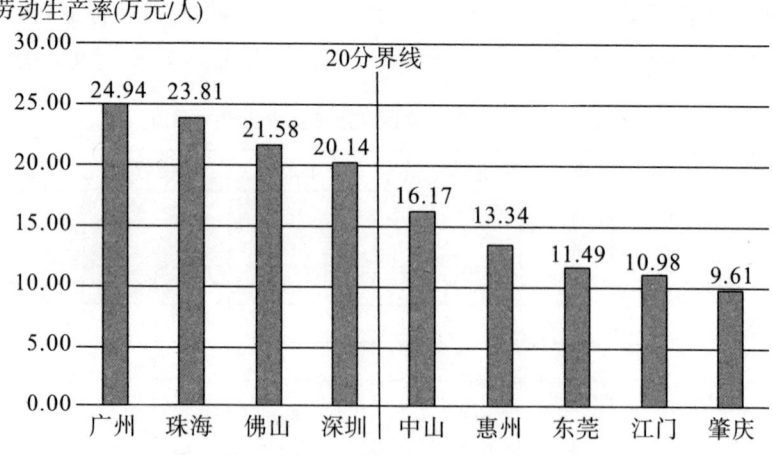

图 7-1 粤港澳大湾区 9 市劳动生产率

进而，城市间高质量发展水平差距较大。将粤港澳大湾区 9 市 2017 年 13 项指标数据进行标准化处理，运用熵权法对 13 项指标赋权重，得到各项指标权重及各市标准分值（如图 7-2、图 7-3 所示）。

第一，粤港澳大湾区高质量发展中文化权重占比较大。文化、社会、经济和生态四个维度的权重分别占 47.11%、20.41%、17.16%、15.32%，反映文化影响高质量发展占有较大份量。

第二，粤港澳大湾区高质量发展中所有文化分项指标权重较大。公共图书馆馆藏书量、总图书出版量、文化创意产业产值分别占 19.16%、16.56%、11.39%，远高于其他分项指标权重。

七、国外经验与时尚创意产业高质量发展指标体系构建

第三，粤港澳大湾区城市高质量发展水平差距较大。高质量发展水平较高的为广州和深圳，得分分别为 97.97、77.67，其他城市得分较低。说明广州在高质量发展方面的协调性较好，虽然深圳经济总量排名第一和环境改善明显，但发展总体协调度落后于广州，且主要是文化层面落后广州较多。

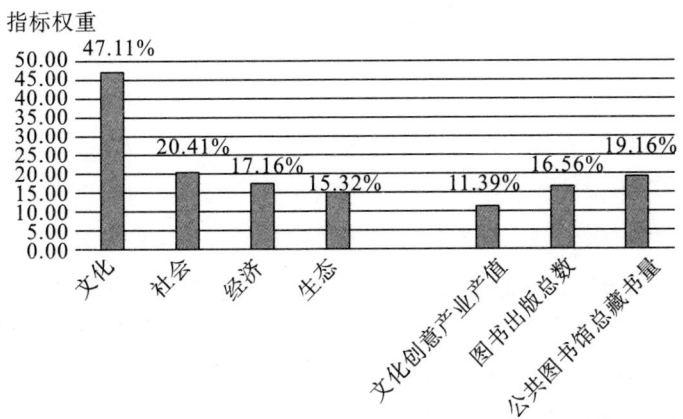

图 7-2 粤港澳大湾区城市高质量发展二级指标和主要三级指标的权重

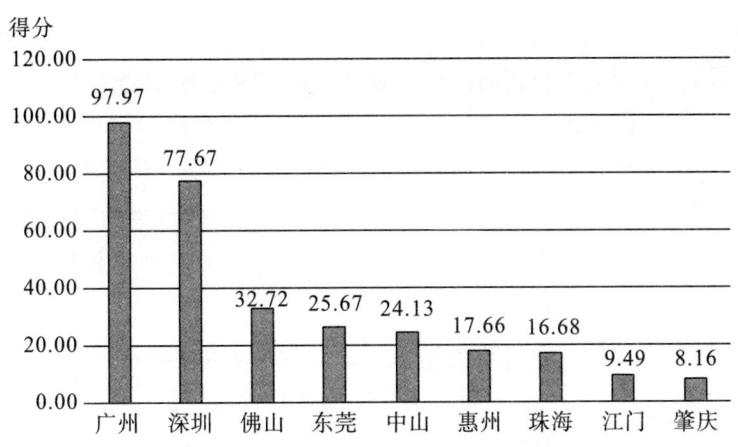

图 7-3 粤港澳大湾区城市高质量发展水平的得分情况（按 100 分计）

以上分析表明，广州、深圳已成为粤港澳大湾区高质量发展龙头城市，整个地区城市高质量发展势必需要产业高质量发展为基本经济支撑，因此，纺织服装行业高质量发展也势在必行。

（三）时尚行业高质量发展的体系构建与分析

粤港澳大湾区构建纺织服装时尚创意产业高质量发展战略体系具备基础和实力。首先，城市高质量发展取得一定成效。尤其以广州和深圳为龙头，城市自身高质量发展领先粤港澳大湾区9市，凭借城市高质量发展契机，做强做大时尚创意产业的高质量发展具备强大背景和动能支撑。其次，粤港澳大湾区作为改革开放前沿阵地，国际化时尚化程度最高。经过改革开放和市场经济培育及发展阶段，新时代时尚创意产业应该走入国际舞台，书写中国风尚、中国时尚及中国文化。另外，时尚创意产业高质量发展体系可以借鉴城市高质量发展体系进行创新性构建。城市高质量发展须对"五位一体"进行基本遵循，同理产业高质量发展也应该遵守这一基本规则。不同之处在于，产业高质量发展从市场主体出发，将市场主体划分为企业、政府、消费者和普通民众（社会公众）。普通民众较为关注行业生态环境问题，因而社会满意度即公众对行业生态文明的正向评价；消费者分为国内和国外消费者，较为关注行业产品购买价格和消费者效用，因而消费者满意度指向国内外消费者效用最大化利益倾向，是对行业物价和最终消费效用的综合正向评级；政府满意度即需维护政府声誉，是对政府实施的产业政策的正向肯定，且行业金融财务风险及社会风险相对较小；企业满意度即需维护企业利益最大化，保持企业产值及效益可观，推行的内部转型升级改革也较为成功。以上产业高质量发展的四个维度，在"五位一体"思想体系之内，因此构建行业高质量发展指标体系具有可行性。

依据上文分析，构建纺织服装行业高质量发展指标体系的大体框架（见表7-7）。其中，一级指标即为纺织服装行业高质量发展水平；二级指标包括企业满意度、政府满意度、社会满意度、消费者满意度四个维度；三级指标即为各个二级指标的具体分解指标，如企业满意度可以用行业企业产值（或税收、利润等）和行业企业进行供给侧改革的成效进行综合反映。政府满意度可以用国内外的产业及贸易政策效果与行业企业所处的财会金融风险大小进行综合反映；社会满意度可以用行业企业的生态环境综合效率进行反映；消费者满意度可以用消费者消费情况及评价来综合反映。

七、国外经验与时尚创意产业高质量发展指标体系构建

表 7-7 纺织服装行业高质量发展指标体系

一级指标	二级指标	三级指标
纺织服装行业高质发展水平（TCHD）	企业满意度（company）	行业增加值＝行业产值 GDP
		供给侧改革评价
	政府满意度（government）	政策评价（优＝3 良＝2 中＝1 差＝0）
		风险评价
	社会满意度（society）	环境效率评价＝DEA 综合效率
		生态效率评价＝DEA 综合效率
	消费者满意度（consumer）	行业物价指数＝纺织服装行业物价指数
		消费者效用评价

依据表 7-7，可以有效对粤港澳大湾区 9 市进行纺织服装行业高质量发展评价，可以肯定广州深圳的时尚创意产业在粤港澳大湾区 9 市中处于高质量发展的前列。以上高质量指标体系可以作为粤港澳大湾区纺织服装行业高质量发展评价依据，部分指标可以参照前文分析得到，同时为保证指标可靠性，对相应指标进行专家打分评价，综合全文分析评价和专家打分评价，可得出相应指标发展的准确评价。

八、湾区时尚创意产业高质量发展路径、战略与对策

纺织服装行业发展要取得更高成就且达到理想状态的质量立业水准和在国际高附加值价值链中占得头筹,就需要实施集成性的行业发展战略,发挥市场主体作用,同时需政府积极引导。笔者认为,时尚创意产业高质量发展须得到市场主体的一致认同,须坚持生态服装优先战略、遵循粤港澳大湾区时尚创意产业协调发展战略、利用湾区科技金融等优势实现产业融合创新发展战略、实现更高层次的对内对外的开放市场发展战略、实施掌握创意设计及核心技术的人才战略。通过以上战略实施,以期推动粤港澳大湾区时尚创意产业的高质量可持续发展。

(一) 湾区时尚创意产业高质量发展的路径

本部分借用管理学上的参与者认可度这一研究视角,从参与者心理感知及满意度来评价当前时尚创意产业的高质量发展水平。具体在研究中,细分参与者为企业、政府、消费者和社会公众,因此得到四个群体的感知评价。本部分认为,当四个群体均认同和给予时尚创意产业发展较高评价时,时尚创意产业才真正获得高质量发展。在这样的前提下,本节基于四个群体维度针对性地提出四种优化产业高质量发展的路径。

1. 深入推进供给侧改革,提高企业时尚满意度

依据国际经验,当人均收入水平低于10000美元时,时尚创意产业发展处于相对温和的发展阶段;当人均收入水平高于10000美元时,时尚创意产业高速发展,全民时尚消费开始觉醒。目前,中国人均收入水平刚好在10000美元附近,处在跨越中等收入陷阱的关键节点,全民时尚消费可以说刚刚觉醒,时尚创意产业发展将迎来巨大机遇。与此同时,粤港澳大

湾区人均收入水平已突破 2 万美元，湾区时尚创意产业发展初具规模，形成了深圳设计、广州展销、香港出口、东莞制造等优势互补的良好产业生态链，湾区时尚生产制造及消费水平已经大幅领先全国水平，以湾区时尚引领中国风尚，符合行业发展要求，也符合国家对湾区的定位。一方面，我国已经转向以消费拉动经济增长的模式，培育新动能和新消费应该成为未来我国经济发展的主攻方向。时尚创意产业在湾区创新环境下不断演化出新，时尚＋科技、时尚＋文化、时尚＋金融等新业态引领湾区文创产业高速发展，无疑时尚创意产业可以作为促进湾区发展的强劲新动能。另一方面，我们欣然看到，在《粤港澳大湾区发展规划纲要》中，深圳定位为国际化现代化城市和创新创意之都，香港为贸易中心，广州为国家中心城市等，这为湾区时尚创意产业更高水平发展奠定了坚实基础。

诚然，改革开放 40 年来湾区时尚获得了巨大进步，但与国际时尚区域和产业相比依然存在较大差距。中国时尚创意产业目前状况与 20 世纪日本时尚创意产业发展较为相似，经历完加工贸易、贴牌生产、模仿生产、自主品牌生产后，时尚企业进入一个相对困惑的阶段，为什么按照西方产业发展路径完成后，产业企业仍然发展不佳？我们认为原因是多方面的：一是大多数企业虽然是自主品牌，但消费者认同度较低，企业短视逐利行为与长期品牌经营存在矛盾。二是传统门店百货业受到新电商零售业态的强烈冲击。大多数中小时尚企业没有实力大力拓展电商平台，实体门店租金高昂及产品更新速度较慢，而大型企业利用网购海淘等渠道以及产品较多、更新较快、价格较低等优势，极为容易击垮传统门店百货业。三是高端生产要素缺乏。虽然中国品牌多起来，但高端纺织服装生产技术、高端面料、高端设计师、高端创新创意文化环境，依然是我国最为缺少的。而日本、美国等国家在产业转型升级后，均转向机械技术、新型材料面料、高端人才培养等方面，这也是我国时尚创意产业落后的核心原因。

要改变这一落后局面，必须深入推进供给侧改革。一方面，国家支持行业补齐技术短板。核心前沿技术的提升很难单纯由中小纺织服装企业之力实现，国家和政府应该支持纺织服装科技攻关，从印染技术、后整理技术、织造技术、面料技术、检测检疫技术等全方位突围，自主研发生产中国时尚技术及机械。中国如果没有好的技术底色作为支撑，即使品牌再响亮、设计师水平再高，最终生产出的产品也只能是低质低端的产品，在国际上毫无竞争力可言。按照欧盟的技术标准，比如生态标签、相关化学品含量等，我国自己生产的服装产品较大部分是不合格的，排除贸易摩擦因素后，我们应该冷静思考，本质上我国纺织服装行业依然属于粗放型发展，离集约化、知识化、技术化发展依然存在较大差距。另一方面，企业须积极作为，补齐发展短板，包括去掉盲目无序生产的低端产能、降低低端产品库存、降低自身债务杠杆、降低各方面成本、补齐创新和研发短板，在此基础上根据国家政策新要求，企业需进一步巩固"三去一降一补"成果；增强企业活力，政府从制度上给企业及企业家精神进行制度松绑，激发企业及人员的创新活力；提升产业链水平；畅通国内中高端市场和生产，政产学研各界应扩大与发达国家时尚城市及人员的交流学习。因此，国家扶持政策积极作为、企业因循积极改革，时尚企业发展不仅会获利，行业低端发展的面貌也将改观，企业家对自身及行业的认同度也会大幅提高。

2. 参照产业发展阶段和国内外环境制定产业政策，提高政府时尚满意度

早期，我国利用国外提供的原料面料标准积极进行纺织服装加工贸易，践行出口导向型产业发展策略。随着重化工业和机械装备工业的高速发展及出口额的上升，我国基本上处于工业化后期至接近尾声的阶段，纺织服装等轻工业行业及其出口份额逐渐下降，纺织服装行业外贸主要集中于民营企业、外资企业，国有性质的纺织服装企业较少，我国纺织服装行业总体处于摊大求数量发展阶段、处于大而不强的情势。在5G技术和AI等获得发展的历史大环境下，粤港澳大湾区以时尚为核心价值的纺织服装行业迎来史上前所未有的发展机遇，表现为：一方面，在美国重返亚太战略和特朗普政府实施的贸易战下，我国实行"一带一路"倡议大有必要，粤港澳大湾区是海上丝绸之路的桥头堡，服装作为古代丝绸之路贸易品，在新时代结合科技元素，可以作为我国新一代出口贸易品，也可以作为我国与外国沟通情感的纽带，成为我国和平崛起的重要因素。另一方面，我国经济增长因素从以出口和投资为主转向以消费因素为主。纺织服装作为日常消费品，需求弹性系数较低，随着收入水平的普遍提高，人们对纺织服装品的美感、质感、身份感、健康安全感的需求日益上升，中国服装生产制造及消费的整体层次亟须从低端上升到中高端。但目前行业供给端的较低水平，较难提供高端产品。

中国是否需要产业政策？答案是显而易见的，在市场经济条件下，中

国政府制定积极的产业政策,造就了改革开放四十年的发展奇迹。中国需要产业政策,尤其需要好的产业政策。当前纺织服装行业的产业政策亟须改观,原因如下:一是国内外环境和产业发展阶段出现新情况。早期的产业政策是在相对和平和市场能出清的环境中制定的,当下产业政策制定时更应当考虑贸易摩擦和市场环境博弈情形。当前纺织服装行业处于由高速发展向高质量发展阶段的过渡期,如何在创新、绿色、协调、开放、共享理念下,发展高品质的纺织品和服装,也是政策制定者应该关注的问题。二是目前政策对行业发展的方向把握不够准确。现有政策就纺织、服装产业本身给出相应政策扶持,没有看清纺织服装产业演变的方向是时尚创意产业、文化产业,没有从时尚和文化的高度来制定行业发展政策,因此政策具有短视性,应该从战略高度重新审视传统行业的现代表达。以上说明,针对纺织服装时尚创意产业,粤港澳大湾区政府应该制定更具前瞻性的产业政策,既着眼于减轻目前行业企业转型发展的阵痛与风险,又需高屋建瓴、布局未来产业发展战略、方向,并借助长短期的有力措施,提高政府对时尚创意产业的满意度。

3. 运用绿色、生态和循环经济理念发展产业,提高社会公众时尚满意度

当前,纺织服装时尚行业亟须绿色发展、生态发展和循环经济发展。但由于发展滞后和认知差异,目前国内行业企业仅践行其中的某一到两个,践行三个发展的比较少。我们认为三个发展对纺织服装时尚行业至关重要:一是绿色发展理念既是一种产业实践,又是一种生活态度。纺织服装时尚创意产业须践行绿色发展理念,从原料到最终设计、生产,以及消费者绿色出行和成衣消费完后的最后废弃,整个阶段须遵循绿色生产、绿色物流、绿色消费、绿色环保生活的要求。二是纺织服装行业需要更高层面的生态发展。产业发展既要注重实现经济价值,又要保护环境。以往我国行业发展只注重产值,而今转型发展后,我国较为注重行业的生态环境效应,但在具体行业中实施的还不够好。我国实现的 ISO9000 等生态环保标准,与国际上的环保标准尚未完全接轨,可以说我国的生态标准相对低一些,因此在出口贸易中遇到诸多阻碍。我国应该钻研原创技术,逐步按照国际标准提高行业企业生态标准。三是行业企业生产应该符合循环经济发展模式。早期我国较多企业对工业三废的不当处理造成了较为严重的环境污染。在资源节约、环境友好和物质减量化、高效运用前提下,工厂

和企业生产应该运用先进的循环设计工艺，如染整洗水经过循环处理后再排放、二氧化碳经过过滤装置和化学反应后实现变废为宝等。总体而言，绿色发展在行业发展的方方面面，生态发展在绿色发展基础上实现经济效益，循环经济是在具体绿色生态实践中的一种良性工业运转形式。

目前，国外二手成衣市场较为发达，时尚奢侈品也开始禁用动物皮毛，PVC等可回收材质在时尚界开始流行，据此，国外一些行业企业博得全球消费者青睐、企业及产品的美誉度较高。我国时尚行业处于内外兼修时期，首先须苦练内功，做好国内行业市场和美誉度，方能发挥所长剑指国际市场，企望一蹴而就获得快速成功几乎是不可能的。一方面，以国内市场需求为导向，行业须整体升级，高品质生产纺织服装产品，做到质优价廉。同时，宣传介绍时尚创意产业现代化工厂及设计生产理念，改变普通群众对过去纺织服装行业低端作坊式生产的印象，提高社会大众对行业和产品的认知及满意度。另一方面，支持现有高端企业，鼓励企业走出去开拓国际市场，使时尚企业融合中国文化和国外消费者容易接受的本国文化元素，利用好行业协会、丝路基金、政策性银行等工具，扶持时尚企业在国际上的并购、布局门店、打造品牌、提高媒体宣传等行为，以此引导国外普通民众对我国产品的认知和满意度。

4. 维持合理收入、价格和衣着支出，提高消费者时尚满意度

最近几年，城镇和农村居民的收入增长速度已超过经济增长速度，这为中国时尚创意产业发展释放了一个强烈信号，即未来时尚创意产业可持续发展是有经济基础支撑的。毋庸置疑，中产阶层是时尚消费的中坚力量。中国中产阶层快速崛起，目前总人数已超过1亿人，随着中层阶层房贷逐步还清，他们将腾出更多闲暇和资金用于更高层次的消费需求，时尚服装消费及体验也将应运而增。那么，这就自然引出一个问题，中国居民的收入增长是否是可持续的？当前我国经济已经由高速增长转向中高速增长，经济增长速度明显放缓，加上西方国家对中国崛起的种种遏制，中国外贸出口形势也受到较大程度影响，国内每年递增的高校毕业生和往年结构性失业人口叠加，使中国的就业形势较为严峻。尽管面临种种不利因素，但是我国政府采用积极的结构性财政政策和稳健的货币政策，中国经济向好的基本面不会变，由于工资刚性在职者的收入水平也将不会降低，而进入劳动力市场的新入职者也将获得经济收入来源，社会必然相对稳

定。因此，可以说中国居民的收入是可持续的。

当前粤港澳大湾区消费者有一个共同认同点：网上同类衣服比实体门店价格低、香港衣服比内地便宜。为什么会出现这种情况呢？因为实体门店需要高昂租金，只能将成本摊派到服装产品中，而网上服装门店靠流量生存，以薄利多销为制胜法宝和营销策略；因为香港不需要对服装征收关税，而这些服装大多来自印尼、越南、老挝、孟加拉国等成本更低廉的国家，所以香港服装的价格比中国大陆生产的衣服便宜。所以我们不难理解，为什么大家喜欢在网上购买衣服，粤港澳大湾区城市居民喜欢赴香港购买服装。遗憾的是，我们赴港购买的衣服尽管物美价廉，但大多数不是中国企业生产，而是外资企业生产。这也是中国时尚企业家较为困惑的一个问题，为什么自己品牌打造多年卖不起来价钱，为什么不被消费者认同，为什么企业垮掉比较快？在开放经济环境中，与国外多年品牌相比，中国品牌不具有绝对优势；与国外价格相比，中国制造与外资制造不具有价格优势；与国外品质相比，中国内地纺织服装品质没有像香港进出口服装的检验检疫标准严格。在市场经济中，资源配置是最公正的，永远从效率低的地方流向效率高的地方，因此中国内地企业的低效，较为容易被以香港为转口贸易的外资高效企业取代。这一问题，需得到粤港澳大湾区时尚企业的高度重视。

人有爱美之心，古今中外概莫能外。在时尚消费与非时尚消费中，拉近两者之间差额，即是实现了亲近时尚、崇尚时尚的较佳状态。目前，中国整体时尚消费依然偏低，非时尚消费，以住房、教育、医疗、养老等消费占主导地位，因此政府应该承担更多的公共服务，释放时尚端消费活力。中国居民但凡生活改善首要是添衣置物，可以说时尚消费是对人性的尊重，也是人们对美好生活向往的最直接表达。政府有能力提供时尚消费环境和可持续的经济增长、企业有能力提供质优价良和竞争力强的时尚消费产品、消费者有实力进行时尚消费和对中国时尚品牌充满自信，则消费者对中国时尚创意产业及消费的满意度会大幅提升。

（二）粤港澳大湾区时尚创意产业高质量发展战略

1. 生态文明优先

纺织服装行业必须坚守生态文明优先战略。一方面，理论上的突破需要纺织服装行业采用生态优先战略。第一，符合新时代生态文明思想。习近平总书记强调"绿色青山就是金山银山"，对生态环境治理也要统筹考虑"山水林田湖草"系统。过往谋求经济高速增长，其高耗能高污染的发展模式不可取，当前更不能采用先污染后治理的老路。因此产业发展必须坚持绿色发展，主张循环经济和低碳经济模式。具体到纺织服装行业，尤其是印染对水体污染和整个产业链产生的服装碳排放需要坚决遏制，同时我国对废旧服装的处理也要提上议事日程，以免造成二次污染。主张从原料到设计、生产、销售和后处理整个环节，采用绿色健康环保理念。第二，符合政府规制理论。政府采用经济、法律和行政手段对在市场运行失灵的行业领域及环节进行监管，确保企业在健康、安全和环境方面的社会责任能够落实。针对纺织服装行业，主要是企业的环境责任，采用先进设备技术加工和生产，减少污水和碳排放，面料保障达到健康标准，对人体无害。第三，符合国际行业的发展趋势。绿色设计和生态服装是国际纺织服装行业发展趋势，发达国家采用绿色和技术壁垒，对我国纺织服装行业出口进行限制，我国唯有主动作为，采用国际标准要求自身及企业生产，才是终极解决之道。

另一方面，实践上的进步需要纺织服装行业进一步践行生态优先战略。第一，人民生活水平提高的需要。随着人均收入水平不断提高，国民对衣着及时尚消费需求提高，对健康方面的考量也日益重视。同时，普通消费者对纺织服装生产及面料的关切更加深入，对行业基本社会道德及责任较为重视。这无形中对企业尤其是品牌企业提出了更高的要求，需要企业严格遵守绿色发展理念及实际行动。第二，企业社会责任的觉醒。以往企业社会责任主要在工资、福利、就业等方面，对企业生态环境及环保责任没有太多重视。随着公有制和非公有制经济高速发展及企业家的觉醒，企业家践行的社会责任覆盖面不断扩大，尤其企业的生态环境责任受到空前关注。当前，在治水提质和污染防治攻坚战背景下，企业步伐必须与国家步调一致，有意识地为国家生态文明建设奉献一份力量。第三，政府执法行动的严格。政府摒弃唯GDP至上的思维，积极践行绿色GDP理念和行动。采用"蓝天行动"治理大气污染、采用"利剑行动"治理水污染等举措，对污染行为严格执法，使个人和企业真正对环境高度重视，违反则付出惨重代价。

2. 区域协调发展

优化区域行业发展格局,形成错位发展、互补发展、协调发展的大格局。第一,各发挥所长促进自身行业高效发展。粤港澳大湾区存在两种制度、三个关税区、三种货币,内部经济社会发展差距较大。其中,香港、澳门国际化程度和时尚品位相对较高。第二,粤港澳大湾区9市包括香港在内都有不同的服装加工及生产企业,香港、澳门在国际品牌推介和商贸服务具有优势;深圳优势在创意设计打版、独立品牌开发、国内强大的市场占有率;广州优势在外贸出口和临近内陆的生产供应网络;东莞在低端劳动成本加工方面具有优势。同时,本节分析表明,深圳应该专注在服装服饰业、广州应专注于纺织业、东莞应该专注于皮革毛皮羽毛制鞋业,以发挥各自比较优势。第三,整合区域行业优势形成整体协调发展形态。按照合理分工发挥优势原则,重新定位各个城市时尚创意产业的重心,并以此发展相应外延产业。串联各个城市关于时尚创意产业的发展重心,形成较为全面的产业链条。以粤港澳大湾区一体化发展为契机,从整个湾区角度规划发展时尚创意产业,以期突破各自盲目扩张和恶性循环竞争的不良局面,形成产供销、内外贸各个环节良性衔接,最终形成湾区时尚创意产业强大的发展合力。第四,加快缩小时尚创意产业与其他高端行业的发展差距。尽管深圳定位为国际化创新型城市,文化创意产业成为深圳四大支柱产业之一,但时尚创意产业作为文化创意产业的一支,发展整体水平严重落后于电子信息、金融业、物流业,表现为硬科技含量不高、以量取胜、处于轻资产抗通缩能力不强等不足,因此近年来时尚创意产业发展口号较响,但实质发展速度和成效较慢。仅靠市场力量,中国时尚创意产业不可能超越国内其他先进行业,更不可能超越国际时尚行业,须发挥政府积极作用,加大对时尚创意产业资金投入、政策引导和人才倾斜,让时尚创意产业成为朝阳产业中的明星产业,并能借助这一改进趋势使中国元素和中国文化在时尚中得到较完美的体现。

3. 产业融合创新发展

时尚创意产业与其他创新、创意业态高度融合发展,以创造新价值。粤港澳大湾区是创新、创意等新业态的高发区域,区域创新能力在全国处于核心引擎地位,应该利用粤港澳大湾区创新优势与时尚创意产业嫁接和融合。第一,利用"科技+时尚"打造区域时尚高地。随着广深港澳科技创新走廊建设步伐加快，粤港澳大湾区科技装置、平台、制度和人才等方面处于全国领先地位。一方面，须利用现有科技成果嵌入时尚创意产业，如利用互联网技术、物联网技术、人工智能等，使时尚创意产业紧跟时代步伐和提高发展效率。另一方面，时尚创意产业自身应该进行技术含量革新，如对机器设备改造、提高设计师专业技能水平等，使时尚创意产业发展具备内生动力。第二，利用"金融＋时尚"打造区域时尚资本高地。时尚创意产业国有企业和国有资本相对较少，整个行业属于完全竞争型行业，民营企业较多，各自为战，行业企业发展的聚合力相对较差，而行业企业间的竞争相对激烈，须借助金融资本提高行业层次和聚合力。粤港澳大湾区拥有香港这一金融中心和深圳证券交易所这一资本平台，金融优势不言而喻。应该借助金融资本，通过兼并收购等手段整合和建成一批具有一定水准的龙头企业，成为行业领头羊。同时，时尚企业应该主动与金融机构企业合作，寻求时尚与金融的结合部位；金融机构企业也应该为中小服装企业提供更宽松的融资渠道，寻求双赢局面。第三，利用"文化＋时尚"建造中国气派、粤港澳大湾区特色的品牌文化。随着文化创意产业的崛起，文化与其他产业的融合成为大趋势，同时文化是一个国家、一个民族最本质的特征，也是国与国之间相区分的最明显特征。随着中国强国梦想的进一步实现，中国文化、中国文明将被更多国家和人民接受，以缫丝、麻、棉、新型纤维等为代表的服装载体，可以作为中国文化传承的纽带，在服装设计及生产中融入中国元素、中国文化，致力于打造中国特色时尚服装和体现湾区改革、开放、开拓、包容、共享等理念特点的粤港澳大湾区服装服饰，将广深港澳打造为时尚之都和时尚城市圈。第四，构筑时尚创意产业生态链。深圳经验表明，提供足够环境和土壤，会造就一些伟大奇迹，如大疆无人机，就是在碳纤维、科研发明等产业生态都具备的粤港澳大湾区产生和发展的。因此，应该从高处着眼，发掘和完善时尚创意产业的各个环节，补齐发展弱项和短板，则行业发展演化会产生更多奇迹。当前，时尚创意产业发展中，人才、高级设计师、国际市场开拓和营销大师、供应链管理大师等高端人才缺乏；粤港澳大湾区城市市民阶层分化明显和时尚文化不够厚实；国内品牌得不到市民认同和与消费者心理价位不相匹配等，是亟须攻克和补齐的行业发展短板。

4. "引进来"和"走出去"战略

纺织服装行业的"引进来"更应该注重质量。以往"引进来"主要是外商投资纺织服装加工和贴标生产，随着中国劳动力成本优势逐步变弱，传统外商投资方向已转向劳动力成本更低廉的国家和地区，中国引进传统外商投资不可持续。随着中国供给侧改革推行，粤港澳大湾区低端制造业处于外移趋势，传统制造业在寸土寸金的湾区生存日渐困难，传统纺织服装行业转型升级势在必行，须引进新型外商投资，助力行业转型升级。一是改进政府引进外商的思维。在享受国民待遇前提下，以往引进企业主要看能否创造税收、是否有一些先进技术和管理经验；现在更应该注重负面清单制度，对引进企业的环评、解决就业、劳动纠纷、口碑形象等应该给予更多关注。二是对技术采取一定要求。对非最新代的设备采用审慎引进措施，力争引进最先进技术企业。一方面，可以学习吸收国外先进生产设备技术，另一方面，让高技术对抗环境负影响。三是对高技术型纺织服装企业采取优惠政策。对优质企业，无论国内外企业，在享受国民待遇前提下，倾斜土地、厂房、住房、教育、医疗、奖励等更多优惠措施，力争企业"引得进"和"留得住"。

纺织服装企业"走出去"应该清楚定位和方向。一是企业"走出去"须结伴而行。中国具有国际知名的纺织服装企业寥寥无几，与国际时尚品牌尤其是具有全球影响力的品牌无法抗衡，因此中国企业应该发挥行业商会协会功能，组团或整合一批大企业开拓国际市场，而非单打独斗和盲目对外扩张。二是企业"走出去"应该选对方向。目前欧盟、美国市场对我国纺织服装出口和贸易限制日益增强，它们恰恰是我国纺织服装行业的传统出口大国和地区，期冀贸易环境好转或维持传统贸易份额的想法应该放弃，企业应该树立全球眼光、主动寻找新型市场，向"一带一路"沿线国家要市场、向政治经济稳定地区要市场、凭自身品质提升抢市场。三是企业苦练内功为"走出去"做足准备。四是处理好"引进来"和"走出去"之间的关系。

5. 创意设计人才战略

当前纺织服装行业人才缺乏、人才断裂现象明显，成为严重制约行业发展的瓶颈，表现在设计师人才缺乏，国内知名设计师缺乏，国际知名设计师更是寥若晨星；加工服装的产业工人较多，文化层次较低，从事简单熟练技术；掌握国外先进纺织服装设备技术的人才较少；发明设计纺织服装机器设备的人才更是缺乏；从事纺织服装物流、供应链管理、市场营销、国际市场策划等方面的人才及综合性人才缺乏。粤港澳大湾区以深圳、广州为例，推行了较为成熟的人才政策，吸引各行各业人才到湾区创新创业，在创业设计人才方面，应该给予更多优惠，打造时尚人才高地。一是吸引高校师生、设计团队、科研院所、时尚平台到湾区从事创意设计。二是给予时尚专业人才在住房、交通、医疗、子女上学等更多优惠政策。三是进行制度创新，进行柔性引才，吸引国内外知名设计师培训培养人才，指导行业企业发展。四是联合培养人才，推送企业、高校、设计院所的人才到国外设计服装学院深造和访学。五是建立湾区时尚流动平台，通过该平台整合国内外企业、高校、政府、商会、民间组织等资源，吸收和培养综合性时尚类人才。六是组织对新兴面料、机器设备、印染技术、节能环保等服装行业关键环节进行科技攻关，掌握国内外核心领先技术。

（三）湾区时尚创意产业高质量发展政策建议

1. 加强推动时尚创意产业高质量发展

推动服装时尚创意产业政策出台。对纺织服装创意时尚企业提供靶向资金支持和政策扶持，包括用地用房租金、税收等优惠，优化时尚界营商环境，健全时尚创意产业梯度培养机制，健全时尚创意产业企业人才引进及培养机制，健全时尚创意知识产权保护机制和惩罚机制，出台粤港澳大湾区时尚创意高质量发展规划及扶持政策。

壮大纺织服装时尚创意产业市场主体。增加纺织服装创意企业数量，尤其是设计企业数量；提倡有条件企业设立设计中心、首席设计师制度等，打造一批国家、省市时尚设计中心。支持国际服装时尚企业总部落户深圳，支持其建立总部研发基地。

以时尚创意重大项目带动产业高水平发展。争取国家重大时尚创意类基础设施、高端平台、设计研发中心落户粤港澳大湾区。与其他科技型载体形成协同创新和相互契合。

加强时尚创新走廊建设，加强时尚创意园区建设。以广深港澳科技创新走廊为契机，同步打造广深港澳时尚创新走廊，在原有科技走廊和园区基础上，加强时尚企业引入和时尚园区建设，形成集研发、采购、生产、展示、销售、服务一体化的时尚创意产业集群及地带。

加快时尚创意产业转型与其他产业深度融合发展。首先时尚创意产业自身利用人才和科技推动产业转型升级发展，尤其是利用先进设计师和设计及生产技术；其次推动时尚创意产业与传统产业、战略新兴产业、未来产业融合发展，两者均应注重运用人工智能、互联网和大数据使时尚创意产业与其他产业融合创新出新业态、新动能和新优势。

促进湾区时尚创意产业协调发展。鼓励创意设计园区集团式运营，以此形成整体合力和集约发展格局。同时，鼓励各城市建立自身时尚创意中心和成果转化中心。尤其时尚企业发展需要引入健康生态环境理念，避免高能耗高碳排放高水耗，企业发展须做到绿色节能环保，形成湾区时尚企业生态环境良性发展，树立时尚企业良好形象，对社会做出绿色贡献。

加强纺织服装时尚企业金融发展支持。对小微企业贷款给予优惠，对企业整合兼并收购给予指导和费用支持。支持银行对时尚企业采用知识产权和创意设计作品进行抵押质押，放宽时尚企业融资渠道，包括发债融资和向银行借款融资。

支持时尚创意企业"走出去"。鼓励有实力的时尚企业自身或组团在海外投资，率先在政治稳定、经济基础良好、与中国有良好经贸文化往来的国家和地区建设时尚创意园区，布局"一带一路"沿线市场，抢抓第三世界时尚市场。

加大时尚宣传和致力居民收入提升。消费已经占据居民可支配收入的70%以上，衣着是生活必需品，随着时尚宣传力度的加大和居民收入水平的提升，衣着时尚消费依然是家庭消费的重要方向，未来时尚内涵式宣传和居民可支配收入增加，将进一步加快时尚创意产业的发展。

2. 加强时尚创意产业人才教育

加大时尚创意教育体系构建。在粤港澳大湾区核心城市建立时尚学院，设置创意课程和引进国际一流师资。同时，政府支持社会力量在企业园区建立专业技能培训和实训基地，以此完善整个时尚创意教育培训体系。

提升创意设计研究水平。在粤港澳大湾区及园区和企业内部建立时尚研究院、设计创意中心，为时尚创意提供理论和潮流趋势的分析及建议。

为时尚创意设计人才提供良好的发展环境。与国际著名设计时尚学院建立校企合作，加强师资经验交流、学员交换，完善创新创意人才奖励、补贴及晋升机制，为创新创意人才提供较为宽松的经济社会工作环境。

健全时尚创新创意设计师评价制度。建立国内外创新创意人才认定标准，建立高校企业创新创意人才标准，为时尚创意人才提供更多认同和施展才华机会。

3. 加强湾区时尚美誉度宣传建设

加大湾区时尚创意自主品牌国内外推广力度。鼓励粤港澳大湾区时尚企业创造更多自主知名时尚品牌,对国内外品牌营销行为与中国文化宣传相融合,采取适当奖励性措施。

开展重要活动和加强国际合作,加强时尚周、时装周、走秀活动、大咖分享、出口交易会活动等建设,形成时尚创意持续的宣传热度,让时尚创意走进日常生活和消费者心里。加强与国际赛事、国际时尚企业、学院、学术活动等的联谊和商业沟通,扩大本土时尚创意底蕴及国际影响力。

加强粤港澳大湾区时尚宣传平台、队伍和咨询顾问建设。利用线上线下、移动互联网、物联网、机器人等现代媒介,加强时尚创意宣传,形成时尚创意现代宣传平台。加强时尚界、学术界、政府部门等对时尚了解认知,扩大各行各业时尚人才队伍,为时尚创意产业形成人才资源合力奠定基础。同时,对国际知名时尚资讯顾问及团队加大引进,为中国时尚行业企业发展把脉。

4. 加强湾区时尚创意产业高质量发展保障体系建设

加强粤港澳大湾区时尚创意产业发展的组织保障。粤港澳大湾区时尚创意产业高质量发展应该上升到战略层面,应该加大组织保障,成立专门的时尚创意发展牵头部门,完善部署时尚发展目标,责任到人、时间上表,倒逼促成时尚创意产业发展形成热潮。

加强粤港澳大湾区时尚创意产业高质量发展资金保障。对时尚创意项目建设、时尚人才资助、时尚制度建设、时尚理论研究等方面,政府和企业应该进行专项资金预算扶持。同时,对涉及时尚创意方面的发展,应该给予优惠的财税金融及信贷资金支持。

加强粤港澳大湾区时尚创意产业高质量发展人才保障。对时尚创意企业用地用房政策纳入优惠产业政策行列,对时尚创意创业者、相关人才进行住房、就业、子女上学、车辆上牌等方面的优惠,让时尚创意人才安家安心于在粤港澳大湾区创业创新创意。

5. 加强时尚创意产业基础设施和空间建设

加强时尚创意设计标志性载体建设。建立多功能多层次的时尚创意设计场馆,为纺织服装、动漫及其他时尚产品提供展示空间,为消费者提供

八、湾区时尚创意产业高质量发展路径、战略与对策

时尚创意体验及美感。时尚创意企业自身也应该建立展示自身时尚价值的空间，借此打造企业时尚文化底蕴。

建设时尚创意公共服务平台。在时尚园区、进出口口岸、高端商务区建立服务时尚企业及消费者的服务载体平台，提供时尚信息、走秀、检验检疫、上市等方面的服务和法律资讯，为企业更好发展和消费者更满意消费提供优质服务。

完善时尚创意知识产权服务。建立专门的时尚创意知识产权认定及侵权裁定场所，保护原创时尚创意作品的著作权，对盗版、侵权时尚产品的行为采取法律和行政处罚，建立粤港澳大湾区尊重时尚知识产权的文化及氛围。

加快粤港澳大湾区时尚城市建设，为时尚创意提供广阔舞台。时尚创意产业依托于时尚城市发展，将更有活力和生命力，粤港澳大湾区城市时尚度发展不平衡的现象亟待改善，须大力提升城市品质，实现城市内涵式发展，嵌入时尚元素，最终建立以点连线、以线连片的粤港澳大湾区时尚创意网络。

参考文献

陈昌兵. 新时代我国经济高质量发展动力转换研究［J］. 上海经济研究，2018（5）.

代明，殷仪金，戴谢尔. 创新理论：1912—2012——纪念熊彼特《经济发展理论》首版100周年［J］. 经济学动态，2012（4）.

豆建民. 区域经济理论与我国的区域经济发展战略［J］. 外国经济与管理，2003（2）.

丁慧. 循环经济发展的理论基础、运行模式及障碍［J］. 经济纵横，2005（5）.

邓翔. 经济趋同理论与中国地区经济差距的实证研究［M］. 成都：西南财经大学出版社，2003.

方大春，张敏新. 低碳经济的理论基础及其经济学价值［J］. 中国人口·资源与环境，2011（7）.

高波. 全球化时代的经济发展理论创新［J］. 南京大学学报（哲学·人文科学·社会科学），2013（1）.

工业和信息化部产业政策司. 中国产业转移年度报告（2017—2018）［M］. 北京：电子工业出版社，2018.

管宁. 时尚创意铸就的朝阳产业——法国文化产业的经验与启示［J］. 东岳论丛，2012（12）.

郭春丽，王蕴，易信. 实现经济高质量发展的对策建议［J］. 经济研究参考，2018（24）.

郭克莎. 中国经济发展进入新常态的理论根据——中国特色社会主义政治经济学的分析视角［J］. 经济研究，2016（9）.

郭平建，王颖迪. 时尚之都纽约的成功经验对北京的启示［J］. 山西师大学报（社会科学版），2012（S1）.

郭莹. 我国区域经济协调发展理论与应用研究 [M]. 北京：中国书籍出版社，2017.

郭勇. 经济发展：从二元结构到三元结构——对三元结构理论研究的一个综述性说明 [J]. 湖湘论坛，2004（3）.

郝寿义. 建立区域经济学理论体系的构想 [J]. 南开经济研究，2004（1）.

洪银兴，孙宁华. 中国经济发展理论、实践、趋势 [M]. 南京：南京大学出版社，2015.

洪银兴. 进入新阶段后中国经济发展理论的重大创新 [J]. 中国工业经济，2017（5）.

洪银兴. 经济发展新阶段的发展理论创新 [J]. 学术月刊，2011（4）.

江小涓. 理论、实践、借鉴与中国经济学的发展——以产业结构理论研究为例 [J]. 中国社会科学，1999（6）.

李静，李文溥. 走向经济发展新常态的理论探索——宏观经济学视角的述评 [J]. 中国高校社会科学，2015（2）.

李秀娟. 时尚设计创新的知识产权保护探讨——基于美欧时尚设计保护的经验与借鉴 [J]. 电子知识产权，2015（11）.

林毅夫. 新结构经济学 [M]. 北京：北京大学出版社，2012.

刘娟，孙虹. 五大时装之都的经验对浙江时尚创意产业发展的启示 [J]. 丝绸，2018（7）.

刘世佳. 加深对转变经济发展方式的理论认识 [J]. 学术交流，2007（11）.

刘卫国，李乾文. 锦标机制理论下企业低碳经济发展激励机制研究 [J]. 中国人口资源与环境，2011（2）.

刘再起，陈春. 全球视野下的低碳经济理论与实践 [J]. 武汉大学学报（哲学社会科学版），2010（5）.

马凤娣. 熊彼特的经济发展理论 [J]. 学术论坛，1999（1）.

王志伟. 西方经济思想史 [M]. 大连：东北财经大学出版社，2013.

魏后凯. 区域经济理论与政策 [M]. 北京：中国社会科学出版社，2016.

于同申. 发展经济学：新世纪经济发展的理论与政策 [M]. 北京：中国人民大学出版社，2009.

约瑟夫. 熊彼特. 经济发展理论 [M]. 北京：商务印刷馆，2009.

周宏春. 低碳经济学：低碳经济理论与发展路径 [M]. 北京：机械工业出版社，2012.

AMATULLI C, GUIDO G. Determinants of Purchasing Intention for Fashion Luxury Goods in the Italian Market: A Laddering Approach [J]. Journal of Fashion Marketing and Management, 2011, 15 (1).

JOSHI R N, SINGH S P. Estimation of Total Factor Productivity in the Indian Garment Industry [J]. Journal of Fashion Marketing & Management, 2010 (1).

CHAFFAI M E A, PLANE P, GUERMAZI D T. TFP in Tunisian Manufacturing Sectors: Convergence or Catch-Up with OECD Members? [J]. Middle East Development Journal, 2009 (1).

MELITZ M J. The Impact of Trade on Intra-Industry Reallocations and Aggregate Industry Productivity [J]. Econometrica, 2003 (6).

KEESING D B, WOLF M. Questions on International Trade in Textiles and Clothing [J]. World Economy, 1981 (1).

HEAD K, RIES J. Regionalism Within Multilateralism: The WTO Trade Policy Review of Canada [J]. World Economy, 2010 (9).

Balassa B. Tariff Protection in Industrial Countries: An Evaluation [J]. Journal of Political Economy, 1965 (6).